U0453128

社会网络中基于用户认知结构的知识标注研究

林鑫 石宇 李静 著

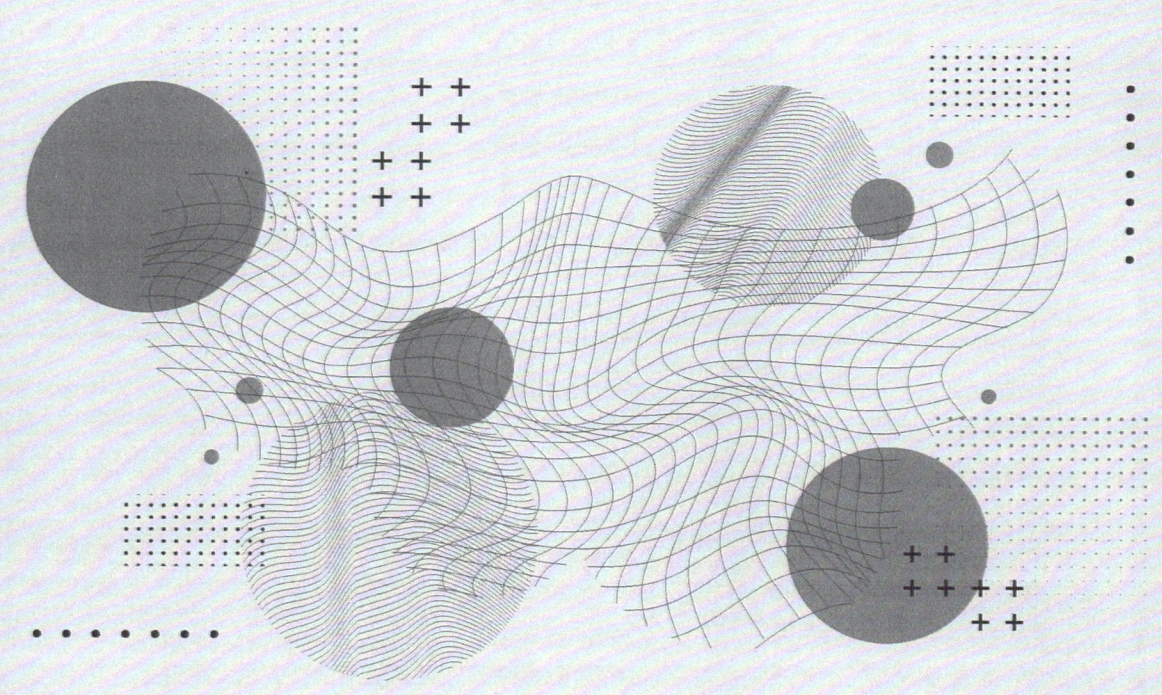

中国社会科学出版社

图书在版编目（CIP）数据

社会网络中基于用户认知结构的知识标注研究 / 林鑫，石宇，李静著. -- 北京：中国社会科学出版社，2025.2. -- ISBN 978-7-5227-4787-3

Ⅰ. C912.3

中国国家版本馆 CIP 数据核字第 20257BA637 号

出 版 人	赵剑英
责任编辑	程春雨
责任校对	夏慧萍
责任印制	张雪娇

出　　版	中国社会科学出版社
社　　址	北京鼓楼西大街甲 158 号
邮　　编	100720
网　　址	http://www.csspw.cn
发 行 部	010–84083685
门 市 部	010–84029450
经　　销	新华书店及其他书店
印　　刷	北京明恒达印务有限公司
装　　订	廊坊市广阳区广增装订厂
版　　次	2025 年 2 月第 1 版
印　　次	2025 年 2 月第 1 次印刷
开　　本	710×1000　1/16
印　　张	14.25
插　　页	2
字　　数	220 千字
定　　价	88.00 元

凡购买中国社会科学出版社图书，如有质量问题请与本社营销中心联系调换
电话：010–84083683
版权所有　侵权必究

序　言

自 Web2.0 出现以来，社会网络服务快速发展，已经成为一项普及率极高的网络应用，并且在服务功能上从最初的以交友和娱乐为主，向全面复刻用户的线下生活转变。受此影响，越来越多的用户在社会网络中搜寻、获取、阅读、分享、讨论各种形态的信息资源。为向用户提供体验良好的资源服务功能，社会网络知识标注不仅需要在网络信息资源内容上进行知识层面的描述，而且需要以此出发对用户信息交流中的知识单元及其关联关系进行面向用户的标注，由此构建相对完整的知识揭示和组织体系。从总体上看，社会网络知识交互与面向用户的内容服务深化，在于确立基于用户认知的知识内容组织架构。对于社会网络中用户与信息资源的深层互动，以及产生的反映用户认知的知识信息，需要进行基于用户认知结构的描述。基于此，该书关于社会网络中基于用户认知结构的知识标注研究，适应了社会网络用户的认知特点和基于挖掘分析的知识服务组织要求，具有理论与现实意义。

该书承接自林鑫在承担我所主持的国家自然科学基金面上项目"数字图书馆社区的知识聚合与服务研究"有关子课题的研究，也是其所主持的国家社会科学基金"社会网络中基于用户认知结构的知识标注研究"项目成果的集中反映。该书系统研究了面向信息资源的用户认知结构基本理论、基于 UGC 的用户认知结构提取、社会网络中知识标注自动实现以及标注结果的语义描述与关联等现实问题，旨在构建相对完整的社会网络中基于用户认知结构的知识标注理论与技术实现体系。通过实证，推进成果的应用，从而推动社会网络环境下的信息资源知识组织与服务利用。

该书以认知图式理论为基础，分析了面向信息资源的用户认知结构的内涵、特点、功能与影响因素，并从资源标注框架设计与词汇控制两个方面分析了其在知识标注中的应用价值；立足社会网络中 UGC 的类型、特点，构建了由基于 UGC 的知识概念分类提取和基于用户认知的知识概念结构化构成的两阶段用户认知结构提取模型；提出了以 UGC 数据、资源原文和用户行为数据作为基础数据的知识标注模型，包括单个用户特征认知的提取方法和多用户认知的融合机制，利用规则、TextRank 和 BiLSTM-Attention 模型的特征提取模型，以及融合认知的数值型特征离散化方法，以实现数值型特征的语义化提取；研究了基于知识标注的资源知识图谱构建方法，以实现单纯的资源知识标注向资源知识图谱的转换，建立资源及各类相关要素的语义关联；以社会网络平台豆瓣读书为对象进行了实证，基于 UGC 数据提取了豆瓣用户的图书认知结构，设计了图书知识标注框架并进行了知识标注实现，构建了图书知识图谱原型，验证了所提出技术方案的可行性和效果。

读完全书，深感其内容全面、观点明确、逻辑性强，具有较强的理论性、系统性，对当前的信息资源组织实践具有启迪意义和借鉴价值。同时，随着技术发展、资源形态变革及用户需求的拓展，社会网络中的信息资源组织研究处于不断发展之中，有许多问题需要进一步探索和实践，因而希望作者在不断深化的研究中有新的成果问世。

胡昌平
2024 年 1 月

目 录

第一章 引言 ………………………………………………………… (1)
 第一节 研究背景 ……………………………………………… (1)
 第二节 研究意义 ……………………………………………… (2)
  一 理论意义 ……………………………………………… (3)
  二 实践意义 ……………………………………………… (3)
 第三节 研究综述 ……………………………………………… (4)
  一 资源标注框架研究 …………………………………… (4)
  二 知识标注模式研究 …………………………………… (7)
  三 知识标注工具 ………………………………………… (8)
  四 知识标注方法与技术 ………………………………… (11)
  五 研究评述 ……………………………………………… (16)
 第四节 研究内容与方法 ……………………………………… (17)
  一 研究总体框架及内容 ………………………………… (17)
  二 研究方法 ……………………………………………… (20)

第二章 相关理论与技术 …………………………………………… (22)
 第一节 认知图式 ……………………………………………… (22)
  一 认知图式的概念及溯源 ……………………………… (22)
  二 认知图式的特征与分类 ……………………………… (26)
  三 认知图式的功能 ……………………………………… (27)
 第二节 机器学习 ……………………………………………… (28)
  一 条件随机场 …………………………………………… (28)
  二 双向长短期记忆网络 ………………………………… (30)

三　注意力机制 ··· (33)
第三节　知识图谱 ··· (35)
　　一　知识图谱的概念 ·· (35)
　　二　知识图谱的架构 ·· (36)
　　三　知识图谱的关键技术 ·· (37)

第三章　面向信息资源的用户认知结构及其在知识标注中的应用 ·· (40)
第一节　面向信息资源的用户认知结构的内涵、特点与功能 ······ (40)
　　一　面向信息资源的用户认知结构的内涵 ····························· (40)
　　二　面向信息资源的用户认知结构的特点 ····························· (42)
　　三　信息资源认知中用户认知结构的功能 ····························· (44)
第二节　面向信息资源的用户认知结构影响因素分析 ················ (45)
　　一　资源因素 ··· (46)
　　二　用户因素 ··· (52)
　　三　系统因素 ··· (56)
第三节　用户认知结构在资源知识标注中的应用价值 ················ (60)
　　一　在资源知识标注框架设计中的应用价值 ························· (61)
　　二　在资源知识标注词汇控制中的应用价值 ························· (62)

第四章　社会网络中基于 UGC 的用户认知结构提取 ················ (64)
第一节　社会网络中的 UGC 与用户认知结构 ·························· (64)
　　一　社会网络中 UGC 的类型 ·· (64)
　　二　社会网络中文本类 UGC 的特点 ··································· (66)
　　三　基于 UGC 提取用户认知结构的优势与总体思路 ············· (69)
第二节　基于 UGC 的知识概念分类提取 ································ (72)
　　一　基于 UGC 的知识概念分类提取任务与模型 ··················· (72)
　　二　基于 BiLSTM-CRF 的候选知识概念提取 ······················· (75)
　　三　基于投票机制的候选知识概念过滤 ······························ (80)
　　四　基于语料的一体化情感词识别及极性判断 ····················· (82)
第三节　基于用户认知的知识概念结构化 ······························· (86)

一　基于用户认知的知识概念结构化任务与模型……………………（86）
　　二　规则与相似度相结合的知识概念同义关系发现………………（88）
　　三　基于 FCA 的知识概念层级关系发现……………………………（91）
　　四　基于共现分析的知识概念关联识别………………………………（94）

第五章　社会网络中基于用户认知结构的知识标注方法……………（98）
　第一节　基于用户认知结构的资源描述框架与标注模型……………（98）
　　一　基于用户认知结构的资源描述框架设计…………………………（98）
　　二　基于用户认知结构的资源知识标注模型…………………………（101）
　第二节　基于 UGC 的文本型特征知识标注……………………………（104）
　　一　基于 UGC 的文本型特征知识标注模型……………………………（104）
　　二　基于依存句法分析的单用户特征认知提取………………………（106）
　　三　考虑概念流行度的多用户认知结果融合…………………………（111）
　第三节　基于资源原文的文本型特征知识标注………………………（115）
　　一　基于规则的资源特征提取方法……………………………………（115）
　　二　基于改进 TextRank 的关键词抽取…………………………………（118）
　　三　基于 BiLSTM-Attention 的资源特征提取…………………………（122）
　第四节　融合用户认知的连续数值型特征知识标注…………………（125）
　　一　基于用户行为的连续数值型资源特征提取………………………（125）
　　二　融合用户认知的连续数值型特征离散化…………………………（128）

第六章　基于知识标注的资源知识图谱构建…………………………（132）
　第一节　基于用户认知结构的知识图谱模式层设计…………………（133）
　　一　实体类型及其属性设计……………………………………………（133）
　　二　实体间关系类型设计………………………………………………（135）
　第二节　资源知识图谱构建中的实体对齐与知识补全………………（137）
　　一　知识图谱中融合多特征的实体对齐………………………………（137）
　　二　基于标注结果挖掘分析的属性与关系补全………………………（140）
　第三节　基于 Neo4j 的知识图谱存储与可视化展示…………………（146）
　　一　Neo4j 数据库选择依据……………………………………………（146）
　　二　基于 Neo4j 的资源知识图谱存储实现……………………………（150）

三　基于 Neo4j 的资源知识图谱可视化 ……………………（152）

第七章　实证：豆瓣中基于用户认知结构的图书知识标注 ………（156）
　第一节　豆瓣图书数据采集 ………………………………………（156）
　第二节　基于短评与社会化标签的豆瓣用户图书认知
　　　　　结构提取 ……………………………………………………（158）
　　一　面向豆瓣用户图书认知的知识概念提取 ……………（158）
　　二　面向豆瓣用户图书认知的知识概念结构化 …………（163）
　　三　豆瓣用户图书认知结构体系框架及分析 ……………（167）
　第三节　基于豆瓣用户认知结构的图书知识标注 ……………（170）
　　一　豆瓣图书知识标注框架及实现思路 …………………（170）
　　二　基于短评和社会化标签的图书知识标注 ……………（172）
　　三　基于内容简介的图书知识标注 ………………………（176）
　第四节　连续数值型特征提取及离散化 ………………………（184）
　　一　图书流行度特征提取及离散化 ………………………（185）
　　二　图书质量特征提取及离散化 …………………………（187）
　第五节　基于知识标注的图书资源知识图谱构建 ……………（189）
　　一　基于用户认知结构的图书资源知识图谱模式层设计 …（189）
　　二　图书资源知识图谱构建中的实体对齐与知识补全 …（191）
　　三　基于 Neo4j 的图书知识图谱存储与可视化 …………（191）
　第六节　实证总结 …………………………………………………（194）

第八章　结论与展望 ……………………………………………………（198）
　第一节　研究总结 …………………………………………………（198）
　第二节　研究展望 …………………………………………………（200）

参考文献 ……………………………………………………………………（203）

后　记 ………………………………………………………………………（220）

第 一 章

引　言

第一节　研究背景

自 Web2.0 出现以来，社会网络（Social Network Service，SNS）快速发展，已经成为一项普及率极高的网络应用[①]，并且在服务功能上，也从最初的以交友和娱乐为主，向全面复刻用户的线下生活转变。受此影响，越来越多的用户在社会网络中搜寻、获取、阅读、分享、讨论各种形态的信息资源。这些社会网络平台既包括综合性的 Facebook、Twitter、QQ 空间、新浪微博等，也包括围绕某一类或几类资源对象的专门性社会网络平台，如以图书为主要对象的 Librarything、豆瓣读书，以学术文献（论文、专著、报告等）为主要对象的 ResearchGate、小木虫、Academia 等，以音乐、视频、图片、新闻资讯为主要对象的 Turntable.fm、豆瓣音乐、豆瓣电影、Bilibili、抖音、Youtube、Flickr、Pinterest、今日头条、Reddit 等。

为满足用户需求，提供体验良好的资源服务功能，社会网络平台也都非常注重资源组织工作，并进行了多方面的实践探索。在资源标注方面，部分社会网络平台借鉴传统的资源组织思路，采用或借鉴成熟的元数据框架，以及分类法、主题词表等知识组织工具进行资源标注；部分平台则采用分众分类法，以社会化标签作为资源特征揭示的主要手段。这些资源实践探索为社会网络平台的资源服务开展提供了有力支撑，保

[①]《第 52 次〈中国互联网络发展状况统计报告〉》，中国互联网络信息中心，2023 年 8 月 28 日，https://www.cnnic.cn/n4/2023/0828/c88-10829.html，2024 年 1 月 15 日。

障了基本的用户体验，但也存在一些较为突出的问题，导致用户的资源搜寻与利用仍不够便利。

除了综合性社会网络平台外，各个垂直类的社会网络平台不但涉及的资源对象较为聚焦，其服务对象也常常是同一类用户群体。不同用户群体之间常常具有不同的认知结构，既包括其进行资源认知时关注的特征有所区别，也表现在其所掌握、熟悉的知识概念不尽一致，如熟悉"老年痴呆症"这一概念的普通用户中，大多数不知道其学名为"阿尔茨海默病"。然而，借鉴传统资源标注思路的社会网络平台，在进行标注框架设计与词汇控制中常常并未考虑用户的认知特点，从而导致标注结果与用户认知的契合度不足：一方面，在揭示用户不关注特征的同时，部分用户关注的特征未得到揭示；另一方面，在标注词汇选取上，可能会采用一些用户难以理解的词汇而非熟知的词汇。

对于采用分众分类法进行资源标注的社会网络平台，其主要问题包括3个方面：一是社会化标签过于扁平化，导致用户通过浏览方式发现感兴趣标签的难度较大；二是社会化标签主要为用户所添加，受用户认知态度、能力的影响，存在较多谬误、冗余等问题[①]；三是资源特征揭示不全面，只有少量热门资源的特征能够得到较为完整的揭示，多数资源只能揭示部分特征，一些冷门资源则常常无法得到有效的特征揭示。

针对上述问题，在社会网络平台的资源标注中，一方面需要结合用户的认知习惯进行知识标注框架的设计，使得用户关注的资源特征能够得到系统揭示；另一方面需要结合用户的认知能力与习惯进行知识标注中的词汇控制，以用户能够认知且熟悉的知识概念作为标注结果，从而降低用户的认知负担，由此就提出了社会网络中基于用户认知结构的知识标注问题。

第二节　研究意义

开展社会网络中基于用户认知结构的知识标注研究，不仅有助于信息组织理论的发展与跨学科的交叉融合，也对各类社会网络平台的资源

---

① 林鑫等：《基于相对频次的标签相关性判断优化研究》，《图书情报工作》2016年第17期。

组织工作开展具有参考价值。

一 理论意义

理论层面上，本书所进行的研究在面向信息资源的用户认知结构分析、社会网络中用户认知结构提取、基于用户认知结构的知识标注实现、基于知识标注的资源知识图谱建设等方面取得的理论成果，有助于信息组织理论的深化；同时，研究推进中综合采用了心理学、计算机科学与技术等相关学科的理论、工具和技术，有利于促进多学科的交叉融合。

（1）深化信息组织理论发展。在分析面向信息资源的用户信息资源认知结构内涵、特点、功能、影响因素基础上，提出了用户认知结构在资源知识标注中的应用价值；在此基础上提出了社会网络中基于UGC进行用户认知结构体系提取的模型与实现方法，进而研究了基于用户认知结构进行知识标注框架设计的思路，以及在用户认知结构体系指导下，在社会网络中基于UGC、资源原文、用户行为数据进行知识标注的实现方法；探讨了基于知识标注结果进行资源知识图谱构建的实施策略，这些理论成果的取得将有助于信息组织理论的进一步深化。

（2）促进情报学、心理学与计算机科学的多学科交叉融合。研究过程中，综合采用了心理学中的认知理论，计算机科学中的自然语言处理、信息抽取、机器学习等理论与技术，用以解决情报学中的信息资源组织问题，实现了多学科理论、方法与技术的融合应用，有助于促进跨学科的交流与融合。

二 实践意义

知识标注本身就是一个实践性较强的研究主题，其目标就是为各类社会网络平台与图书情报机构开展资源组织工作提供理论指导和参考，因此，本研究具有较强的实践意义。

（1）对社会网络平台的信息资源组织具有参考价值。围绕社会网络中基于用户认知结构的知识标注理论框架、技术模型，以及基于标注结果的知识图谱构建都进行了研究，所取得的成果对于各类社会网络平台进行组织具有参考价值。同时，还以豆瓣读书为对象，进行了基于豆瓣用户认知结构的图书标注实证研究，所取得的成果对于社会网络平台进行图书资源组织具有直接参考价值。

（2）对图书情报机构开展资源组织工作具有参考价值。基于用户认知结构的知识标注背后体现的是面向用户的信息资源组织的基本思想，这一思路对图书情报机构完善自身的资源标注框架也具有启发意义。同时，以 UGC 作为基础数据提取文献资源特征，能够对图书情报机构的文献资源标注形成有效补充，因此，所进行的基于 UGC 的资源知识标注研究对图书情报机构进行 UGC 数据的整合与挖掘利用具有参考价值。

第三节　研究综述

资源知识标注是图情领域长期研究与实践的重点，在该领域也取得了较为丰富的研究成果，除了关注传统的文献资源知识标注外，还会随着信息和技术环境的变化围绕新类型信息资源的标注及知识标注新技术的应用等开展研究。总体来说，与本课题较为相关的研究主要包括资源标注框架、知识标注模式、知识标注工具建设、知识标注方法与技术等四个方面。

一　资源标注框架研究

资源标注框架反映了资源知识标注中应从哪些方面进行资源特征的揭示，对资源标注工作的开展具有指导作用，当前研究与实践的重点是元数据体系框架构建和资源描述本体构建。

元数据体系构建与完善研究中，既有针对图书、学位论文、电子文件等传统文献资源的元数据体系构建研究，也有针对非遗相关的各类资源、健康信息资源及社会网络资源等新型信息资源的研究。针对图书，周静虹和夏立新针对科学、技术、医学类图书进行了专门化的元数据体系构建[①]；针对学位论文，葛梦蕊等针对资源发现系统的需求，进行适应

[①] 周静虹、夏立新：《多维特征融合的 STM 图书资源标注框架构建研究》，《情报科学》2021 年第 8 期。

性的元数据体系构建。① 非遗资源是近年来图情领域研究的重点对象，不少学者也针对具体的非遗资源细分类型进行了元数据体系构建，代表性研究包括庄文杰等面向非遗视频资源，构建了涵盖基本信息、非遗属性、视频属性、知识元属性、可扩展属性等 5 类要素的元数据体系②；王丽丽和朱小梅面向古籍钤印，分别构建了由 17 类要素构成的元数据体系③；张云中等针对馆藏唐三彩数字文化资源构建了发生时间、发现地、馆藏地、图像、历史沿革等 14 种属性的元数据体系④；汤萌等针对徽州文书，构建了层次化的元数据体系，包括主题、资源类型、题名、日期、事主等 5 个一级类目，人物、关系等 2 个二级类目⑤；戴旼针对馆藏文物影像资源构建了国家博物馆元数据体系框架⑥；艾雪松等针对文物信息资源，构建了包含历史文化脉络、记录管理、展览信息等在内的视觉影像元数据体系。⑦ 针对健康信息的元数据体系框架研究方面，徐维从语义层面构建了临床路径的核心元数据体系⑧；李璐等针对中医医案数据，构建了包含医案基本信息、患者基本信息、诊断过程、诊断评定、诊疗措施、分析总结的 6 个核心要素的元数据体系框架⑨；王晗等在前人提出的中医医案元数据模型的基础上，构建了类似的中医医案元数据体系，其主要包括医案基本信息、患者基本信息、既往史、病症子集、中医问诊、诊断评定和诊疗措施 7 个要素。⑩ 此外，针对社会网络环境，也有相关研究围绕社交网络中的信息资源组织问题进行了元数据体系框架构建，包括针

---

① 葛梦蕊等：《学位论文资源发现系统多源元数据映射研究》，《图书情报知识》2018 年第 3 期。
② 庄文杰等：《非物质文化遗产视频知识元组织模型研究》，《情报科学》2018 年第 12 期。
③ 王丽丽、朱小梅：《古籍钤印元数据著录规范设计与应用研究》，《图书馆》2020 年第 1 期。
④ 张云中等：《馆藏唐三彩数字文化资源展示的语义支撑体系研究》，《图书情报工作》2022 年第 15 期。
⑤ 汤萌等：《徽州文书特色资源的主题设计与标引方法研究》，《图书馆杂志》2019 年第 4 期。
⑥ 戴旼：《基于 CIDOC CRM 的博物馆文物数字化影像元数据规范研究——以中国国家博物馆文物影像元数据体系设计为例》，《中国博物馆》2020 年第 3 期。
⑦ 艾雪松等：《文物信息资源元数据模型构建与应用研究》，《情报科学》2019 年第 6 期。
⑧ 徐维：《临床路径核心元数据体系的语义结构》，《图书情报工作》2013 年第 23 期。
⑨ 李璐等：《面向中医诊疗知识库的医案元数据模型构建研究》，《图书情报工作》2021 年第 2 期。
⑩ 王晗等：《面向特定病症的中医医案语料库构建——以睡眠障碍病症为例》，《情报科学》2024 年第 1 期。

对社会网络中的电子文件元数据框架[①]和针对恐怖事件的新浪微博信息元数据框架。[②] 此外，还有一些研究针对电子文档[③]、高校开放科学数据[④]等类型资源的元数据体系构建进行了专门研究。

为提升资源组织的语义化水平，一些研究与实践中，开始采用本体的形式进行资源标注框架的设计。与元数据体系构建类似，基于本体的资源描述框架研究重点也是针对各类具体的资源对象进行顶层本体的设计。针对学术论文，王晓光等从科学论文的功能角度出发，构建了涵盖背景、主题、缘起、已有研究、假设等12个一级类、28个二级类以及5类属性的科学论文功能单元本体[⑤]；孙建军等从学术文献类型、论述元素、结构元素、引文元素等方面构建了学术文献本体框架。[⑥] 针对数字人文资源，何琳等以国际文化遗产领域通用的 CIDOC CRM 为构建指导，构建了针对典籍资源的语义本体，包括军事、婚姻、外交、政治、民生等5个核心类[⑦]；何春雨和滕春娥根据赫哲族非遗资源分布及特点，构建了以非遗项目、人物、机构、事件、文献、事物为核心类的非遗本体体系框架。[⑧] 针对地质信息资源，吴永亮等构建了以基础地质、矿产地质、海洋地质、地质遥感勘查等元素为顶层框架的领域本体框架。[⑨] 针对社会网络中的信息资源组织，王娜和董焕晴构建了以景区、美食、住宿、交通、娱乐、购物为顶层核心类的旅游本体，并以马蜂窝为例验证了所构建的

[①] 曾萨、黄新荣：《我国社交媒体文件存档元数据方案构建》，《图书馆学研究》2020年第20期。

[②] 安璐等：《恐怖事件情境下微博信息组织与关联可视化》，《情报杂志》2019年第12期。

[③] 李芳芳：《机关电子档案元数据体系构建及元数据库建设研究》，《档案管理》2019年第5期。

[④] 姚翔宇等：《高校开放科学数据平台建设探索——以浙江大学开放数据平台为例》，《大学图书馆学报》2023年第6期。

[⑤] 王晓光：《科学论文功能单元本体设计与标引应用实验》，《中国图书馆学报》2018年第4期。

[⑥] 孙建军等：《面向学科领域的学术文献语义标注框架研究》，《情报学报》2018年第11期。

[⑦] 何琳等：《面向先秦典籍的知识本体构建技术研究》，《图书情报工作》2020年第7期。

[⑧] 何春雨、滕春娥：《非物质文化遗产知识本体构建——以赫哲族非遗资源为例》，《情报科学》2021年第4期。

[⑨] 吴永亮等：《地质数据本体构建及其在数据检索中的应用》，《地质通报》2018年第5期。

旅游本体的有效性①；王世文和刘劲等针对网络舆情数据将舆情主体、舆情引体、舆情媒体和舆情信息 4 要素作为本体核心概念，在此基础上扩展了二级核心概念，利用 UML 构建了重大突发事件网络舆情本体模型。②

二　知识标注模式研究

从词汇控制的角度出发，知识标注模式可以分为受控标引、抽词标引和分众分类三种模式。受控标引以专家构建的词表作为标注中的词汇控制方式，研究重点在于词表的构建、词表间互操作、应用方略、标引实现技术等方面③④；抽词标引以资源原文中的词汇为基础，从中抽取合适的词汇作为资源的特征，研究重点在于自动化实现技术⑤；分众分类是指以用户创建的用于揭示资源特征的标签集作为标注所用的词汇，研究重点在于标签特征研究、分众分类法的语义化改造、与专家分类法的结合等。⑥⑦

从资源特征揭示的角度出发，知识标注模式可以分为基于专家认知的标注模式与基于用户认知的标注模式。前者是依据专家的认知标准进行资源特征的揭示，其强调的是从科学规范的标准出发对资源特征进行揭示，侧重于资源客观属性特征的揭示⑧；后者是依据用户对资源的认知进行资源特征的揭示，其关注的是在用户眼中该资源的主要特征是什么，其不强调资源特征揭示的全面性和标注标准的客观性，不局限于揭示资

---

① 王娜、董焕晴：《用户参与的在线旅游网站信息本体构建研究——以马蜂窝在线旅游网站为例》，《现代情报》2021 年第 6 期。
② 王世文、刘劲：《基于本体的重大突发事件网络舆情案例数据库数据模型研究》，《情报理论与实践》2023 年第 10 期。
③ 韩红旗等：《大规模主题词自动标引方法》，《情报学报》2022 年第 5 期。
④ 刘华梅、侯汉清：《基于受控词表互操作的集成词库构建研究》，《中国图书馆学报》2010 年第 3 期。
⑤ 胡少虎等：《关键词提取研究综述》，《数据分析与知识发现》2021 年第 3 期。
⑥ 贾君枝：《分众分类法与受控词表的结合研究进展》，《中国图书馆学报》2010 年第 5 期。
⑦ Golder S. and Huberman B., "Usage Patterns of Collaborative Tagging Systems", *Journal of Information Science*, Vol. 32, No. 2, April 2006.
⑧ 赵建国、周健：《军队机关公文主题词标引：问题、分析与对策》，《数字图书馆论坛》2015 年第 10 期。

源的客观属性特征,可以将主观认知结果纳入到特征揭示中,主要通过对社会化标签、评论等 UGC 数据的分析挖掘来实现。①②③

从标注实现的角度出发,知识标注模式可以分为专业人员手工标注、自动标注和社会化标注三种模式。专业人员手工标注研究的重点在于标注标准的制定、标注工具的建设等④⑤;自动标注研究的重点在于新技术的应用与关键技术的突破⑥;社会化标注模式研究的重点在于社会化标注的动机、社会化标注的影响因素、社会化标签的特点、社会化标注中的标签推荐、社会化标注的应用策略、社会化标注的改进等。⑦⑧⑨⑩

三 知识标注工具

受控标注模式下,必然需要以主题词表等各类知识标注工具做支撑,抽取标注模式下,拥有知识标注工具的支持,常常也能取得更好的标注效果。基于此,知识标注工具建设也受到了国内外学者的广泛关注,主要包括主题词表、规范文档、情感词典等各类词表类工具,以及本体、

---

① 张震、曾金:《面向用户评论的关键词抽取研究——以美团为例》,《数据分析与知识发现》2019 年第 3 期。

② 国显达等:《基于 Gaussian LDA 的在线评论主题挖掘研究》,《情报学报》2020 年第 6 期。

③ 毕崇武等:《基于群体认知图式的健康 UGC 知识标注研究》,《情报理论与实践》2023 年第 10 期。

④ 李娇等:《基于多因子算法的自动分类研究》,《数据分析与知识发现》2020 年第 11 期。

⑤ 李军莲等:《基于英文超级科技词表的文献主题标引系统设计与实现》,《数字图书馆论坛》2014 年第 12 期。

⑥ 凌洪飞、欧石燕:《面向主题模型的主题自动语义标注研究综述》,《数据分析与知识发现》2019 年第 9 期。

⑦ Ames M. and Naaman M., "Why We Tag: Motivations for Annotation in Mobile and Online Media", Proceedings of The Sigchi Conference on Human Factors in Computing Systems, sponsored by Association for Computing Machinery, San Jose, California, USA, April 28 – May 3, 2007.

⑧ Choi Y. and Syn S. Y., "Characteristics of Tagging Behavior in Digitized Humanities Online Collections", Journal of the Association for Information Science and Technology, Vol. 67, No. 5, May 2016.

⑨ Gupta M., et al., An Overview of Social Tagging and Applications, Boston: Springer, 2011, pp. 447 – 497.

⑩ Sen S., et al., "Tagging, Communities, Vocabulary, Evolution", Proceedings of the 2006 20th Anniversary Conference on Computer Supported Cooperative Work, sponsored by Association for Computing Machinery, Banff, Alberta, Canada, November 4 – 8, 2006.

知识图谱等包含更丰富语义关系的工具。与该主题相关的研究主要分为知识标注工具建设方法研究和知识标注工具建设研究。

围绕主题词表的编制方法，曾建勋等结合中信所编制《汉语主题词表》的实践探索，对新形势下《汉语主题词表》重构的框架、思路、流程和模式进行了研究，归纳了《汉语主题词表》构建中的实践探索经验①；常春研究了网络环境下叙词表的编制、维护与应用的理论和方法②；张卫等人在深度分析电子政务语料的基础上，提出从内容和结构双视角识别电子政务主题词及词间关系的主题词表构建方法。③ 主题词表构建方面较具代表性的研究与实践包括，中信所已经完成了《汉语主题词表》工程技术卷和自然科学卷的修订；王晓光等人通过自顶向下和自底向上相结合的方法构建了敦煌壁画叙词表，对敦煌壁画资源标注具有重要价值④；杜慧平和薛春香以民国的《申报》为语料实现了面向民国抗战史的主题词表构建。⑤

在规范文档、情感词典等各类词表词典构建方面，周知等研究了基于超短评论的图书领域情感词典构建方法⑥；Deng 等面向社会网络环境，使用 PMI 算法构建了针对股票领域的情感词典⑦；蒋翠清等研究了基于中文社交媒体文本的领域情感词典构建方法⑧；曾建勋和郭红梅研究了基于知识组织的机构规范文档构建方法⑨；彭郴等提出了基于 CNN 的消费品缺陷领域词典构建方法⑩；郑新曼和董瑜研究了基于科技政策文本的程度

---

① 曾建勋等：《〈汉语主题词表〉构建研究》，科学技术文献出版社 2020 年版。
② 常春：《网络环境下叙词表编制与发展》，科学技术文献出版社 2015 年版。
③ 张卫等：《电子政务领域中文术语层次关系识别研究》，《情报学报》2021 年第 1 期。
④ 王晓光等：《敦煌壁画叙词表构建与关联数据发布》，《中国图书馆学报》2020 年第 4 期。
⑤ 杜慧平、薛春香：《民国抗战史主题词表自动构建研究》，《图书馆杂志》2020 年第 8 期。
⑥ 周知等：《基于超短评论的图书领域情感词典构建研究》，《情报理论与实践》2021 年第 9 期。
⑦ Deng S., et al., "Adapting Sentiment Lexicons to Domain-Specific Social Media Texts", *Decision Support Systems*, Vol. 94, No. 2, February 2017.
⑧ 蒋翠清等：《基于中文社交媒体文本的领域情感词典构建方法研究》，《数据分析与知识发现》2019 年第 2 期。
⑨ 曾建勋、郭红梅：《基于知识组织的机构规范文档构建方法研究》，《中国图书馆学报》2021 年第 1 期。
⑩ 彭郴等：《基于 CNN 的消费品缺陷领域词典构建方法研究》，《数据分析与知识发现》2020 年第 11 期。

词典构建方法①；张云中和李佳书研究了国际关系领域情感词典构建流程。② 在词典构建实践方面，已经出现了较多的情感词典，大连理工的情感本体、台湾大学的中文情感词典、Hownet 情感词典等；中信所初步完成了面向国内科研机构的机构规范文档建设。

本体和知识图谱的构建研究是近年来图情领域和计算机领域关注的重点，相关研究围绕本体和知识图谱自动化构建的相关技术进行了多方面研究，包括术语抽取技术③、实体识别技术④、实体链接技术⑤、实体消歧技术⑥、关系抽取技术⑦、知识融合技术⑧等，也有较多研究围绕具体领域下的本体、知识图谱构建方法开展研究，如针对沪上名人故居的⑨、吐蕃藏文金石铭刻的⑩、农作物病虫害的⑪、中医药的。⑫ 在实践领域，也涌现了较多本体和知识图谱实践成果，如 TechKG、Freebase、YAGO、OpenKG、中医药知识图谱、阿里电商知识图谱、美团知识图谱、Belief-Eigen、zhishi.me 等。

---

① 郑新曼、董瑜：《基于科技政策文本的程度词典构建研究》，《数据分析与知识发现》2021 年第 10 期。

② 张云中、李佳书：《媒体型智库国际关系话题的情感分析：原理解析、工具构建与应用探索》，《情报科学》2023 年第 7 期。

③ 俞琰等：《融合论文关键词知识的专利术语抽取方法》，《图书情报工作》2020 年第 14 期。

④ 张颖怡等：《基于 ChatGPT 的多视角学术论文实体识别：性能测评与可用性研究》，《数据分析与知识发现》2023 年第 9 期。

⑤ Rijhwani S., et al., "Zero-Shot Neural Transfer for Cross-Lingual Entity Linking", Proceedings of the Aaai Conference on Artificial Intelligence, sponsored by Association for the Advancement of Artificial Intelligence (AAAI), Honolulu, Hawaii State, USA, January 27 – February 1, 2019.

⑥ Sevgili Ö., et al., "Improving Neural Entity Disambiguation with Graph Embeddings", Proceedings of the 57th Annual Meeting of the Association for Computational Linguistics: Student Research Workshop, sponsored by ACL, Florence, Italy, July 28 – August 2, 2019.

⑦ 董美、常志军：《一种面向中医领域科技文献的实体关系抽取方法》，《图书情报工作》2022 年第 18 期。

⑧ 陈沫、李广建：《大数据环境下知识融合技术体系研究》，《图书情报工作》2022 年第 20 期。

⑨ 张云中、李茜：《沪上名人故居知识图谱构建与应用研究》，《情报科学》2023 年第 10 期。

⑩ 龙从军等：《吐蕃藏文金石铭刻知识图谱构建研究》，《图书情报工作》2023 年第 8 期。

⑪ 李悦等：《面向多源数据深度融合的农作物病虫害本体构建研究》，《数字图书馆论坛》2021 年第 2 期。

⑫ 翟东升等：《基于多源异构数据的中医药知识图谱构建与应用研究》，《数据分析与知识发现》2023 年第 9 期。

四　知识标注方法与技术

在知识标注的实现方法与技术方面，国内外学者围绕不同对象（如图像、文本等不同模态的数据，学术论文、图书、专利、新闻、非遗资源等不同类型的资源，财经信息、健康信息等不同行业领域的资源等）、不同技术手段（如采用不同的技术模型、不同的基础数据等）进行了多方面的研究，取得了较丰富的研究成果。

从技术模型视角出发，知识标注实现方法与技术的研究重点是基于规则的提取技术、基于序列标注的抽取技术、基于无监督的抽取技术和自动分类技术等 4 类技术。

基于规则的资源特征提取技术。此类技术方案常常适用于资源特征规律性较强且规则规模不大的情形，在构建方法上多采用知识工程方法进行实现。其特点是标注的准确率较高，但规则集建设成本较高，且难以进行跨领域应用。代表性研究包括，林鑫等通过抽取规则与映射规则相结合的方式实现了以图书简介和主题词为基础的适用对象提取[①]；丁晟春等采用正则表达式规则实现了武器装备属性信息的抽取[②]；周知和方正东在依存句法分析的基础上，通过制定规则实现了产品特征信息的抽取[③]；刘春江和朱江针对纸质论文数字化过程中的元数据抽取这一特定任务，设计了规则与有监督机器学习相结合的抽取策略。[④]

基于序列标注的资源特征提取技术。此类技术是将资源特征提取任务视为序列标注任务，即确定基础语料中是否包含了资源特征，如果包含确定特征片段的起止位置。代表性的技术模型包括隐马尔可夫模型（HMM）[⑤] 和条件随机场（CRF），当前研究与实践的重点是 CRF 与依存

---

① 林鑫等：《基于规则的图书适用对象提取》，《情报理论与实践》2021 年第 6 期。
② 丁晟春：《基于属性词补全的武器装备属性抽取研究》，《数据分析与知识发现》2022 年第 Z1 期。
③ 周知、方正东：《融合依存句法与产品特征库的用户观点识别研究》，《情报理论与实践》2021 年第 7 期。
④ 刘春江、朱江：《会议文献开放资源采集与服务系统的元数据抽取》，《情报理论与实践》2012 年第 9 期。
⑤ 刘志强等：《基于改进的隐马尔科夫模型的网页新闻关键信息抽取》，《数据分析与知识发现》2019 年第 3 期。

句法分析、词向量、深度学习等技术相结合进行资源特征的提取。代表性研究包括，基于词向量进行文本语义表示，并采用 BiLSTM 与 CRF 技术进行资源特征的抽取，如 Alzaidy 等[①]和成彬等[②]采用该方案设计了期刊论文关键词提取模型；Luan 等[③]、Ammar 等[④]、章成志和张颖怡[⑤]分别进行了"问题"、"方法"和"数据集"等特征信息的抽取；CNN 与 CRF 技术相结合的模型设计研究，如陶玥等采用 CNN-BiLSTM-CRF 的神经网络模型对科技文档中的短语级主题抽取进行了研究[⑥]；依存关系分析与 CRF 相结合的特征抽取技术，如李成梁等采用该思路进行了商品属性抽取研究[⑦]；RNN 与 CRF 技术相结合的模型设计研究，如杜悦等采用该思路进行了面向典籍的事件信息抽取研究。[⑧]

基于无监督的资源特征提取技术。目前的研究与实践中，此类技术主要用于关键词和主题的提取。围绕关键词提取，主要的技术模型包括 TF-IDF、词频、词共现及基于图的提取方法，其中最后一个方法是最为有效的无监督方法，也是当前研究关注的重点。[⑨] 基于图的关键词提取方

[①] Alzaidy R., et al., "Bi-Lstm-Crf Sequence Labeling for Keyphrase Extraction from Scholarly Documents", Proceedings of the 2019 World Wide Web Conference, sponsored by Association for Computing Machinery, San Francisco, California, USA, May 13–17, 2019.

[②] 成彬等：《基于融合词性的 BiLSTM-CRF 的期刊关键词抽取方法》，《数据分析与知识发现》2021 年第 3 期。

[③] Luan Y., et al., "Scientific Information Extraction with Semi-Supervised Neural Tagging", Proceedings of the Conference on Empirical Methodsin Natural Language Processing, sponsored by Associatiorfor Computational Linguistics, Copenhagen, Denmark, September 7–11, 2017. 2024 年 1 月 15 日。

[④] Ammar W., et al., "The Ai2 System at Semeval-2017 Task 10 (Scienceie): Semi-Supervised End-To-End Entity and Relation Extraction", Proceedings of the 11th International Workshop on Semantic Evaluation, sponsored by Association for Computational Linguistics, Vancouver, Canada, August 3–4, 2017.

[⑤] 章成志、张颖怡：《基于学术论文全文的研究方法实体自动识别研究》，《情报学报》2020 年第 6 期。

[⑥] 陶玥等：《科技文献中短语级主题抽取的主动学习方法研究》，《数据分析与知识发现》2020 年第 10 期。

[⑦] 李成梁等：《基于依存关系嵌入与条件随机场的商品属性抽取方法》，《数据分析与知识发现》2020 年第 5 期。

[⑧] 杜悦等：《数字人文下的典籍深度学习实体自动识别模型构建及应用研究》，《图书情报工作》2021 年第 3 期。

[⑨] 王玉叶、王玙：《基于图神经网络的专利关键词提取算法研究》，《情报理论与实践》2023 年第 5 期。

法中，多基于 PageRank 进行候选关键词评分计算，并将评分最高 top n 作为关键词输入，具体的方法包括 TextRank、ExpandRank[1]、CiteTextRank[2]、TopicalPageRank[3]、Single-TPR[4]等。其中，我国图情学科学者关注的主要是 TextRank 技术，并提出了多种改进模型，如王晓宇和王芳通过保留更多语义与结构信息的方式改进了文本图的构建和候选关键词加权方式[5]；方俊伟等通过将候选关键词在对应领域文献中的使用情况这一先验知识考虑进来，改进了候选关键词的权重计算方法[6]；余本功等提出多元特征加权的关键词提取方法，改善了关键词提取效果。[7] 围绕主题提取，最受关注的技术模型是 LDA 模型，当前研究多围绕 LDA 模型的应用及改进展开，如胡吉明等基于 LDA2Vec 方法对政策文本的主题挖掘进行了研究[8]，王晨和廖启明提出 Improved-LDA 模型对个人隐私信息法律保护领域的研究文献进行了研究主题识别。[9]

  基于自动分类的资源特征提取技术。部分资源特征的取值范围相对明确，此时就可以将其转换为分类问题进行解决，基于这一思路，国内外均进行了较多的研究探索，提出了多种技术实现模型，包括基于传统

---

[1] Haddoud M. and Abdeddaïm S., "Accurate Keyphrase Extraction by Discriminating Overlapping Phrases", *Journal of Information Science*, Vol. 40, No. 4, April 2014.

[2] Gollapalli S. D. and Caragea C., "Extracting Keyphrases from Research Papers Using Citation Networks", Proceedings of the Twenty-Eighth Aaai Conference on Artificial Intelligence, sponsored by AAAI Press, Quebec, Canada, July 27 – 31, 2014.

[3] Haveliwala T. H., "Topic-Sensitive Pagerank: A Context-Sensitive Ranking Algorithm for Web Search", *IEEE Transactions on Knowledge and Data Engineering*, Vol. 15, No. 4, July 2003.

[4] Sterckx L., et al., "Topical Word Importance for Fast Keyphrase Extraction", Proceedings of the 24th International Conference on World Wide Web, sponsored by Association for Computing Machinery, Florence, Italy, May 18 – 22, 2015.

[5] 王晓宇、王芳：《基于语义文本图的论文摘要关键词抽取算法》，《情报学报》2021 年第 8 期。

[6] 方俊伟等：《基于先验知识 TextRank 的学术文本关键词抽取》，《情报科学》2019 年第 3 期。

[7] 余本功等：《基于多元特征加权改进的 TextRank 关键词提取方法》，《数字图书馆论坛》2020 年第 3 期。

[8] 胡吉明等：《基于 LDA2Vec 的政策文本主题挖掘与结构化解析框架研究》，《情报科学》2021 年第 10 期。

[9] 王晨、廖启明：《基于改进的 LDA 模型的文献主题挖掘与演化趋势研究——以个人隐私信息保护领域为例》，《情报科学》2023 年第 10 期。

机器学习技术的分类模型和基于深度学习的分类模型。其中，前者包括决策树、随机森林、朴素贝叶斯、支持向量机、Adaboost 等，目前这些方法在研究与实践中仍然得到广泛应用，如程秀峰等利用决策树技术对网络问答社区中的新兴话题识别进行了研究①；胡泽文等基于精品论文特征矩阵和随机森林算法设计了潜在精品论文识别模型②；李勇男基于朴素贝叶斯算法设计了反恐情报分类模型③；余本功等基于支持向量机技术设计了投诉短文本分类模型。④ 后者包括 CNN、RNN、LSTM、BiLSTM、Attention 机制、多层感知机（Multilayer Perceptron）等及其改进模型，这类方法也是当前研究与实践的重点。代表性研究包括，Laib & Allili 提出了一种基于潜狄利克雷分配和卷积神经网络的增强潜主题模型，用于图像中的事件分类和标注⑤；Liu & Guo⑥ 提出了一种包含 BiLSTM、Attention 机制和卷积层的新颖统一架构，用于实现文本分类；Sun 等⑦提出了一种利用遗传算法自动设计 CNN 架构的方法，以有效地解决图像分类任务；罗鹏程等提出了一种基于深度预训练语言模型的文献学科自动分类模型⑧；陆伟等结合 BERT 与 LSTM 设计了学术文本词汇功能识别模型，实现了作者关键词的类型自动划分⑨；宋英华等通过组合卷积神经网络、长短时记

---

① 程秀峰等：《基于 CART 决策树的网络问答社区新兴话题识别研究》，《数据分析与知识发现》2018 年第 12 期。
② 胡泽文等：《基于随机森林的 Science 和 Nature 期刊潜在精品论文识别研究》，《情报科学》2022 年第 4 期。
③ 李勇男：《贝叶斯理论在反恐情报分类分析中的应用研究》，《数据分析与知识发现》2018 年第 10 期。
④ 余本功等：《基于 nLD-SVM-RF 的短文本分类研究》，《数据分析与知识发现》2020 年第 1 期。
⑤ Laib L. and Allili M. S., "Ait-Aoudia S. A Probabilistic Topic Model for Event-Based Image Classification and Multi-Label Annotation", *Signal Processing: Image Communication*, Vol. 76, No. 7, August 2019.
⑥ Liu G. and Guo J., "Bidirectional Lstm with Attention Mechanism and Convolutional Layer for Text Classification", *Neurocomputing*, Vol. 337, No. 15, April 2019.
⑦ Sun Y., et al., "Automatically Designing CNN Architectures Using the Genetic Algorithm for Image Classification", *IEEE Transactions on Cybernetics*, Vol. 50, No. 9, April 2020.
⑧ 罗鹏程等：《基于深度预训练语言模型的文献学科自动分类研究》，《情报学报》2020 年第 10 期。
⑨ 陆伟等：《学术文本词汇功能识别——基于 BERT 向量化表示的关键词自动分类研究》，《情报学报》2020 年第 12 期。

忆网络和多层感知机设计了突发事件新闻分类模型。① 在应用自动分类技术进行资源知识标注时，为降低人工标注数据的成本，弱监督学习②、半监督学习③、主动学习④等方法也逐渐引入到技术方案设计中。

另外需要说明的是，基础数据选用情况对资源知识标注的效果也具有重要影响，为更好地实现资源特征的提取，国内外学者进行了多方面尝试，包括采用资源原文（文本类资源含标题、摘要、全文等，图像、视频、音频则是包含资源及相关文本描述）、文献的引文及UGC数据等。其中，资源原文是最为常用的基础资源，大量的研究与实践都是以此为基础进行的，如范昊和何灏进行的新闻标题分类研究⑤、贺波等进行的商品文本分类研究⑥等。文献的引文应用方面，张思凤等研究了基于引文的科技文献主题抽取模型⑦，王雪等研究了利用引文进行医学领域突破性文献的识别方法。⑧ UGC数据应用方面，社会化标签、用户评论、社会化分享中的资源描述都已经成为资源特征提取的重要基础资源，如文秀贤和徐健研究了基于用户评论的商品特征提取方法⑨，林鑫和石宇构建了基于社会化标签的图书特色提取模型。⑩

---

① 宋英华等：《基于组合深度学习模型的突发事件新闻识别与分类研究》，《情报学报》2021年第2期。

② 赵洪、王芳：《理论术语抽取的深度学习模型及自训练算法研究》，《情报学报》2018年第9期。

③ Rossi R. G., et al., "Using Bipartite Heterogeneous Networks to Speed Up Inductive Semi-Supervised Learning and Improve Automatic Text Categorization", *Knowledge-Based Systems*, Vol. 132, No. 18, September 2017.

④ 陈果、叶潮：《融合半监督学习与主动学习的细分领域新闻分类研究》，《数据分析与知识发现》2022年第4期。

⑤ 范昊、何灏：《融合上下文特征和BERT词嵌入的新闻标题分类研究》，《情报科学》2022年第6期。

⑥ 贺波等：《基于融合特征的商品文本分类方法研究》，《情报理论与实践》2020年第11期。

⑦ 张思凤等：《基于引文的科技文献主题抽取研究》，《情报理论与实践》2017年第6期。

⑧ 王雪等：《基于引文全文本的医学领域突破性文献识别研究》，《情报杂志》2021年第3期。

⑨ 文秀贤、徐健：《基于用户评论的商品特征提取及特征价格研究》，《数据分析与知识发现》2019年第7期。

⑩ 林鑫、石宇：《社会化标注环境下基于活跃度指数的图书特色挖掘研究》，《情报理论与实践》2016年第9期。

五 研究评述

总体来看，国内外相关研究在资源标注框架、知识标注模式、知识标注工具和知识标注方法与技术等方面取得了较多成果，对社会网络中的资源知识标注具有参考与启示意义，能够为本研究的开展提供理论支持与技术模型借鉴。然而，尽管分众分类、社会化标注，以及基于标签与评论挖掘的标注模式体现了基于用户认知的知识标注趋势，但仍存在一些问题：其标注模式本质上是自底向上的，即根据用户通过标签、评论表达出来的对资源特征的认知进行标注，而非从用户认知结构出发，自顶向下地系统标注，因此资源特征揭示的全面性、系统性无法得到保障；完全照搬用户在社会化标签或评论中使用的任意词汇而不加以控制，导致标注用词中存在大量同近义词汇、无价值词汇，而且词汇间缺乏语义关联；标注实现上过于依赖用户生成内容（UGC）数据，未充分利用知识标注相关研究成果，从而容易引发冷启动问题，即资源相关的 UGC 数据较少时，无法全面、准确揭示资源特征，甚至大量冷门资源无法得到任何特征揭示。

针对上述问题，研究拟综合运用心理学、情报学与计算机科学的相关理论与技术，首先围绕用户针对信息资源的认知结构进行系统分析，为社会网络中基于用户认知结构的知识标注提供理论指导。其次，开展社会网络中用户认知结构提取研究，以 UGC 为基础数据，提取用户认知信息资源的基本框架、知识结构，为知识标注框架设计与词汇控制提供支撑。再次，在基于用户认知结构进行标注框架设计基础上，开展社会网络中资源知识标注的实现方法研究，以用户认知结构体系为指导，综合运用规则抽取、序列标注、自动分类、聚类分析等技术手段，从 UGC、资源原文、用户行为数据中提取资源特征；为推进资源组织的语义化，更好地利用知识标注结果，拟采用知识图谱技术对其进一步加工处理，形成资源知识图谱，建立资源及相关实体要素的关联网络。最后，以社会网络平台豆瓣为对象开展实证研究，进行面向豆瓣用户的图书认知结构体系构建，以及实现基于豆瓣用户认知结构的图书知识标注、构建图书资源知识图谱并进行可视化展示，以验证所构建的理论模型的可行性和效果。

第四节 研究内容与方法

在研究背景、意义和国内外研究现状分析的基础上,拟围绕社会网络中基于用户认知结构的知识标注问题展开研究,研究内容与方法说明如下。

一 研究总体框架及内容

为实现社会网络中基于用户认知结构的知识标注,需要以提取用户针对信息资源的认知结构为前提,这又进一步要求厘清面向信息资源的用户认知结构的内涵与运行机理;在此基础上,需要结合社会网络环境的特点,研究基于用户认知结构的知识标注框架设计方法与技术实现方案,以及基于标注结果的资源知识图谱构建方法,以实现知识标注结果的语义描述与关联。同时,为验证所提出方案的可行性和效果,还需要选择具体的社会网络平台进行实证研究。基于这一认识,研究拟按图1-1所示的框架展开。

尽管各类社会网络平台结合自身实际进行了多方面的资源组织探索,但仍然存在与用户认知能力、习惯不够契合的问题,其原因主要是资源标注框架与用户认知结构的框架存在偏差,标注用词与用户知识结构不匹配。为此,在社会网络资源知识标注中,一方面需要结合用户的认知习惯进行知识标注框架的设计,使得用户关注的资源特征有机会得到揭示;另一方面需要结合用户的认知能力与习惯进行标注中的词汇控制,以用户能够认知且熟悉的知识概念作为标注用词,从而降低用户的认知负担,由此就提出了社会网络中基于用户认知结构的知识标注问题。

在提出问题的基础上,首先围绕面向信息资源的用户认知结构进行理论分析,明确其内涵、特点、功能、影响因素,并分析其在资源知识标注中的应用价值,为社会网络环境下,用户针对信息资源的认知结构提取、标注方法设计与描述、关联提供理论指导。继而分析社会网络中UGC数据的类型、特点和以其为基础数据提取用户认知结构的适用性,在此基础上构建基于UGC的用户认知结构提取模型,并围绕知识概念提取和知识概念结构化进行具体技术方案的研究。在完成用户认知结构提取基础上，需要进行基于用户认知结构的知识标注框架设计，为知识标注开展提供指导；同时，结合各类待标注特征的特点、UGC 数据的特点和当前技术发展水平，综合运用元数据抽取、UGC 提取、资源原文提取和行为数据提取等方法，进行知识标注技术方案研究。为提升资源组织的语义化水平，在资源特征揭示基础上，需要借助知识图谱技术，实现单纯的资源知识标注向资源知识图谱的转换，建立资源及各类相关要素的语义关联，为实现资源内容的机器可理解和以知识节点为对象的资源深度开发与利用提供支持，因此需要进一步开展基于知识标注结果的知识图谱构建研究。鉴于课题具有较强的实践性，因此最后拟以社会网络平台豆瓣为对象开展实证研究，以完善研究成果，推进成果应用。

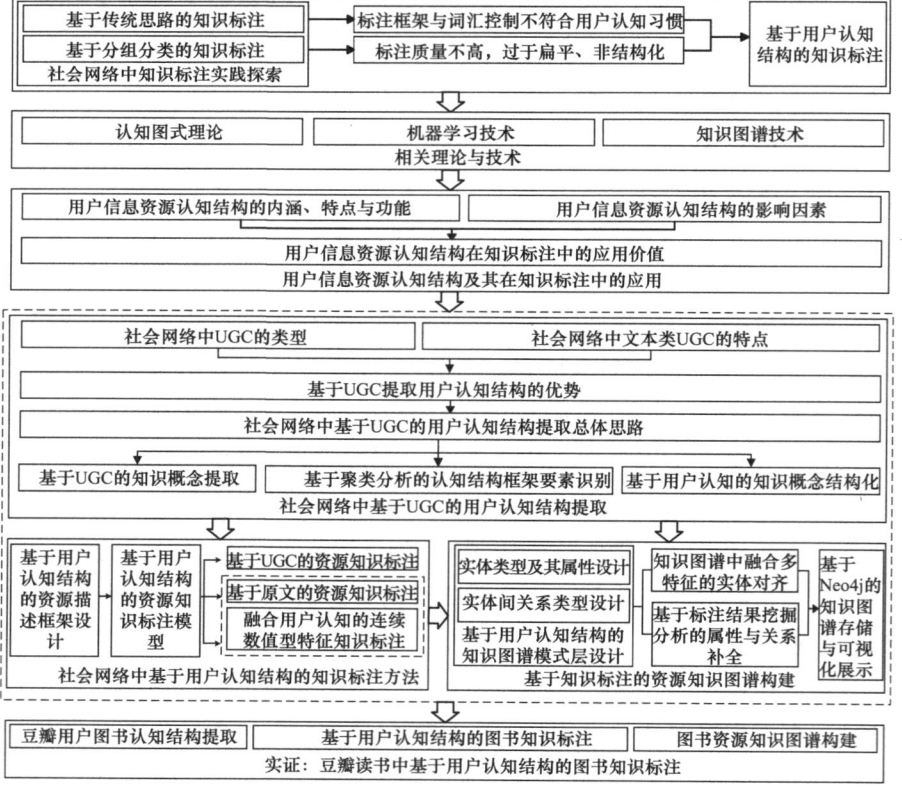

图 1-1 总体研究框架

与框架相对应，本书包括8个具体研究章节，各章内容概述如下：

（1）引言

分析研究开展的背景和意义，调研国内外相关领域的研究与实践现状，并对现状进行评价分析，明确研究的起点和切入点，提出并确立研究内容、方法和可能的创新点。

（2）相关理论与技术

课题研究中，拟以认知心理学中的认知图式理论为指导进行用户针对信息资源的认知结构研究；以机器学习中的条件随机场、双向长短时记忆网络、注意力机制等技术方法为工具，进行社会网络中基于UGC的用户认知结构提取和资源知识标注模型设计研究；以知识图谱技术为指导，进行基于知识标注结果的资源知识图谱构建研究。本章对这些相关理论与技术进行说明，并论述其指导借鉴价值。

（3）面向信息资源的用户认知结构及其在知识标注中的应用

为实现用户认知结构的提取及以此为基础的知识标注，首先需要厘清用户针对信息资源的认知结构的基本理论问题。为此，拟以认知图式理论为基础，分析面向信息资源的用户认知结构的内涵、特点与功能，并从资源、用户、系统三个方面对其影响因素进行分析，在此基础上分析用户认知结构在知识标注中的应用价值。

（4）社会网络中基于UGC的用户认知结构提取

用户认知结构的提取可以通过多种方法实现，但结合社会网络这一基础环境，以UGC作为基础数据是较为合适的。研究中，拟首先对社会网络中UGC的类型、特点、作为认知结构提取基础数据的适用性进行分析，进而提出基于UGC的用户认知结构提取总体思路；之后，将分别围绕知识概念提取及知识概念结构化两个方面展开专门研究。

（5）社会网络中基于用户认知结构的知识标注方法

在知识标注实施之前，首先需要进行资源描述框架设计，从而为资源标注边界的确定和技术方案设计提供指导，研究中资源描述框架设计拟以用户认知结构为基础进行设计。在技术模型研究中，拟立足于资源描述框架与社会网络中信息环境的特点，进行知识标注总体模型的设计，除了针对部分适合的特征采用元数据抽取方法，以充分利用既有的资源特征揭示成果外，还需要重点考虑：对于文本型特征，拟优先以UGC为基础数据进行知识标注，以更全面地按用户认知进行资源特征的揭示，当 UGC 数据不够丰富或匮乏的资源特征，拟以资源原文为基础数据综合采用规则抽取、无监督学习、监督学习技术进行特征提取；针对连续数值型特征，拟在实现特征原始值提取的基础上，以融合用户认知的方式统一进行离散化处理，实现热门与冷门资源按统一标准进行此类特征的揭示。

（6）基于知识标注的资源知识图谱构建

为实现从单纯的资源特征揭示向语义化组织方向进阶，从而更好地支撑资源深度开发与利用，需要在资源特征揭示基础上，借助知识图谱技术，建立资源及各类相关要素的语义关联，因此需要开展基于知识标注结果的知识图谱构建研究。研究中，拟首先基于用户认知结构进行知识图谱模式层设计，确定知识图谱中的实体类型及其属性、实体间关系类型；其次，研究基于知识标注结果的实体对齐与知识补全，前者用于实现同名实体的消歧，建立资源与知识节点的关联；后者通过对既有标注结果的挖掘分析，补充更丰富的属性及关系知识，从而建立关联丰富的知识网络；最后拟对知识图谱的存储与可视化进行研究，为资源知识图谱的工程化实现提供参考。

（7）实证：豆瓣中基于用户认知结构的图书知识标注

本课题是一个实践性较强的课题，所进行的理论模型与技术实现方案研究，都需要通过实证进行效果验证与完善。研究中拟选取知名图书社区豆瓣这一社会网络平台为对象，围绕用户图书认知结构提取、基于用户认知结构的图书知识标注实现、图书资源知识图谱构建进行实证，对理论模型进行修正和完善，推进成果的应用。

（8）结论与展望

对前文研究进行归纳，对相应的未尽事宜进行探讨和展望。

二 研究方法

本研究主题交叉性较强，涉及计算机科学、心理学和情报学等领域，具有较强的实践特性。根据研究要求，采用多学科方法围绕关键问题进行研究，拟主要采用的研究方法包括以下 5 个。

（1）文献述评法。通过对国内外相关研究主题的文献进行调研，了解目前国内外关于资源知识标注的研究和实践发展现状，对文献和实践发展进行归纳总结，在此基础上深化课题的研究。

（2）社会调查法与比较分析法。面向信息资源的用户认知结构影响因素研究中，采用社会调查法对不同用户对期刊论文、图书等对象的认知结构进行了调查，并通过比较分析明确了资源、用户与系统因素对用户认知结构的影响。

（3）计算语言学与机器学习方法。采用词法分析、依存句法分析、形式概念分析等计算语言学的方法进行自然语言的分析与处理，在此基础上采用规则匹配、条件随机场、双向长短时记忆网络、注意力机制、TextRank、聚类分析等方法进行技术模型构建，从而实现基于用户认知的知识概念提取与关联组织，以及知识标注模型构建。

（4）信息计量与科学计量方法。在用户知识概念结构化方法研究中，采用信息计量中的共现分析进行知识概念关联识别研究；在基于标注结果挖掘的知识图谱补全方法研究中，拟采用词频统计、社会网络分析、突发主题识别、主题演化分析等方法进行实现。

（5）实验与实证方法。课题研究中包含大量技术方案的探索，需要借助实验进行最佳技术方案的确定。同时，拟以豆瓣读书为实证对象，从其实际情况出发，进行用户图书认知结构提取、社会网络中基于认知结构的图书知识标注、图书资源知识图谱构建，用于验证、修正和完善本课题所提出的理论模型与技术方案。

第二章

相关理论与技术

为实现社会网络中基于用户认知结构的知识标注,首先需要解决用户认知结构提取问题,其次需要解决资源的标注实现问题,并需要对知识标注结果进行语义化描述与存储,建立资源及相关要素间的关联关系,以便于后续应用。而用户认知结构的提取,需要以明确认知结构的构成要素、结构形态为前提,这就离不开心理学领域中的认知图式理论的指导;社会网络中用户认知结构的自动提取与海量资源知识标注的实现都离不开计算机技术的应用,其中较为关键的是机器学习技术;随着语义技术的发展,实现知识标注结果的语义化描述与存储已经有了多种可选方案,但目前较受学界与业界认可的是知识图谱模式。因此,拟以认知图式理论、机器学习技术与知识图谱技术作为研究开展主要基础理论与技术,下面将分别对其进行阐述。

第一节 认知图式

认知图式理论是心理学领域认知结构论的一种代表性理论,不仅在心理学的发展过程中占有重要地位,而且对认知科学、人工智能、教育学等领域的相关理论和实践研究发展也起到了积极影响。本研究中也拟借鉴认知图式理论进行用户认知结构体系的构建,下面将对其研究沿革、概念、类型、功能等进行说明。

一 认知图式的概念及溯源

认知图式思想最早由德国哲学家康德1781年在其著作《纯粹理性批

判》中提出，他认为认知图式是先验想象力的产物，一切知识都是靠先验的认知图式对无序的、毫无内在关联的材料进行改造的产物。① 其观点肯定了认知图式对知识获得的作用。

其后，格式塔心理学开始在理论层面关注到认知图式这一概念。格式塔心理学强调完形的作用，利用完形可以实现问题填补、出现顿悟、获得知识。② 究其实质，完形指的就是心理的整体组织结构，就是一种认知图式。与康德类似，格式塔心理学的认知图式思想也带有先验论的性质，且对客体的解释停留在一般描述层面。

此后，瑞士著名心理学家让·皮亚杰注意到认知图式这一概念，并通过研究儿童的语言习得过程，提出了同化和顺应这两个认知图式理论重要作用机制，极大地丰富了认知图式理论的内涵。③ 同化过程是将获得的新信息与头脑中已有的图式进行比对，当头脑中有相关图式被唤起，将新信息纳入已有图式中，且越接近已有图式的新信息会更容易被吸收；顺应过程则是获得的新信息与已有图式比对后，无法唤起已有的图式，此时人们将修正已有图式已适应新信息的过程。同化是顺应的前提和基础，顺应则进一步促进了认知图式的更新，使同化能作用在新的认知水平上。

英国心理学家弗雷德里克·巴特利特则是最早将认知图式这一概念引入心理学领域的学者，其在对记忆的研究中提出认知图式是对已有信息和经验的主动组织，然后形成常规认知图式储存在记忆中。④ 人们认识新事物时，将感知到的信息与大脑中既存的认知图式进行匹配，可以顺利匹配并激活相关认知图式的信息才能被人所认识和理解，而如果头脑中不具备相关认知图式或某种原因未能顺利匹配和激活，新事物就不能被人所认识和理解。基于巴特利特的认知图式理论，认知图式与记忆的

---

① Immanuel K., *The Critique of Pure Reason*, Cambridge: Cambridge University Press, 1998, pp. 9–11.
② 高觉敷:《心理学史论丛》，商务印书馆2019年版，第172—205页。
③ Solso R., et al., *Cognitive Psychology*, New Zealand: Pearson Education New Zealand, 2005, pp. 223–325.
④ Bartlett F., *Remembering: A Study in Experiment and Social Psychology*, Cambridge: Cambridge University Press, 1932, pp. 239–281.

关系如图 2-1 所示,也就是说,人们理解新信息时,大脑会自动分析新信息与已有认知图式的关联,进而对信息进行解码或编码,将其填充到已有认知图式中,形成新的认知图式并存储为记忆。巴特利特的认知图式理论思想直接影响了现代认知图式理论的产生。

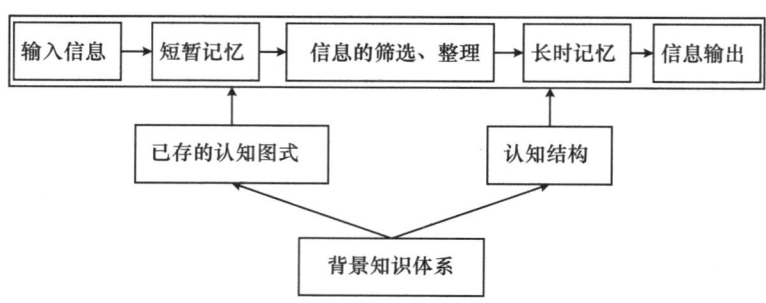

图 2-1　认知图式与记忆的关系图解

1974 年,Minsky 受心理学认知图式理论的影响,提出了基于框架(framework)的知识表示方法,以解决人工智能领域的难题。[①] 该项成果不但是认知图式的一次成功跨界应用,而且对心理学领域关于认知图式的研究也产生了重要促进作用。Minsky 的关于"框架"的论述可以视为认知图式的细化与规范化,将"框架"(或认知图式)的构成要素分成了框架名、描述、约束、关系四种。[②] 其中,框架名是认知图式的唯一标识,表明认知图式表示的内容,具体到某个概念、对象或事件。描述这一要素由任意有限数目的槽组配而成,用来表示对象的属性或连接其他框架,是认知图式的主体部分,常以数据和过程的组合形式呈现。其组成成分——槽,有其名字和取值。槽的名字具有本认知图式内的唯一性,也就是说不同的认知图式可以包含相同的槽名,例如年龄可以存在于不同人的认知图式中。每个槽至少有一个分面,也可以有多个分面,用来表示槽的属性,分面取值允许单一或多个值,也可以是默认值。约束是

[①]　Minsky M., *A Framework for Representing Knowledge*, Berlin: De Gruyter, 1979, pp. 1-25.

[②]　张玉峰:《智能信息系统》,武汉大学出版社 2008 年版,第 46—49 页。

作用于槽的一组条件,用于对槽值的类型、取值范围、数量等进行约束,其可以以一个或多个分面的形式展现,也可以通过添加附加过程这一分面来约束对象的行为特征。关系则多用来表示认知图式之间的关联关系,常见的有等级、相似语义、相关语义等静态关联关系,还有认知图式之间进行互操作的动态关联关系。其一般表示形式如下:

《框架名》
《关系》
《槽名1》《槽值1》《约束1》《过程1》
《槽名2》《槽值2》《约束2》《过程2》
……
《槽名n》《槽值n》《约束n》《过程n》

以一个描述"职工"的框架为例,其各个成分表示如下:

框架名:职工
双亲:人
槽名:职工号　值:(0001~9999)
槽名:性别　值:(男,女)
槽名:岗位　值:(会计,翻译,人资,技术开发,…)
槽名:职级　值:(初级,中级,高级)
槽名:工资
槽名:退休年龄
槽名:外语
分面名:语种　值:(英语,日语,韩语)　默认值:英语

此后,认知图式受到了心理学、计算机科学和认知科学的广泛关注,并于20世纪70年代中期逐渐形成了现代认知图式理论。其既吸收了理性主义的心理结构思想,也融合了经验主义中过去经验对心理有积极影响的观点。在这个阶段,心理学领域众多学者基于各自的研究倾向对认知图式进行了不同角度的阐释,例如:Norman、Rumelhart将认知图式定义

为是归纳一系列事件的知识,将认知图式比作脚本,突出认知图式变化的动态性[1];Van Dijk 和 Kintsch 认为认知图式是可以将记忆的信息联系在一起的知识结构,联系主要以关系标签来表述,且对知识的认知以组、块为单位,而不是将认知图式简单概括为巨大的相互关联的网络[2];Kramsch 则将图式定义为语篇处理过程中的心理再现,强调语篇理解过程中认知图式对于内容理解的重要性。[3] 此外,还有一些学者将"认知图式"表述为"脚本"或"认知框架"。这些定义或术语虽然在研究视角上有明显差异,但对于认知图式本质的理解基本一致,即认知图式是存储在记忆中的关于待认知对象的一般的知识体系或心理结构,其既包括变化的部分,也包含固定不变的内容,可以视为一张留有空白、待人们填写的问卷。

二 认知图式的特征与分类

综合相关研究成果,认知图式的基本特征可以概括为:认知图式有变量、有层次性、可以嵌套;认知图式表征的是抽象层面的知识而非定义;调用或建构认知图式的活动是一种主动的过程;认知图式是一种评价被加工信息与已有知识匹配程度的认知单元。

根据认知图式的基本特征和认知过程的研究,国内外学者从多个角度对认知图式进行了分类:从语言认知角度,将图式分为语言图式、形式图式和内容图式[4];从篇章理解角度,将图式分为语篇图式、内容图式和风格图式[5];针对具体的语言活动,例如翻译活动,又可以分为结构图式、内容图式和文化图式等。常见的一些认知图式分类及其解释如表 2-1 所示。

---

[1] Norman A. and Rumelhart E., "Explorations in Cognition", *American Journal of Psychology*, Vol. 88, No. 4, December 1975.

[2] Dijk V. and Kintsch W., *Strategies of Discourse Comprehension*, New York: Academic Press, 1983, pp. 29-61.

[3] Kramsch C. and Widowson G., *Language and Culture*, Oxford: Oxford University Press, 1998, pp. 30-55.

[4] Cook G., *Discourse and Literature*, Oxford: Oxford University Press, 1994, pp. 227-234.

[5] Kramsch C., *Context and Culture in Language Teaching*, Oxford: Oxford University Press, 1993, pp. 4-17.

表 2-1　　　　　　　　　　常见的认知图式分类

分类维度	图式类别	描述
知识总体层次	语言图式	已掌握的语言知识，如语音、词汇、语法等方面的知识
	形式图式	又称文本图式，形式、体裁、修辞、组织结构层面的语言文化知识
	内容图式	与主题知识、事件理解程度及文化概念有关
语篇理解过程	语篇图式	与语法结构和衔接有关
	风格图式	一种修辞结构的图式，隶属于不同语篇风格，如童话、信函、文章等
	内容图式	涉及语篇主题的图式，帮助理解语篇的逻辑关系
翻译过程	语言图式	与源语言、目标语言相关的语言知识
	语境图式	与语言活动赖以进行的时间、场合、地点等因素，也包括表达、领会的前言后语和上下文相关的知识
	文体图式	与文本构成的规格和模式相关的知识
	文化图式	与历史、风土人情、传统习俗、生活方式、宗教信仰、艺术、伦理道德、法律制度、价值观念相关的知识

三　认知图式的功能

认知图式作为一种动态可重构的认知框架，在人们的认知过程中起到了多方面的作用，Anderson 和 Rumelhart 等学者在研究中总结了认知图式在认知过程起到的作用，将其概括为选择功能、整合功能和理解功能三个方面，其中选择功能为吸收新信息提供了心理框架，能够帮助进行注意力的分配；有助于推理过程的发生；整合功能指认知图式有助于有序地调用记忆信息；理解功能指认知图式有助于进行推导性的知识重构实现知识水平提升。

（1）选择功能

认知图式的选择功能与大脑对信息进行加工的注意、编码和检索过程有很强的关联关系。认知图式提供了信息加工框架，帮助人们有选择地注意某些信息或信息的哪些方面，在编码加工时依据框架进行编码存储，在提取记忆时有依据的检索头脑中存储的记忆信息。当认知图式的选择功能与已有的认知图式相结合，还可以发挥计划功能，帮助人们有目的、有时序、有计划、多步骤地寻找需要的信息。

（2）整合功能

认知图式的整合功能依赖于认知图式的同化和顺应机制实现。人们利用认知图式将接收的新信息与已有的知识进行比较、分析、综合，通过同化和顺应机制实现对新信息的整合。其中，同化帮助个体对新信息进行过滤或改变，顺应帮助个体对已有的知识结构进行重构和调节。在这一过程中，认知图式的整合功能在于其提供了信息整合的模板和依据，帮助人们分析新信息与已有知识的关联和差异，从而实现新知识的认知。

（3）理解功能

认知图式的理解功能体现在其决定了认知的范围、角度和深度。不同的认知图式下，个体对信息的理解范围有明显差异，对新信息的理解角度具有明显差异，对相同信息理解的深度和广度有明显差异。[1]

第二节　机器学习

为实现社会网络中基于 UGC 的用户认知结构提取，需要从 UGC 数据中进行知识概念的提取，也即从 UGC 文本中识别哪个片段可以视为知识概念；而社会网络中资源的知识标注实现，既涉及从 UGC、资源原文中进行特征抽取，也涉及利用自动分类方法对其进行处理。这两类问题都可以利用机器学习技术进行解决，前者可以视为序列标注问题，后者可以视为自动分类问题，研究中拟采用条件随机场、双向长短时记忆网络、注意力机制等模型进行技术方案架构。

一　条件随机场

条件随机场模型（Conditional Random Fields，CRF）于 2001 年由 Lafferly 提出，是条件序列无向图模型的一种，其可以在给定观测序列的情况下计算观测序列对应的标记序列的联合概率分布。其中，标记序列的条件概率是依赖观测序列的非独立、相互联系的特征来获得的，而且模型可以根据特征的重要性进行差异化赋权。其一般定义为：假定 X、Y 为

---

[1] Fiske S. T. and Taylor S. E., *Social Cognition*, New York: Mcgraw-Hill Book Company, 1991, pp. 284 - 308.

随机变量，给定 X 的条件下 Y 的条件概率分布是 P（Y|X），如果 Y 是一个由无向图 G（V，E）表示的马尔科夫随机场，也就是公式能够对任意顶点 v 成立，那么 P（Y|X）可以称为条件随机场。其中，$w \sim v$ 表示在图 G =（V，E）中与顶点 v 有边连接的所有顶点 w；$w \neq v$ 表示顶点 v 以外的所有顶点；Y_v 与 Y_w 为顶点 v 与 w 对应的随机变量[①]。

$$P（Y_v | X, Y_w, v \neq w）= P（Y_v | X, Y_w, v \sim w）$$

条件随机场有多种表现形式，其中实践中一般采用的是线性链条件随机场（习惯上一般将线性链条件随机场直接简称为条件随机场）。设随机变量 X 和 Y 具有相同的图结构的随机变量序列，分别表示为 X =（X_1，X_2，…，X_n），Y =（Y_1，Y_2，…，Y_n），若在给定观测序列 X 的条件下，标记序列 Y 的条件概率分布具有马尔科夫性，即公式对任意顶点 v 成立，则称 P（Y|X）为线性链条件随机场，模型结构图如图 2 - 2 所示。

$$P（Y_i | X, Y_1, \cdots, Y_{i-1}, Y_{i+1}, \cdots, Y_n）= P（Y_i | X, Y_{i-1}, Y_{i+1}）$$

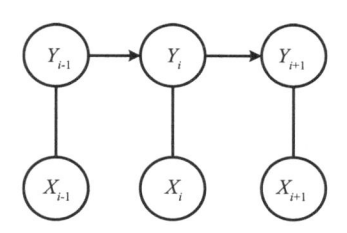

图 2 - 2 线性链条件随机场结构

为使一阶线性条件随机场的输出序列的概率之和为 1，Lafferty 定义了势函数 Z（x）作归一化因子，其中，$f_j（y_i - 1, y_i, X, i）$ 是任意特征函数，λ_j 是特征函数的权值。

$$Z(x) = \sum_{y} \exp \{ \sum_{i=1}^{n} \sum_{j} \lambda_j f_j(y_i - 1, y_i, X, i) \}$$

随机变量 X 取值为 x 的条件下，随机变量 Y 取值为 y 的条件概率的计算如下。

[①] Lafferty J. D., et al., "Conditional Random Fields: Probabilistic Models for Segmenting and Labeling Sequence Data", Proceedings of the Eighteenth International Conference on Machine Learning, sponsored by Morgan Kaufmann Publishers Inc., San Francisco, California, USA, June 28 – July 1, 2001.

$$p(y \mid x) = \frac{1}{Z(x)}\exp\left\{\sum_{i=1}^{n}\sum_{j}\lambda_{j}f_{j}(y_{i}-1,y_{i},x,i)\right\}$$

对该模型的求解涉及概率计算、模型学习、预测这三个方面的内容。概率计算指的是给定条件随机场 P（Y | X）、输入序列 x、输出序列 y 的情况下，计算条件概率 $P(Y_i = y_i \mid x)$、$P(Y_{i-1} = y_{i-1}, Y_i = y_i \mid x)$ 等值的问题，一般采用前向—后续算法实现。对于模型学习，通常需要在给定训练数据集情况下进行参数权重训练，常用的学习方法包括了极大似然估计、正则化的极大似然估计方法等，具体的算法包括了改进迭代尺度法、梯度下降法、拟牛顿法的 L-BFGS 算法。其中，改进迭代尺度法和梯度下降法都属于迭代梯度方法，容易实现但在参数求解过程中收敛速度较慢；L-BFGS 是一种近似的二阶方法，其关键是运用了 Hesse 矩阵的曲率信息，相比其他模型参数求解算法，其收敛速度更快。对于观测序列的预测，通常采用的是维特比算法。

二　双向长短期记忆网络

双向长短期记忆网络是前向 LSTM（Long Short-Term Memory，长短期记忆网络）和后向 LSTM 的结合，是 LSTM 的一种改进模型。而 LSTM 是在 RNN（Recurrent Neural Network，循环神经网络）模型上进行的改进，用以解决 RNN 遇到的长时序列的长距离依赖问题。

RNN 模型是一种链式网络结构，与一般的神经网络模块相似，通常由输入层、隐藏层、输出层这样三层结构构成，用激活函数来控制其输出，以权值连接实现层之间的连接。运行过程中，网络结构中上一层的信息被 RNN 模块传输给下一层，隐藏层的输出则依赖以往时刻的信息。与 CNN（Convolutional Neural Networks，卷积神经网络）相比，RNN 更适合于对时序数据的建模处理，例如文本信息的处理。

尽管 RNN 能较好地表征时序数据，但存在对短期输入过于敏感，难以解决长时序列的长期依赖问题，可能出现梯度消失和梯度爆炸等问题。[1] 针对这些问题，学者们提出了多种优化方案，LSTM 是 Hochreiter 和

---

[1] Sherstinsky A., "Fundamentals of Recurrent Neural Network (RNN) and Long Short-Term Memory (LSTM) Network", *Physica D: Nonlinear Phenomena*, Vol. 404, No. 8, August 2020.

Schmidhuber 等人提出的一种优化模型[1]，经 Alex Graves 改良和推广后在诸多领域得到了广泛应用。[2][3][4] 与 RNN 不同，LSTM 在隐藏层加入了一个状态用于保存长期状态，称为细胞状态（Cell State），该状态通过"门结构（gate）"进行控制，包括三个开关：用来保存长期状态的遗忘门；用来控制将即时状态信息输入至长期状态的记忆门；用来控制长期状态的输出与否的输出门。这样的门结构其实质是一个包含了 sigmoid 神经网络层以及点乘操作的全连接层，在这样的门结构中，输入是向量，输出是 0~1 之间的实数，0 表示不允许任何量通过，1 表示允许任意量通过。

以 x_t 表示 t 时刻的输入，C_t 表示 t 时刻的细胞状态，$\tilde{C}_t$ 表示临时细胞状态，h_t 表示隐藏层状态，f_t 表示 t 时刻的遗忘门状态，i_t 表示 t 时刻记忆门状态，o_t 表示 t 时刻输出门的状态，$t-1$ 时刻的各个阶段的表示依此类推，则 LSTM 的网络模块结构如图 2-3 所示。

实质上，LSTM 是对前期细胞状态的信息遗忘、新信息的输入控制，以及选择性传递输出的过程。实现中，过程中的每个时间节点都会计算输出隐藏层状态[5]，具体方法如下所述。

遗忘门，用于决定细胞状态中保存还是丢弃长期状态，由 sigmoid 层进行具体控制。将当前层的输入 x_t 及上一时刻隐藏层状态 h_{t-1} 作为输入，其在 $t-1$ 时刻细胞状态的输出计算如下：

$$f_t = \sigma(W_f \cdot [h_{t-1}, x_t] + b_f)$$

---

[1] Hochreiter S. and Schmidhuber J., "LSTM Can Solve Hard Long Time Lag Problems", Proceedings of the 9th International Conference on Neural Information Processing Systems, sponsored by MIT Press, Denver, Colorado, December 3-5, 1996.

[2] Straková J., et al., "Neural Architectures for Nested NER Through Linearization", Proceedings of the 57th Annual Meeting of the Association for Computational Linguistics, sponsored by Association for Computational Linguistics, Florence, Italy, July 28-August 2, 2019.

[3] Yu Y., et al., "A Review of Recurrent Neural Networks: LSTM Cells and Network Architectures", *Neural Computation*, Vol. 31, No. 7, July 2019.

[4] Kim H. Y. and Won C. H., "Forecasting the Volatility of Stock Price Index: A Hybrid Model Integrating LSTM with Multiple GARCH-Type Models", *Expert Systems with Applications*, Vol. 103, No. 13, August 2018.

[5] Sagheer A. and Kotb M., "Unsupervised Pre-Training of A Deep LSTM-Based Stacked Autoencoder for Multivariate Time Series Forecasting Problems", *Scientific Reports*, Vol. 9, No. 1, December 2019.

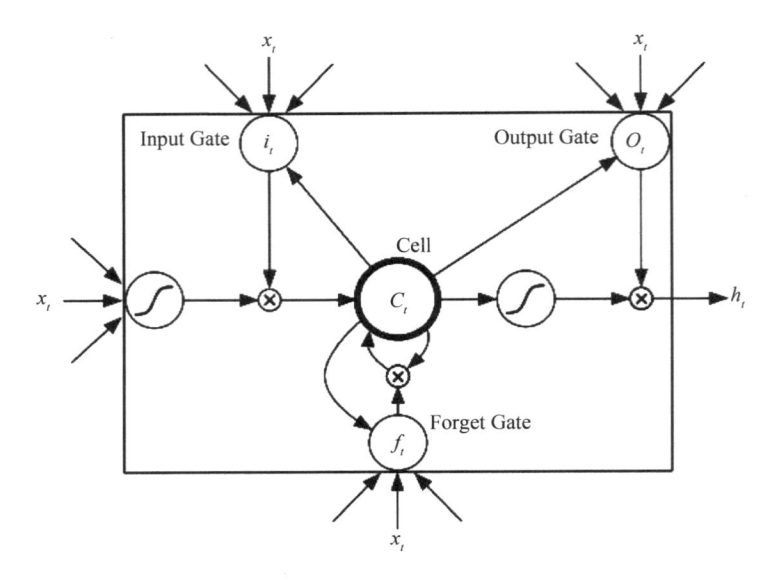

图 2-3　LSTM 网络结构

记忆门，负责有选择性地将即时信息存储到细胞状态中。实现中，首先由记忆门中的 sigmoid 层来决定更新的值，由 tanh 层创建新的候选值向量 $\tilde{C}_t$ 以更新到细胞状态中，这两个过程的值可由如下公式计算获得。

$$i_t = \sigma(W_i \cdot [h_{t-1}, x_t]) + b_i$$
$$\tilde{C}_t = \sigma(W_C \cdot [h_{t-1}, x_t]) + b_C$$

在确定了哪些状态可以更新到细胞状态后，即可更新细胞状态的时刻，将 C_{t-1} 更新为 C_t，将旧时刻的细胞状态与 f_t 相乘，从而确定需要丢弃的信息，再加上 i_t 与 C_t 的乘积，计算出新的候选值，如公式所示。

$$C = f_t * C_{t-1} + i_t * \tilde{C}_t$$

输出门，用来确定细胞状态的最终输出值。实现中，以 sigmoid 层确定当前细胞状态的哪部分被输出，计算如以下公式所示。

$$o_t = \sigma(W_o[h_{t-1}, x_t] + b_o)$$

然后将单元状态通过 tanh 层处理，并将与 sigmoid 门的输出相乘，得到确定输出的部分，其计算如以下公式所示。

$$h_t = o_t * \tanh(C_t)$$

三 注意力机制

注意力机制最早应用于机器翻译领域，目前在图像识别、语音识别、自然语言处理等多个领域得到深度应用，其借鉴了人类的视觉信息处理机制，即人会有选择地处理视觉感官获得的信息，增加对部分区域的观察精细度，忽略不太相关的信息。[1] 因为大多数的注意力机制模型是在编码器—解码器框架（Encoder-Decoder）基础上演进的，因此，以 Encoder-Decoder 框架为切入点阐述注意力机制的原理。

在文本处理领域，Encoder-Decoder 框架的基础一般是 RNN 模型，其编码器接受输入序列（x_1，x_2，…，x_t），其中，t 指的是输入序列的长度，并将输入序列压缩成固定长度的向量 h_t，即图中的 $h_1 \sim h_3$；由解码器生成输出序列（y_1，y_2，…，y_{tt}），tt 指的是输出序列的长度。在任意的 t 位置，h_t 表示的是编码器的隐状态，s_t 表示的是解码器的隐状态。这样的框架模型存在一定的缺陷，一是当输入向量长度较长时以固定长度压缩可能丢失部分信息；二是没有对输入输出序列进行对齐建模。因此，需要一种机制可以帮助模型在生成输出信息时可以有选择地关注到输入信息，由此催生了注意力机制的引入。

注意力机制的核心是关注到了输入序列中不同位置的信息对输出的影响存在差异，从而引入了注意力权重，引入注意力机制的 Encoder-Decoder 模型通常如图 2-4 所示。在这个模型中，通过注意力模块自动学习注意力权重，获得编码器隐藏状态 h_t 和 s_t 之间的相关性。同时，注意力的权重也作用于中间的语义向量，进而传递给解码器。从本质上来看，注意力机制是对输入进行的加权求和。

具体到注意力权重的学习而言，往往是在一般的 Encoder-Decoder 体系结构中加入一个额外的神经网络来学习获得，因此可以将注意力权重学习剥离出 Encoder-Decoder 框架来论述，其结构示意图如图 2-5 所示。

---

[1] Li X., et al., "Mam-Rnn: Multi-Level Attention Model Based Rnn for Video Captioning", Proceedings of the 26th International Joint Conference on Artificial Intelligence, sponsored by AAAI Press, Melbourne, Australia, August 19-25, 2017.

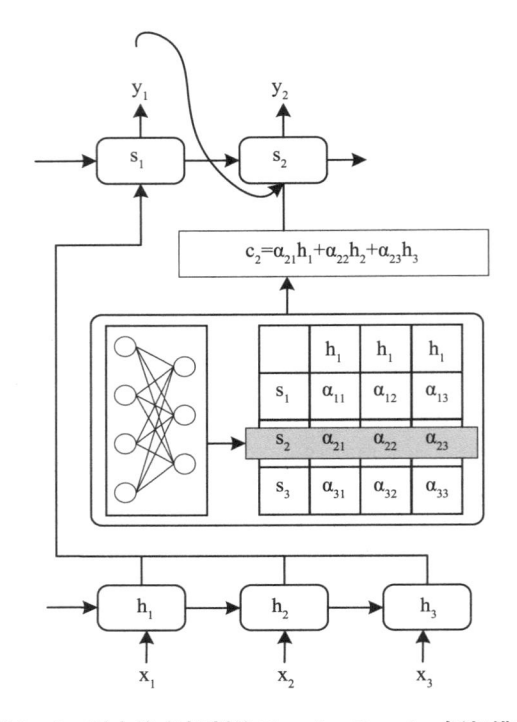

图 2-4 引入注意机制的 Encoder-Decoder 框架模型

其中，x 表示输入数据，d 表示输入数据维度，y 表示对应的查询。在注意力权重计算时，有多种计算方式来计算输出与输入之间的相似性，较为流行的是多层感知机和点积。

除了前述的选择性注意力机制以外，还有一类称为自注意力机制，其区别主要在于输入和输出是同源的，实现的是内部信息观测和外部信息观测的对齐，改进的是局部特征表达的准确性。自注意力机制反映了非局部平均的思想，即在非局部区域找到与目标输出最相似的特征表达，利用目标位置的信息表达和非局部区域其他位置信息表达的相似度加权求和，并将结果在非局部区域范围进行传递，修正目标输出位置的信息表达。

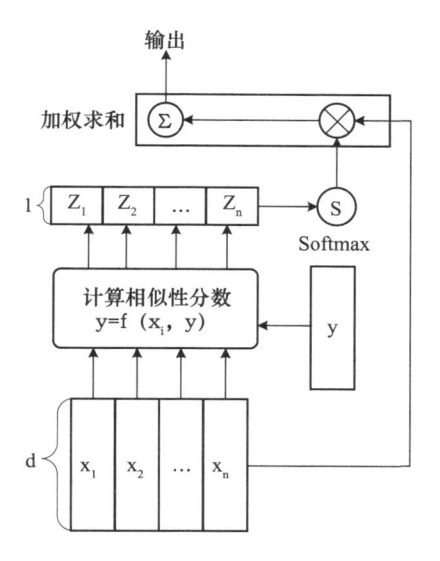

图 2-5 注意力机制结构示意图

第三节 知识图谱

知识图谱（Knowledge Graph）的概念最早由谷歌公司于 2012 年提出，其初衷是为了提升搜索引擎的能力，之后随着学界和业界的广泛关注，其研究与实践也日趋深入，目前已经成为知识组织的重要工具。本研究中，也拟采用知识图谱技术进行社会网络中基于知识标注结果的资源语义网络构建，从而实现资源的语义化组织。

一 知识图谱的概念

知识图谱有多种含义，包括 Google 用来增强其搜索引擎功能的知识库，图情领域用于显示知识发展与结构关系的图形化展示形式等，在本研究中，将知识图谱视为一种以符号形式来描述现实世界的概念及其相互关系的语义网络结构。

目前，知识图谱常以三元组形式来表示，也就是 G =（E, R, S），E 代表实体集合，R 代表实体关系集合，S⊆E×R×E 代表知识库中的三元组集合。三元组由实体、属性、属性值这些基本成分构成。实体是现实世界的可以进行逻辑抽象的对象或概念，属性指的是实体具有的特征，属性值是实体对象特征的取值。在知识图谱中，任一实体具有唯一的ID标识，属性—值对标识实体的特性；实体间的关系表明实体之间的关联关系。通过实体间的关系、属性—值对，可以实现将现实世界向概念链接的转变，进而支撑各种形式的基于语义的应用。

根据应用场景和覆盖范围，知识图谱的类型可以分为通用型知识图谱和行业知识图谱。通用型知识图谱关注的是知识的广度，多用于智能搜索及其相关领域，强调更广范围的实体的融合。与行业知识图谱相比，其准确度不够高且容易受概念范围的影响。行业知识图谱则是面向特定行业领域和应用场景进行构建，更侧重知识的深度和准确程度，而且实体的属性和关系丰富程度往往较通用知识图谱更高。

虽然知识图谱也呈网状结构，但与早期的语义网络相比，有其特殊性：一是其强调实体的关联关系和实体的属性取值，但早期的语义网络多以句子表示，难以呈现较为清晰的关联关系；二是知识图谱的重要数据来源是百科类数据，尤其是百科类数据中的半结构化数据。这一点与早期严重依赖人工构建的语义网络相比，自动化程度、数据规模、挖掘深度都有明显的差异。三是知识图谱构建更关注多源数据的融合及知识的清洗技术，这些不是早期语义网络研究关注的重点。

二 知识图谱的架构

根据分析的视角可以将知识图谱的架构分为逻辑层面的知识图谱架构和体系层面的知识图谱架构，前者侧重于从功能角度认识知识图谱，后者侧重于从技术实现角度认识知识图谱。

知识图谱的逻辑结构可以从数据层和模式层这两个层次来理解。知识图谱的数据层是由一系列的知识构成，而知识以事实进行存储，以三元组来表示这些事实数据，多用图数据库存储这些三元组，常见的图数据库有Neo4j、Twitter的FlockDB、sones的GraphDB等。模式层是建立在数据层之上，是知识图谱的核心，其存储的是经过提炼和抽象的知识，常借助本体库对公理、规则和约束条件的支持能力来规范数据层的事实表达。

知识图谱的体系架构涵盖的是构建知识图谱所涉及的过程和数据来源，如图2-6所示。框线内的部分是构建知识图谱的过程，随知识的更新和增加不断迭代。由图中可知，知识图谱的构建往往从原始数据获取出发，提取原始数据中的事实信息，将其存入知识图谱的数据层和模式层。这个过程随知识更新不断迭代，但是根据知识获取的逻辑，每一轮的迭代都至少包含了信息抽取、知识融合和知识加工这三个模块。

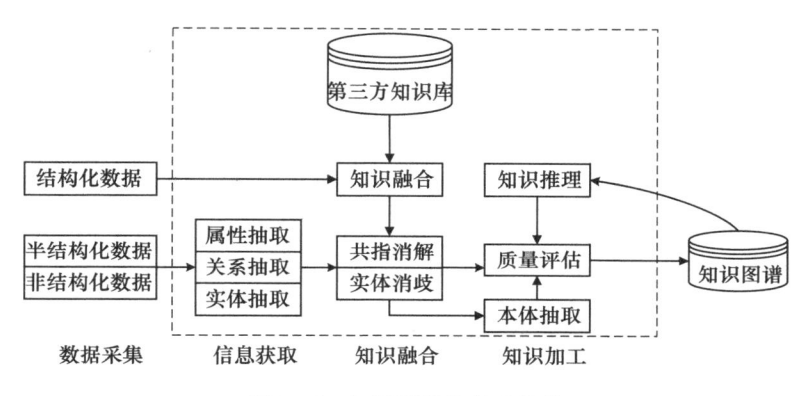

图 2 - 6　知识图谱的体系架构

具体到知识图谱的实际构建实践中，可以分为自顶向下和自底向上两种。自顶向下方式常常是从百科类网站采集结构化数据以提取本体和模式信息来实现知识图谱的构建。自底向上的构建方式多从公开的可获取的数据集中提取资源的模式信息，将置信度较高的资源模式提交人工审核，然后存储到知识库中。二者相比，前一种方式对数据的质量要求较高，后一种方式对信息抽取技术要求更高。在早期的知识图谱研究中，自顶向下的方式构建知识图谱较为常见，随着信息量的激增和数据挖掘相关技术的发展成熟，自底向上的构建方式对数据的结构化程度要求较低，获得了更广泛的应用。

三　知识图谱的关键技术

信息抽取、知识融合和知识加工这三个环节是知识图谱构建必不可少的三个环节，而每一个环节的顺利进行也都离不开相应的技术手段的支持。下面将围绕这三个环节的关键技术分别进行说明。

（1）信息抽取相关技术

信息抽取环节要解决的关键问题是如何从多源异构的数据源中自动

抽取候选知识单元，这一环节需要利用实体抽取、关系抽取和属性抽取技术实现。

实体抽取技术又称为命名实体识别，其效率直接影响后续知识的获取效率和质量。现阶段其实现主要有三种思路。一是基于规则的实体抽取，该方式利用语言学知识（包括词性特征、句法规则、标点符号、统计信息等）人工构造规则模板，在结合实体库知识的基础上，调整不同规则的权重，通过实体与规则的匹配情况识别实体类型。这种识别方式当所构造规则的质量较高时可以取得很好的识别效果，但严重依赖语言、文风、领域，难于移植、维护困难。二是基于统计的实体抽取，这一方式将实体抽取视为一种序列标注问题，通过人工标注的语料训练构建的序列标注模型，来实现较好的实体识别效果，具体技术模型包括隐马尔可夫模型、支持向量机、最大熵模型、条件随机场等模型。三是混合方式，这类方式规避了单一使用以上两种方式的缺点，通过基于规则的方式对数据进行过滤修剪处理，降低实体识别的数据规模，然后在序列标注思路的指导下，运用基于统计的模型实现实体抽取。

关系抽取的核心是从采集的数据中抽取出存在特定关系的实体对，可以将该问题转化为分类问题或序列标注问题来处理。将其转化为分类问题隐含的前提是将每种实体关系都视为一种特定的类别，通过对文本数据的特征抽取，训练多分类模型，实现关系抽取。此外，由于知识图谱在构建过程中，常常存在设计好的模板，对关系种类有一定的约束，也从另一方面支持将关系抽取转化为分类问题来解决。而将其转化为序列标注任务则与命名实体识别较为类似，仍然是通过预测实体的标注类型来确定实体间是否存在关联关系。

实际上，实体的属性也可以看作实体与属性值之间的名词性关系，在这一思路指导下，属性抽取问题可以转化为关系抽取问题。针对非结构化数据的属性抽取问题来说，目前常用的属性抽取方案大致有两类，一类是在百科类网站半结构化数据支持下自动抽取生成语料以训练属性抽取模型，为非结构化数据的属性抽取提供支持；另一类是直接采用数据挖掘方法分析属性和属性值之间的关系模式，这一思路得以实现的前提是属性名和属性值在位置上有关联关系。

(2) 知识融合相关技术

前述阶段获得的数据可能存在冗余和错误的信息，而且数据之间关系缺乏层次和逻辑，需要进行进一步的融合，这就是知识融合要解决的问题。在具体技术上，主要包括实体链接技术和知识合并技术。实体链接技术解决的问题是将抽取获得的实体对象与知识库中的正确实体对象进行对应，其实现流程包括了实体消歧和共指消解，实体消歧关注同名实体的歧义问题，共指消解关注多个指称对应同一实体对象的情况。知识合并技术要解决的是构建的知识库结构与已有结构化数据、本地知识库还有外部知识库产品的融合，主要是数据层和模式层的融合。数据层主要关注实体指称、属性、关系、所属类别，避免出现实例及关系的冲突和冗余；模式层主要关注新提取的本体与已有本体库的融合。

(3) 知识加工相关技术

信息抽取获得的实体、关系和属性等知识要素，经知识融合后得到了一系列的事实知识。然而，经融合后的知识仍然可能存在错误和不完整的情况，因此需要进行知识质量的评价，因此还需要知识加工相关技术的支持来实现评估和图谱补全，涉及的技术包括了知识质量评估、本体构建和知识推理相关技术。

质量评估能够进一步确认抽取的知识元素的质量。因为前述阶段获得的知识元素仍然可能存在错误，质量评估可以对知识的可信度进行度量，舍弃置信度低的知识，从而保证高质量的知识入库。

在知识图谱中，本体位于模式层，是知识库的概念模板，可以描述知识的层次体系结构，其既可以通过人工方式也可以以数据驱动辅以人工审核实现，还可以利用跨语言知识链接的方式来构建。

知识推理是从已有实体关系数据出发，通过推理方法发现实体间新的关联关系，来拓展知识图谱的网络结构。常见的推理方法基本可以分为基于逻辑的推理和基于图的推理，基于逻辑的推理有一阶谓词逻辑、描述逻辑、基于规则的推理等；基于图的推理有基于神经网络的模型、Path Ranking 算法等。

第 三 章

面向信息资源的用户认知结构及其在知识标注中的应用

用户的信息搜寻、利用行为中均伴随着认知活动,也不可避免地会受其认知结构的影响。知识标注的重要目标是为信息资源搜寻、分析挖掘等服务组织提供支持,以此出发,可以将用户针对信息资源的认知结构应用于知识标注工作中,从而提升知识标注结果与用户认知的契合度。下面将首先对面向信息资源的用户认知结构的内涵、特点、功能及影响因素进行分析,进而将分析其在知识标注中的应用价值。

第一节 面向信息资源的用户认知结构的内涵、特点与功能

厘清面向信息资源的用户认知结构的内涵、特点与功能,有助于深化对其基本理论的认识,进而为社会网络中用户认知结构提取、基于用户认知结构的知识标注方法设计提供参考。

一 面向信息资源的用户认知结构的内涵

依据认知结构理论中的图式学说,面向信息资源的用户认知结构可以视为用户个体或群体根据其认知经验所形成的用于表征信息资源的认知图式,即存储在记忆中的关于待认知信息资源的一般的知识体系或心理结构,其既包括变化的部分,也包含固定不变的内容,可以视为一张留有空白、待人们填写的问卷,经常用表(如表3-1)或图进行表示。

其构成上主要包括槽、分面、槽值等 3 类要素，槽可以视为认知结构中关于待认知对象的一个属性，如表 3-1 中的题名、作者、发表时间等，分面可以视为槽的属性，或者将槽视为认知对象时，其对应的槽，如作者姓名、作者单位等；所有槽及分面的组合可以视为认知结构的基本框架，反映了用户认知信息资源时会关注哪些方面；槽值是认知结构中一个槽或分面的可能取值范围或规则，其既可能取固定值，如上位概念槽的槽值"学术文献"，也可能有固定的取值范围，如"来源期刊类型"槽的取值范围多为 SCI 源刊、SSCI 源刊、EI 源刊、CSSCI 源刊、CSCD 源刊、北京大学《中文核心期刊要目总览》源刊、SA 科学文摘源刊、JST 日本科学技术振兴机构数据库源刊、Рж（AJ）文摘杂志源刊，还可能只有取值规则，如被引频次为不小于 0 的整数；槽值之间可能存在明确的关联关系，如上下位关系等。

表 3-1　　　　某用户关于"期刊论文"的认知结构

槽名：	上位概念	值：	学术文献
槽名：	用途	值：	报道研究成果
槽名：	主要阅读对象	值：	科研人员
槽名：	题名	值：	网络大数据：现状与展望等
槽名：	作者		
分面名：	作者姓名	值：	张三、李四等
分面名：	作者单位	值：	华中师范大学、武汉大学等
槽名：	语种	值：	中文、英文、俄文等
槽名：	来源期刊		
分面名：	来源期刊刊名	值：	情报学报、中国图书馆学报等
分面名：	来源期刊类型	值：	CSSCI 源刊、CSCD 源刊、SCI 源刊等
槽名：	发表年份	值：	2021 年、2020 年等
槽名：	被引频次	值：	不低于 0 次
槽名：	所属学科	值：	图书情报与档案管理、情报学等学科名称
槽名：	研究主题	值：	信息组织、信息检索、信息分析等术语

对面向信息资源的用户认知结构内涵的理解可以从"一般的"、"知识"、"结构"三个关键词入手。(1) 概念中的"一般的"是指，用户信息资源认知结构中存储的是关于待认知信息资源的通用的知识，具有一定程度的概括性，是从多个具体对象中抽象出来的，不是指关于某一篇具体信息资源的相关知识。(2) 概念中的"知识"是指，用户信息资源认知结构中存储的是广泛意义上的知识（待认知信息资源各方面的属性特征或属性的属性特征），而不仅是其概念（概念一般只涵盖区别于其他同类事物的属性特征），可以更全面地描述待认知信息资源。(3) 概念中的"结构"是指，用户信息资源认知结构中的知识是以某种方式或结构组织之后的，既包括组织之后的槽、分面，也包括组织之后的槽值，如表3-1中的图书情报与档案管理是情报学、图书馆学的上位概念，作者姓名、作者单位这两个分面都可以视为"作者"这一对象的槽。

二 面向信息资源的用户认知结构的特点

参考国内外关于认知结构的特点总结，并结合信息资源的认知特性，可以将面向信息资源的用户认知结构的特点概括为包含常量与变量、能表征不同抽象水平的知识，具有稳定性、差异性、发展性、层次性。

(1) 包含常量与变量。无论是对最抽象意义上的信息资源，还是针对特定类型、特定范围内的信息资源，用户的认知结构均包含常量与变量，如表3-1中的上位概念、用途、主要阅读对象3个槽的取值都是常量，题名、作者姓名、作者单位、语种、来源期刊、来源期刊类型、发表年份、被引频次、所属学科、研究主题10个槽或分面的取值都是变量。总体来说，常量部分体现了所认知信息资源的共性，可以帮助用户实现此类信息资源与其他类型认知对象的区分；而变量部分则体现了所认知信息资源的个性，可以帮助用户认知具体信息资源对象的特征，实现信息资源具体对象的区分。

(2) 可以表征不同抽象水平的知识。用户利用认知结构既可以实现对信息资源这一抽象层次最高的知识表征，也可以实现对抽象层次较低的知识的表征，如图书信息资源、中文图书信息资源、豆瓣图书社区中的图书资源等。显然，待认知的对象越具体，用户认知结构中的槽及分面也越丰富，能固定下来的槽值也越多，如出版社这个槽不应出现在用户的信息资源认知结构中,但会出现在用户的图书信息资源认知结构中;相较于图书馆信息资源的认知结构,中文图书信息资源的认知结构中可以将语种槽的取值固定为中文。

(3) 具有稳定性。这一特性是指用户的信息资源认知结构一旦形成,将在较长一段时间内保持稳定。形成这一特点的原因有两个方面:一是用户认知结构中所含的资源属性类型较为稳定,轻易不会变化;二是认知结构中信息资源属性的有效新增,需要以能够理解该属性对应取值的含义为前提,这常常涉及到用户认知能力的提升,也难以一蹴而就。

(4) 具有差异性。这一特性是指受用户个体认知经验、能力与目标,信息资源自身特点、认知发生的环境等主客观因素的影响,不同用户之间、同一用户在针对不同信息资源时或在不同认知情境下其认知结构会呈现一定程度上的不一致。例如,同样是高校学生的图书信息资源认知结构,当认知对象是豆瓣图书社区中的图书时,其认知结构可能包含题名、作者姓名、出版社、出版时间、价格、装帧、ISBN、内容简介、评分、读过人数等槽或分面,而认知对象转换为学校图书馆OPAC系统中的图书时,则可能不会包含评分、读过人数两个槽,但可能增加馆藏位置、是否可借、学科主题、中图法分类号等多个槽,其原因就是两个系统可向用户展示的信息有所区别、用户的认知目的也有所区别。

(5) 具有发展性。这一特性是指随着用户认知信息资源的经验、能力的变化或信息环境的变化,其信息资源认知结构也会缓慢发生变化。其变化可能是双向的,随着经验的积累、认知能力的提升或所展示的信息资源属性特征项增加,用户认知结构中包含的属性特征会越来越丰富;但随着认知能力的下降与认知实践的减少或所展示的信息资源属性特征项减少,也可能导致用户认知结构中所含的属性特征减少。

(6) 具有层次性。这一特性是指用户认知结构中所含的槽可能也可以被视为一个认知对象,具有其特定的认知结构,例如作者是学术论文的一个属性,而"作者"这一概念的认知结构又由姓名、单位、职称、职务等属性构成;"作者单位"也可以视为认知对象,其结构可以由机构名称、机构类型、研究实力、优势领域等属性构成。需要说明的是,一方面低层次的属性特征可能可以为高层次属性特征提供语义信息,如可以根据研究机构的实力强劲推测学术论文质量较高,更值得阅读;另一方面低层次的属性特征既可以以分面的形式涵盖在高层次的认知结构中，也可以将低层次的属性特征作为独立的认知对象，通过认知结构建立两者的联系。

三 信息资源认知中用户认知结构的功能

从心理学角度来讲，认知结构主要具有三方面的功能：一是剪辑功能，用于对输入的信息进行选择、删减、抽象，以及对所输入信息的同化；二是预测和推理功能，在激活认知结构基础上，利用认知结构而非观察获得关于具体认知对象的知识；三是迁移作用，用于实现事物认知中的举一反三、触类旁通。用户认知结构也同样具备这三大功能，并通过用户信息行为呈现出不同的表现。

（1）剪辑功能。认知结构的剪辑一方面是指用户会基于其认知结构选择性地关注、接受输入信息的部分内容，另一方面是指用户会基于其认知结构对关注、接受的信息进行加工处理，同化到既有的认知结构中。

用户认知结构的剪辑功能在多种信息行为中都有所体现。信息搜寻行为中，用户会以认知结构框架中的要素为线索进行信息的搜寻、筛选、质量评价，例如学术论文搜寻中，部分用户会将来源期刊作为筛选条件，以帮助其快速发现所需的论文，部分用户则完全不考虑这一因素。用户的社会化标注、转发、评论等 UGC 行为中，其发布的内容也常常只会涵盖其认知结构框架中涉及的要素，并且常常只会用其熟知的概念进行描述，而非全面、系统地对资源进行描述或评价，如在电影资源的社会化标注中，我国用户经常标注制片国家这一信息，但欧美等西方国家用户则较少关注这一信息。[①] 用户的信息阅览、利用行为中，一方面用户在阅读时并不是原封不动地接收输入进来的信息，而是根据其认知结构对输入信息进行抽象、同化，例如输入信息中包含了一本图书的阅览频次，用户未必会直接记忆频次数据，而是根据频次将其转换成图书的热门程度信息，还会将输入的信息按照认知结构进行整理、归类，使其更加有序，更便于理解和记忆。另一方面，用户所能吸收的知识常常是与其认

---

① Hu Q., et al., "An Investigation of Cross-Cultural Social Tagging Behaviours Between Chinese and Americans", *The Electronic Library*, Vol. 36, No. 1, February 2018.

知结构相匹配的部分,而并非信息资源中包含的全部知识,也即布鲁克斯知识方程式中的 ΔI 受用户既有认知结构的影响。[①]

(2) 预测和推理功能。用户在对信息资源进行认知时,会根据认知对象激活相应的认知结构,一旦激活之后,用户就会自觉不自觉地基于信息资源认知结构和已认知到的信息进行预测和推理,根据猜测结果填充认知结构中相关的槽。例如,创新性常常是用户期刊论文认知结构的一个要素,但用户在认知时,经常在阅读论文之前会根据论文的来源期刊、作者、作者单位、被引频次等信息对其创新性进行预测和推理,而且常常能获得不错的预测效果。显然,尽管存在预测或推理偏差的情况,但该功能可以大大提升用户进行信息资源认知的效率及全面性。

(3) 迁移功能。用户在面对新类型的信息资源或者新的信息源时,并非从无到有地建立与之相适应的认知结构,而是会发挥认知结构的迁移功能,通过既有信息资源认知结构的修正、组合形成与认知对象相匹配的认知结构。这种迁移可能表现在不同的层面,如用户第一次接触微博时,可能会将其在知乎等社区建立的认知结构中的"评论数"、"点赞数"、"发布时间"、"作者"等槽直接迁移过来;也会参考其他信息资源认知结构,将用户行为作为资源质量衡量因素的做法,结合微博的特点将相关特征纳入到认知结构中,如"转发数"等。

第二节 面向信息资源的用户认知结构影响因素分析

在信息资源认知实践中,用户实际采用的认知结构主要受资源、用户、系统三类的影响。其中,资源因素决定了认知结构的边界,用户因素决定了用户可以或者愿意将哪些因素纳入其认知结构,系统因素决定了在特定的信息系统中哪些资源属性特征是可用的。三者与用户实际采用的认知结构间的关系如图 3-1 所示,即用户因素影响下的信息资源认知结构与系统因素影响下的信息资源认知结构均是资源因素影响下的信息资源认知结构的子集,而两者之间交叉的部分才是用户实际采用的认

[①] 杨惦南:《知识经济与布鲁克斯基本方程式》,《情报学报》1999 年第 S2 期。

知结构。

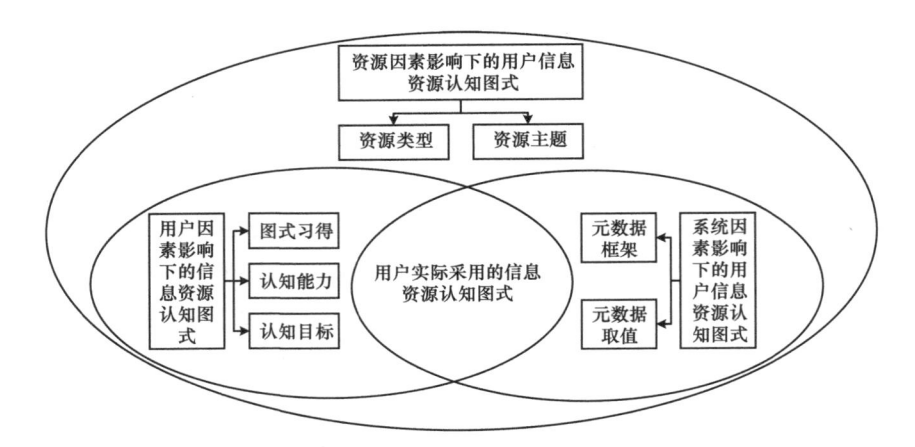

图 3-1　面向信息资源的用户认知结构影响因素及关联关系

一　资源因素

作为用户认知对象，信息资源通过两个方面影响用户的认知结构：一是资源自身拥有哪些属性特征，用户不可能将资源本身不具备的属性特征纳入认知结构中；二是资源属性特征对用户达成认知目标的影响，若一个属性对用户达成认知目标几乎没有帮助，则用户可能不会将其纳入认知结构中。也正是因为不同的信息资源间具有的属性特征不同、各属性特征对用户达成认知目标的价值不同，使得用户对不同信息资源的认知结构也产生差异。

（1）不同类型的信息资源具有的属性特征存在差异

信息资源的部分属性特征是依附于资源类型的，随着资源类型的变化，其所包含的属性特征集合也随之变化。此处的资源类型可以从不同角度去划分，较为典型的划分依据包括载体形态、媒介类型、文献类型、功用、学科/领域主题等，下面分别予以说明。

载体形态差异导致信息资源的属性特征存在差异。从载体形态上，总体上可以将信息资源区分为纸质资源、缩微文献、电子文件、网络资源等。不同形态的信息资源，均具有一些其他形态的资源不具有的属性特征，例如实体资源的副本数、开本等属性，缩微文献的细分类型（包括缩微胶卷、缩微卡片、缩微平片、缩微印刷品等)、材料、规格等属性，数字信息资源的媒介格式、文件大小等属性，网络资源的 URL 等属性。

媒介类型差异导致信息资源的属性特征存在差异。从媒介类型角度，可以将信息资源分为图文声像四类，各种媒介相应地也拥有自己独特的属性特征。例如，图像、视频有分辨率、纹理、色彩等属性特征，音频、视频有时长、响度、音调、音色等属性特征，文字有字体、字号、字数等属性特征。

文献类型差异导致信息资源的属性特征存在差异。从文献类型角度出发，可以将信息资源分为报纸、期刊、专利、图书、学位论文、标准、法律、会议文集等，各种文献类型的资源也拥有一些其他类型资源不具备的属性特征。例如，图书的出版社等属性特征，期刊、报纸的出版周期，专利的专利号，学位论文的导师、专业等属性特征。

不同学科/领域主题的信息资源具有不同的属性特征。不同主题的信息资源，其在生成时常常遵循不同的规范，由此导致不同主题的信息资源拥有一些独特的属性特征，进而影响用户的认知结构形成。例如，对于小说，其主题常常可以分解为人物、环境、情节三个方面。

从功用角度出发，可以将信息资源分为文艺作品、教材、学术文献、通俗读物、工具书、政府出版物等。不同功用的资源，其属性特征常常也有一定差异。以学术文献为例，其主题可以分解为研究对象、研究方法、研究分面（例如应用、问题、影响因素、机制、体制、模型等)、研究条件等。

（2）属性特征价值不同导致认知结构不同

不同类型或主题的信息资源，用户关注的重点不同，由此导致部分共同拥有的属性特征未必全部出现在用户的认知结构中。为验证这一假设，选取图书作为认知对象，进行了不同学科主题下的认知结构比较分析。

比较分析中，采用了回忆法这一典型的认知结构研究方法的思想[①]，

---

① 郭兆明：《数学高级认知图式获得方式的比较研究》，博士学位论文，西南大学，2006年。

将 UGC 数据视为用户在阅读图书后形成的记忆,通过对其分析,可以归纳出用户在图书认知中关注图书的哪些要素,也即其图书认知结构框架。

①样本采集

样本采集中,选取了豆瓣图书(https://book.douban.com/)作为 UGC 数据采集平台,使用的 UGC 类型包括社会化标签、短评和长评。在样本选择环节,鉴于豆瓣不提供数据抽取支持,因此采用了与文献《基于活跃度指数的标签相关性判断研究》[1] 相近的间接抽取方式。首先,通过 50 位热门用户的粉丝列表采集了 830,682 用户的 ID;其次,从中随机抽取 5000 位用户进行数据采集,采集字段包括图书 URL、图书基本信息(题目、作者、作者国家地区、出版社、出版时间、价格)、用户 ID,以及社会化标签、短评、长评信息;再次,过滤掉社会化标签、短评、长评字段均为空的数据,得到 225891 条数据,从中随机抽取 3000 条(一个用户围绕一本书发布的所有 UGC 数据算一条数据)作为最终分析的样本数据,统计信息如表 3-2 所示。

表 3-2 样本信息

类型	数量	占比(%)
只有社会化标签	1432	47.7
只有短评	642	21.4
只有长评	22	0.7
同时有社会化标签和短评	870	29.0
同时有社会化标签和长评	16	0.6
同时有短评和长评	4	0.1
同时有社会化标签、短评和长评	14	0.5
总计	3000	100

②数据预处理

数据预处理环节的目标是对采集到的 UGC 数据进行分析处理,使之成为便于处理的结构化数据,为用户群体认知结构的分析提供支持。为保障处理效果,采用了人工方式对 UGC 数据进行处理,包括概念提取、

---

[1] 林鑫、周知:《基于活跃度指数的标签相关性判断研究》,《图书情报工作》2015 年第 9 期。

类目归纳、概念分类三个步骤。为保证客观性，在概念提取和分类两个环节，都邀请了华中师范大学的三位情报学硕士进行独立处理，并且在验证其 kappa 值超过了一致性判优边界值 0.75 后，基于投票原则确定最终结果的确定（实际标注中，不存在三人意见各不相同的情况），保证了结果的可信性。

概念提取的目标是结合图书基本信息，通过对 UGC 数据的研读，提取表征用户图书认知的概念，如教材、钱钟书、本科生、文笔优美等。概念提取中，遵循以下三个原则：一是尽量使用简单概念而不用或少用复合概念；二是不包含只跟用户个人相关的概念，比如阅读时间、阅读场所、阅读方式等；三是对于在同一条数据中重复出现的概念（含同义词），则将其去重合并。经过这一环节，最终获得 2248 个独立概念，总频次为 5892；同时，由于部分 UGC 数据中未包含任何有效概念，导致最终的有效样本数为 2555 条。

在类目归纳环节，对提取的概念进行了分析，基于概念与图书、概念与概念之间的关联关系进行类目体系的归纳，形成用户图书认知结构的构成要素集合。最终得到的类目集合包含图书主题、作者、国家地区、图书评价等 15 个，如表 3-3 所示。

表 3-3　　　　　类目归纳结果及概念示例

类目名称	概念示例	类目名称	概念示例
图书主题	文学、政治	作者姓名	钱钟书、钱穆
适用对象	本科生、准爸爸妈妈	作者机构	新东方、和君
图书用途	教材、备考	写作时期	早期作品、处女作
图书评价	语言精准、排版粗糙	国家地区	香港、美国
荣誉获奖	茅盾文学奖	出版时间	2013、2016
阅读感受	压抑、感动	出版渠道	晋江、文化艺术出版社
呈现形式	绘本、画册	印刷装帧	彩色、硬质装帧
写作语言	英文、古言		

在概念分类环节，基于已经确定的类目体系，对概念进行了分类处理。值得指出的是，概念的类目归属与其所处情境密切相关，比如"钱钟书"这一概念，当出现在《围城》相关的 UGC 数据中时，需分到"作者姓名"

这一类目，而出现在《我们仨》相关的 UGC 数据中时，需分到"图书主题"这一类目，因此在概念分类中同一个概念可能属于不同的类目。

③学科差异比较分析

在学科差异分析之前，首先去掉了频次过低的 5 类认知结构要素，包括作者机构、写作时期、荣誉获奖、出版渠道、印刷装帧，以免因数据波动导致分析结果产生差异。在学科体系划分上，选择了中图法作为分类体系。

分析过程中，首先依据国家图书馆、华中师范大学图书馆、武汉大学图书馆的书目数据库确定了样本图书所属的中图法一级类目。结果显示，22 个一级类目中只有"文学"，"艺术"，"历史、地理"与"哲学、宗教"4 个类目下的样本数据超过了 100 条，而样本数量过少可能导致认知要素的权重波动较大，基于此，分析中选择了将多个相似类目合并的方式进行数据集构造。类目合并中，参考胡潜和石宇的研究成果[①]，将图书按照主题分成 3 组：文学和艺术（包含文学、艺术两个一级类目），哲学社科（包含 10 个一级类目：马克思主义、列宁主义、毛泽东思想、邓小平理论，哲学、宗教，社会科学总论，政治、法律，军事，经济，文化、科学、教育、体育，语言、文字，历史、地理，综合性图书）和自然科学（包含剩余的 10 个一级类目）。

在此基础上，首先剔除了同一条 UGC 中多次出现的认知结构要素，之后分别统计了各类要素出现在样本中的频率，分母取 2555，结果如表 3-4 所示。

表 3-4　　　　　图书主题对用户整体认知结构的影响

框架元素	认知要素权重		
	哲学社科	自然科学	文学艺术
图书主题	84.3	89.3	68.5
适用对象	0.6	1.6	0.5
图书用途	10.2	20.5	2.0

---

① 胡潜、石宇：《图书主题对用户标签使用行为影响研究》，《图书情报工作》2016 年第 8 期。

续表

框架元素	认知要素权重		
	哲学社科	自然科学	文学艺术
作者姓名	19.0	8.2	50.2
国家地区	8.0	5.7	19.3
写作语言	0.6	0	0.8
呈现形式	0.4	1.6	4.2
出版时间	0.4	0.0	0.7
图书评价	21.3	20.5	19.0
阅读感受	1.2	0	2.4

从表3-4可以看出，学科主题对用户图书认知结构具有显著影响，主要体现在图书用途、作者姓名、国家地区三个要素上，其影响不但体现为各要素重要性的差别上，而且会导致用户认知结构的构成要素存在差异。

第一，用户更喜欢在阅读自然科学类图书时关注用途要素，而在阅读文学艺术类图书时几乎不关注该要素。其原因可能是，用户在阅读自然科学类图书时，往往具有明确的动机，因此也较为关注图书的用途是否匹配；在阅读文学艺术类图书时，往往出于休闲娱乐、打发时间的目的，由此导致用户极少关注图书的用途；而哲学社科类图书则处于两者之间，有时具有明显的阅读动机，有时则同样出于休闲娱乐、打发时间的目的。

第二，在作者姓名方面，用户在认知文学艺术类图书时非常关注该类元素，而阅读自然科学类图书时则较少关注。其原因可能是，整体而言，用户对文学艺术类图书作者更为熟悉且更容易熟悉，其次是哲学社科类图书作者，而对自然科学类图书作者的熟悉度则明显差于两者，这就导致作者信息常常可以支持用户进行文学艺术类图书的决策，有时可以支持进行哲学社科类图书的决策，但很少能支持用户进行自然科学类图书的决策，从而进一步导致用户在认知图书时对这三类图书的作者要素关注程度差异显著。

第三，国家地区方面，用户明显在认知文学艺术类图书时更关注该要素，而在哲学社会科学和自然科学类图书上则弱了很多。其原因可能是，文学艺术作品写作上存在较为显著的地域特征，而且能够直接支持用户的图书决策；但在哲学社科和自然科学领域，地域特征的影响较弱，由此导致用户在认知文学艺术图书时常常关注国家地区特征，但在其他类图书上则很少关注。

第四，不同主题的用户图书认知框架差异不但表现在宏观层面上，也可能表现在微观层面上或者在微观层面上才会体现出来。以图书评价要素为例，对于文学类图书，用户侧重于故事情节、写作技巧方面的评价，而对于哲学社科、自然科学这些以获取知识为主的图书，则侧重于学习难度、创新性、实用性等方面的评价；这也导致评价词汇选用上差异显著，例如文学图书评价中的温情、细腻、引人入胜等热门词汇在哲学社科和自然科学类图书中从没出现过。

二 用户因素

依据认知心理学相关理论，受个体经历的影响，其对同一对象的认知结构可能并不相同，即会习得不同的认知结构；受个体认知能力的影响，其开展认知活动时，会对其认知结构进行裁剪，以实现认知结构框架与认知能力的匹配；为实现不同的认知目标，个体在认知时也会对认知结构进行裁剪，形成与认知目标相匹配的认知结构。基于此，可以假设用户的信息资源认知结构同样会受认知结构习得状况、认知能力和认知目标三方面因素的影响。为验证这些假设，以学术论文为对象设计了用户认知实验。

实验的被试均是具有图情学科背景的用户，其中专家型用户15名，选取的是博士研究生和具有博士学位的青年教师，分别为9名和6名；新手型用户15名，选取的是华中师范大学信息资源管理专业二年级本科生，也具备了一定的学科基础，在完成实验任务上不存在能力障碍。为验证前文提到的3个假设，设计了3项实验任务。

（1）认知结构习得状况的影响

为验证认知结构习得状况的影响，按如下思路进行了实验设计。在不进行任何提示的前提下，请被试按照日常习惯阅读一篇学术论文，继而填写论文的8个属性信息：期刊名字、作者、作者单位、发表时间、所属基金、论文主题、研究方法、所属学科；其中每一个属性均有 3 个选项，如果记得，则填出属性值；否则从"留意但不记得"与"未留意"两个选项中选择一项。任务完成后，对被试进行访谈，请其阐述为何关注了那些信息、从何时开始关注那些要素的。在完成数据采集的基础上，对专家型用户和新手型用户的数据进行对比分析，判断其认知结构是否存在明显差异。

实验选取的论文是《论大数据时代下的图书情报学教育——基于 iSchool 院校"大数据"相关课程调查及思考》，作者是曹树金教授和王志红、刘慧云两位博士研究生，发表于《情报理论与实践》2017 年第 12 期。① 选择的依据是：首先，所有的被试对该论文的主题都不会过于陌生，阅读难度不太大；其次，作者包含了知名专家和青年学者，便于观察认知能力对用户认知框架的影响；最后，论文发表于图情学科的 CSSCI 期刊，具有较高的知名度。

在获取实验数据基础上，对两组用户的认知情况进行的统计分析，如表 3-5 所示。可以看出，新手用户的认知结构较为简单，主要关注论文的内容特征，包括主题、研究方法、所属学科这三项内容特征，而对于期刊名称、发表时间等外部特征则基本不在其认知结构之内。而专家型用户的学术论文认知结构框架包含的要素则较为丰富，除所属基金外，其他 7 个要素均被多数用户的认知结构所涵盖。

表 3-5　　专家型用户与新手型用户论文相关信息正确填写情况

元素	新手（%）	专家（%）
期刊名字	0	60
作者	13.33	73.33
作者单位	20	60
发表时间	13.33	60
所属基金	6.67	33.33
论文主题	73.33	100

---

① 曹树金等：《论大数据时代下的图书情报学教育——基于 iSchool 院校"大数据"相关课程调查及思考》，《情报理论与实践》2017 年第 12 期。

续表

元素	新手（%）	专家（%）
研究方法	80	93.33
所属学科	86.67	93.33

究其原因，按照皮亚杰的认知图式同化—顺应理论，个体在进行认知时，总是会优先运行同化机制，同化机制受挫时才会运行顺应机制以丰富和完善其认知结构。而用户的信息资源认知活动自儿时阅读儿童书课本之时就已开始，因此，总体而言，用户均已经具备一定的认知结构，尽管其可能并不完善。以此出发，用户在进行信息资源认知时，总是能够将待认知的信息资源同化至其已有认知结构，故而在不加干预的情况下，其常常倾向于将已经习得的既有信息资源认知结构作为实际采用的认知结构。

试验后的访谈也证实了这一点：新手用户既缺乏学术论文认知方法的专门学习，也缺乏丰富的学术论文阅读经验，由此导致其沿袭了初高中形成的认知结构，几乎都未能认知到内容特征之外的其他特征；而专家型用户则在既往的学习与实践经验中，通过认知结构的顺应机制，形成了较为完善的学术论文认知结构，从而使得其可以较为全面地认知论文的各项特征。

（2）认知能力的影响

总体来说，专家型用户的学术论文认知结构框架更为丰富，且用户之间的认知结构差异较小，因此以专家型用户为被试开展实验，进而分析认知能力对用户认知结构的影响。实验任务是给定两个检索词，在给定时间内，分别从中国知网的检索结果中挑选 10 篇优质期刊论文，用于了解该领域的研究状况。

如图 3-2 所示，知网检索结果页展示的要素信息中，语种（中文、外文）、科技 or 社科论文、发表年度、基金（国家自科、国家社科等）、学科、文献类型（资讯、综述等）等用于结果筛选的分面，以及排序字段相关度、发表时间、被引、下载，均属于各类文献取值基本一致的要素；而文献来源（刊名）、作者、机构等 3 个字段则属于跟学科背景密切相关的字段，需要具有相应的背景知识才知道领域内的知名刊物、作者和机构。因此，研究关注的重点在于文献筛选中对这三类要素的使用情况。为便于体现差异，检索词分别选取了被试均较为熟悉的"信息组织"和均不熟悉的"高能物理"。

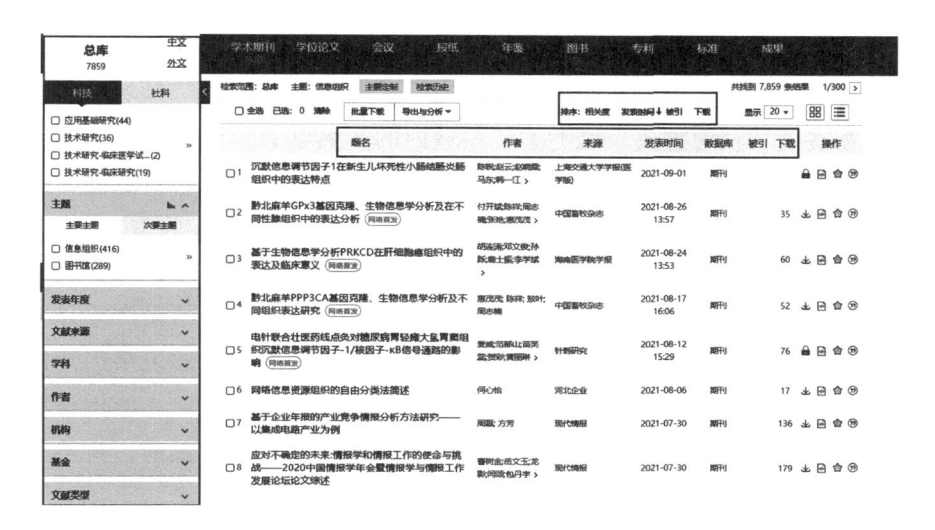

图 3-2　中国知网期刊论文检索结果页面

如表 3-6 的结果显示，被试在挑选"信息组织"相关论文时，均考虑了来源期刊、作者、机构 3 个属性，而挑选"高能物理"相关论文时，则未考虑来源期刊和作者两类属性信息，更多以通用的主题、发表时间、文献类型等属性为主，虽然也考虑了机构属性，但其主要是从机构综合实力出发进行考虑，而非机构在高能物理领域的影响力。

表 3-6　"信息组织"与"高能物理"主题下用户的认知结构

认知结构要素	信息组织（%）	高能物理（%）
来源期刊	100	0
作者	100	0
机构	100	87
发表年度	100	100
基金	73	80
学科	100	100

续表

认知结构要素	信息组织（%）	高能物理（%）
文献类型	100	100
语种	100	100

经实验后的访谈得知，所有被试均不了解"高能物理"领域，既不知道哪些期刊较为重要，也不了解领域内的知名学者，而且给定的时间比较有限，也不太可能去逐一查看期刊和作者的信息，故而只能参考图情领域对时效性的判断经验，以及机构的层次（如国家级实验室、985高校等）加以判断。

基于此，实验证实了用户认知能力会对信息资源认知结果产生显著影响。这是因为，认知过程中，用户常常需要相应的背景知识采用才能激活认知结构中的要素，例如只有知晓领域内的知名期刊，才能用该属性辅助进行决策；否则，用户在认知过程中就会自动进行裁剪，将不具备相应认知能力的认知结构框架要素剔除掉。

（3）认知目标的影响

用户总是抱有特定的目的开展信息资源认知活动，而在特定的认知目标下，用户只需要激活认知结构中的部分槽或分面即可完成任务，因此，为降低认知负担，用户将会基于历史认知经验或对认知目标的预判进行动态调整，裁剪信息资源认知结构，形成与认知目标相匹配的认知结构。例如，用户的目标是获取某一科研人员发表的文献列表，则其在认知过程中，会重点关注与确定作者身份相关的槽或分面，包括论文作者、机构，甚至是论文题名、期刊，以提供期刊学科信息，辅助判断作者身份，但对其他属性如发表时间、下载量、引用量、是否可以下载等则不会关心。再如，用户通过发现系统进行图书搜寻时，若其目标是借阅纸质文献，则会关心是否有纸质文献、馆藏复本数、馆藏位置等信息，而不会关心是否有电子版本、获取渠道、文件格式等信息。

三　系统因素

数字化环境下，系统是用户进行信息资源认知的具体环境，也会对用户的认知结构产生影响，促使用户形成与系统相适应的信息资源认知结构。在影响的表现上，包括三种情况：一是对既有认知结构进行裁剪，使其与系统中的元数据项相匹配，这种情况适用于用户的认知结构框架包含的要素较为丰富，包含了部分系统未涵盖的槽或分面；二是对既有认知结构进行调整，这种情况适用于用户认知结构中的槽及分面与元数据项出现了异构的情形，既包括同名异义也包括同义异名；三是扩充既有的认知结构，这种情况适用于系统包含用户认知结构未涵盖的元数据项，而且用户在利用系统的过程中理解了其含义，并将其同化到认知结构中的情形，例如信息化环境形成以前，用户的信息资源认知结构中并不存在点赞数、评论数等槽，但 Web2.0 形成之后，知乎、微博等网站中均引入了这两项信息，并得到了用户的广泛使用，由此改变了用户的认知结构。

具体而言，信息系统对用户认知结构的影响主要通过以下三个方面进行体现：系统向用户展示哪些资源属性，决定了用户认知结构涵盖的要素边界；元数据质量不佳时，用户可能会将其从认知结构中剔除；元数据的可理解性不佳时，用户可能会将其从认知结构中剔除。

（1）系统的元数据项决定了认知结构框架的边界

对同一类信息资源，受元数据建设难度、必要性的考虑，各个信息系统中的元数据项可能也具有非常大的区别。以图书信息资源为例，京东图书、豆瓣读书、华中师范大学图书馆 OPAC 系统中的元数据项如表 3-7 所示。可以看出，三个信息源均有一些独有的元数据项，如豆瓣读书的读过/想读/在读人数，标签等元数据；京东图书的开本、字数、重量等元数据；华中师范大学图书馆 OPAC 中的索书号、馆藏地、书刊状态等；超星中文图书发现系统的阅读器/EUPB/PDF 阅读等。当用户利用信息系统时，会结合信息系统所能提供的元数据进行认知结构的裁剪与调整，一方面会从用户对该类信息资源的认知结构中剔除当前系统不具备的要素，另一方面会根据当前系统所提供的元数据调整和丰富自己的认知结构，如保留原有认知结构的槽及分面，但根据当前系统的元数据调整槽值，或者增加新的槽或分面到认知结构中。仍以图书信息资源为例，当用户使用"豆瓣读书"时，会将学科分类、主题词等图书属性特征从其认知结构中裁剪掉，同时可能会补充读过/想读/在读人数等反映图书流行度的槽到认知结构中；而使用 OPAC 时，会将用户评分、热度信息等从其认知结构中去掉，由此就形成与所使用系统相适应的差异化用户认知结构。

表 3-7　不同信息系统中涵盖的图书元数据项（部分）

序号	元数据项	京东图书	豆瓣读书	华中师范大学图书馆 OPAC 系统	超星发现系统
1	题名	√	√	√	√
2	作者	√	√	√	√
3	出版社	√	√	√	
4	出版时间	√	√	√	√
5	ISBN	√	√	√	
6	价格	√	√	√	
7	版次	√		√	
8	开本	√			
9	字数	√			
10	页数	√	√		√
11	丛书名	√		√	
12	重量	√			
13	套装	√			
14	包装/装帧/载体形态	√	√	√	
15	用纸	√			
16	原作名/其他题名		√	√	
17	副标题		√		
18	读过/在读/想读人数		√		
19	评分		√		
20	评价人数		√		
21	标签		√		
22	内容简介		√		√
23	作者简介		√		
24	学科主题			√	√
25	中图分类号			√	√
26	馆藏复本			√	

续表

序号	元数据项	京东图书	豆瓣读书	华中师范大学图书馆 OPAC 系统	超星发现系统
27	可借复本			√	
28	馆藏地			√	
29	书刊状态			√	
30	阅读器/EUPB/PDF 阅读				√

(2) 元数据质量对用户认知结构的影响

元数据存在的质量问题中，与用户认知相关的主要包括规范性不足、完整性不足、准确性不足。其中，规范性不足是指元数据不符合通行规范，或者采用多种规范著录，如将"CO_2"著录为"CO2"；完整性不足是指元数据的某个元数据项取值为空，或者著录不完整，如某篇论文作者为 Jiang Chaoqiang；Li Tian；Shao Fuwen，但元数据中只包含第一个作者；准确性不足是指元数据存在内容错误，如论文题名中的英文单词"affect"被误拼为"effect"。这些质量问题会影响用户利用元数据进行信息资源认知的体验，当质量问题较为严重时，用户就可能将该项元数据从认知结构中剔除：如果元数据的完整性较差，即该元数据项的覆盖率较低，则用户常常发现该元数据项无法有效支持其进行信息资源认知，因此会更倾向于将该项元数据从认知结构中排除出去；如果元数据的准确性较差，用户会觉得将其纳入认知结构中，可能会导致判断出现偏差，因此会更倾向于将其从认知结构中排除出去。

(3) 元数据的可理解性对用户认知结构的影响

通常来说，用户认知信息资源时，抽象层面的认知框架较为稳定，尤其是利用前的搜寻、筛选环节，包括相关性、时效性、权威性、可获取性、完整性、准确性等。用户的信息资源认知结构框架常常也是围绕这些方面展开的，如资源主题是用来帮助用户判断是否与需求相关的；出版时间是用来判断时效性的等。

对系统而言，较为容易的实现方式是向用户提供支持用户进行包括相关性、时效性、权威性、可获取性、完整性、准确性等判断的原始数据,如文献题名、主题词、摘要、出版时间、作者、作者机构、下载次数、引用次数、评论数量等。但对用户而言,要利用好这些基础数据,需要较多的背景知识,比如通过刊名、作者、机构预判论文质量时,需要了解领域内的知名期刊、知名专家、知名团队、知名机构,这也常常是用户无法有效利用系统部分元数据项的主要原因。

但从用户角度出发,如果能够实现基础数据的语义解读,则有助于用户更容易地利用这些元数据项。例如,看到刊物名称,用户可能无法判断该刊物的权威性,但若以知名索引数据库收录情况为例,如 SCI、SSCI、CSSCI、CSCD 等,或者展示期刊的影响因子、JCR 分区、影响因子排名等信息,则用户利用该特征的难度大幅降低;更进一步地,直接将刊物的权威性分成不同的等级,如权威刊物、重要刊物、一般刊物,则用户利用该特征的门槛将进一步降低。

因此,元数据可理解性对用户认知结构产生影响的实质就是,元数据越贴近于原始数据,用户理解该元数据项所需的背景知识越复杂,难度越大;元数据的语义信息解读越贴近于多数用户的认知结构(槽及取值),用户越容易理解这些信息,越易于将其纳入认知结构中。

第三节 用户认知结构在资源知识标注中的应用价值

认知结构在用户认知中发挥着框架性作用,反映了用户认知时关注的属性特征及其所能认知到的知识概念。相应地,用户认知结构体现了用户对一类信息资源对象的共性认识,认知具体对象时关注的属性特征以及所能认知到的相关概念,与元数据具有一定的相似性。一方面,用户认知结构的框架与元数据框架具有较强的相似性,认知结构中的每一个槽及分面均可以视为一个元数据项;另一方面,具体化后的用户认知结构,即根据认知对象特点将每个槽及分面的槽值均填充完整,与单个信息资源的元数据也非常相似。从某种意义上来说,用户认知结构可以视为用户视角下的信息资源元数据体系。因此,用户认知结构可以应用于知识标注中,辅助进行标注框架设计及词汇控制,以实现面向用户的知识标注。

一 在资源知识标注框架设计中的应用价值

鉴于用户认知结构中的槽及分面体现了其所关注的属性特征，因此可以在进行知识标注框架设计时，将用户认知结构中的槽及分面纳入进来，而对用户认知结构之外的资源属性特征，则在缺乏其他必要的理由时不纳入知识标注框架体系。将用户认知结构应用于知识标注框架体系设计，其优势在于，一方面能够丰富既有的知识标注框架体系，将用户关注的资源特征纳入进来，更好地满足用户的资源搜寻、认知，兴趣建模、画像等应用需求；另一方面能够根据用户认知结构对既有的知识标注体系进行精简，裁减掉用户不关注的属性特征，减少标注体系的冗余，也降低知识标注实现难度与成本，例如电商网站面向普通大众进行图书信息资源标注时，出版社存在的必要性较弱，但价格非常有必要；面向高校图书馆用户的图书信息资源标注时，价格属性存在的必要性较弱，但出版社存在的必要性较强。此外，鉴于用户认知结构具有随资源类型、主题和用户的变化而变化的特点，基于用户认知结构设计资源知识标注框架还有助于推动信息资源标注朝精细化方向发展，在更系统、全面揭示具体类型、领域信息资源特征的同时，还可以增强其用户群体针对性，更符合用户认知能力与习惯。

将用户认知结构应用到知识标注框架设计中时，需要注意以下几个方面。首先，需要获得用户针对信息资源的认知结构框架。理论上说，此处的用户既可以是个体用户，也可以是群体用户；但实际操作中，全面获得单个用户的认知结构不但难度较大，而且常常必要性不强，因此，从可操作性和价值角度出发，获取的常常是群体用户的认知结构。其次，用户针对特定信息资源的认知结构中，部分槽或分面的取值可能是固定的，此类槽或分面有助于实现信息资源与其他认知对象之间，或者不同类型信息资源间的区分，在知识标注中，需要结合应用场景酌情处理。若所标注的对象仅限于某个细分类型的信息资源，则不必将取值固定的要素纳入到标注体系；若标注对象涵盖了多种类型的信息资源，将可以将其予以保留，以实现跨类型的信息资源间的区分。再次，用户针对信息资源的认知结构中取值不固定的槽及分面均可以作为知识标注框架的构成要素，而且将槽的分面纳入到知识标注框架体系常常可以更全面系统地揭示资源的特征，如期刊论文标注框架设计时，除了将刊名纳入标注体系外，还可以将"被索引数据库收录情况"、"影响因子"等"载文期刊"槽的分面纳入进来，从而提供关于"载文期刊"这一属性的更多语义信息。最后，在面向知识标注进行用户认知结构体系构建时，不应因为认知结构间的嵌套关系，就无节制地对其进行细化，最多将槽的槽（即分面）纳入认知结构体系即可。

二 在资源知识标注词汇控制中的应用价值

传统的知识标注词汇控制中，主要关注用词的多义、同义、规模和关系不清问题，但较少关注所使用的标注词汇能否为用户所认知的问题，如以往的词汇控制中，以"阿尔茨海默病"这一"老年痴呆症"的学名作为标引词是合适的，并不会考虑非专业用户是否能理解这一概念的含义。显然，这种不考虑用户实际认知能力的词汇控制方式可能导致标注结果无法为用户所认知的问题。随着社会化标签的流行，开始有系统采用分众分类法作为词汇控制方法，这种方法在保证标引词能够为用户所认知的同时，也带来了多义、同义、规模大和关系不清问题。为解决这一问题，可以在知识标注中以用户能认知到的并经规范化、结构化处理的知识概念集合作为标引词，即基于用户资源认知结构进行词汇控制。

一方面，相较于叙词表等受控词表，基于用户认知结构的知识标注词汇控制方法，可以在实现词量、词类、词义和词间关系控制的同时，带来新的优势：采用的是用户所熟悉的自然语言作为标注词汇，所收录的也都是用户可以认知到的词汇，与用户认知更协调，便于用户以其为线索进行资源的搜寻、认知；涵盖的词汇更为全面，不局限于描述资源主题的词汇；动态适应性更强，能够实现新词汇的及时更新，避免词汇滞后的问题。

另一方面，相较于分众分类法，基于用户认知结构的知识标注词汇控制方法，可以在确保标引词在用户认知能力范围内的同时，带来新的优势：相较于完全扁平化的分众分类法，基于用户认知结构的控制方法使得词汇体系结构化更强，词间关系更清晰；纳入用户认知结构的词汇都是具有明确语义的规范词汇，相较于分众分类法其不但规范性更强，而且词汇规模也大大减少。

值得指出的是，基于用户认知结构进行知识标注词汇控制时，一是要注意词汇的优选工作，对于同义词汇，一般应选取用户使用频率最高、使用用户最多的作为入口词；二是用户认知结构中存储的不仅包括独立的词汇，还包括连续数值，如图书的价格、视频的播放频次、图片的分享次数等，这些都是以数值区间的方式存在的，对于此类情况，需要同步配合采用信息抽取的技术进行词汇的提取。

第 四 章

社会网络中基于 UGC 的
用户认知结构提取

为实现社会网络中基于用户认知结构的知识标注，首先需要获得用户的认知结构。这一问题可以通过对 UGC（User Generated Content，用户生成内容）的挖掘分析进行实现，一方面用户所发布的 UGC 体现了其对所描述或评论对象的认知[1][2]；另一方面，社会化网络中积累了海量的 UGC 数据，奠定了丰富的数据基础。

第一节 社会网络中的 UGC 与用户认知结构

明确社会网络中 UGC 的类型、影响因素与特点，是判断基于 UGC 提取用户认知结构思路合理性、可行性的必要前提，也是进行具体技术方案设计的基础。因此，下面首先对社会网络中 UGC 的基本情况进行分析，进而阐述基于 UGC 进行用户认知结构提取的优势，并提出总体技术思路。

一 社会网络中 UGC 的类型

UGC 是随着 Web2.0 的发展而大规模流行起来的，是用户创建、发布、分享等行为在互联网上的直接体现和知识价值的综合表达，已经成为豆瓣、ResearchGate、新浪微博、Facebook 等社会网络平台的主要内容来源。[3] 从不同角度出发，可以对社会网络中的 UGC 进行不同的类型划

---

[1] 易明等：《基于 Tag 的知识主题网络构建与 Web 知识推送研究》，《中国图书馆学报》2011 年第 4 期。

[2] 马费成、张斌：《图书标注环境下用户的认知特征》，《中国图书馆学报》2014 年第 1 期。

[3] 曾建勋：《重视"用户生成内容"的资源建设与服务》，《数字图书馆论坛》2018 年第 8 期。

分，如表 4-1 所示。

表 4-1　　　　　　　　社会网络中 UGC 的主要类型

分类视角	UGC 类型
媒体形态	文本类 UGC、图像类 UGC、音频类 UGC、视频类 UGC、多媒体类 UGC
创作形式	单独创作类 UGC、协同创作类 UGC
用户贡献	原创类 UGC、添加类 UGC、行为类 UGC
UGC 功能	娱乐类 UGC、社交类 UGC、商业类 UGC、兴趣类 UGC、舆论类 UGC
发布方式	显性 UGC、隐性 UGC

从 UGC 的媒体形态视角，可以将其分为文本、图像、音频、视频、多媒体 5 类；其中前 4 类是单一媒体形态的 UGC，后一类是复合形态的 UGC，如同时包含了文本与视频的博客日志；同时包含文本与图像的物品评论等。

依据创作形式，可以将 UGC 分为单独创作类 UGC 和协同创作类 UGC。[①] 前者是指由个体用户生成的 UGC 内容，如专家博客、消费者评论、消费者创造内容等；后者是指由多名用户共同创作的 UGC 内容，如百科站点中的词条数据，社会化问答社区知乎中的提问数据，BBS 社区中多名用户交互讨论形成的帖子等。

依据 UGC 的功能，可以将其分为娱乐类 UGC、社交类 UGC、商业类 UGC、兴趣类 UGC 和舆论类 UGC。[②] 其中，娱乐类 UGC 是以满足用户休闲娱乐为主要目的的 UGC 内容；社交类 UGC 是指以满足个体间通过社交网络进行人际关系建立、维护而生成的 UGC；商业类 UGC 是指与商务活动相关的 UGC 数据，如购物评论等；兴趣类 UGC 是围绕共同爱好交流讨论生成的 UGC 内容；舆论类 UGC 主要指用户围绕公共热点事件进行讨论交流生成的 UGC 内容。

---

① Krishnamurthy S. and Dou W., "Note from Special Issue Editors: Advertising with User-Generated Content: A Framework and Research Agenda", *Journal of Interactive Advertising*, Vol. 8, No. 2, March 2008.

② 赵宇翔等:《用户生成内容（UGC）概念解析及研究进展》,《中国图书馆学报》2012 年第 201 期。

依据用户贡献程度,可以将 UGC 分为原创类 UGC、添加类 UGC 和用户行为类 UGC 等 3 种①,分别指由用户原创的 UGC 内容,由用户通过复制、编辑等方式添加的 UGC 内容,以及通过用户的信息行为由系统自动捕获的 UGC 内容。

从 UGC 的发布方式视角,可以将其分为显性 UGC 和隐性 UGC;前者是指用户主动通过图文声像等方式发布的 UGC 内容,如日志、评论、问题回答、点赞等,后者指用户通过各类行为信息无意间生成的 UGC 内容,如状态、关系、地理位置等。

对信息资源知识标注来说,文本类 UGC 已经基本能够较好地体现资源的内外部特征,同时鉴于不同媒体形态的 UGC 需要采用不同技术进行处理,因此本研究仅关注文本类 UGC 及多媒体 UGC 中的文本内容。对于不同创作形式、不同发布方式、不同贡献程度和不同功能的 UGC,其在反映用户认知上不存在显著区别,因此在基于 UGC 的用户认知结构提取中,均会将其纳入基础数据范围;但鉴于不同类型的 UGC 数据具有自身特点,因此在技术方案设计中需要进行针对性考虑。

二 社会网络中文本类 UGC 的特点

相对于 Web1.0 时代的网络信息资源和通过正式渠道出版、传播的文献信息资源,社会网络中的 UGC 数据具有多方面的鲜明特点,其中与本研究较为相关的包括规模大、公开性、反映发布者认知、非权威性、碎片化和个人化 6 个方面。②③④⑤

---

① 刘兰、徐树维:《微内容及微内容环境下未来图书馆发展》,《图书情报工作》2009 年第 3 期。
② Sen S., et al., "Tagging, Communities, Vocabulary, Evolution", Proceedings of the 2006 20th Anniversary Conference on Computer Supported Cooperative Work, sponsored by Association for Computing Machinery, Banff, Alberta, Canada, November 4–8, 2006.
③ 林鑫、梁宇:《用户社会化标注中非理性行为的表现及原因分析》,《数字图书馆论坛》2016 年第 12 期。
④ 林鑫、周知:《用户认知对标签使用行为的影响分析——基于电影社会化标注数据的实证分析》,《情报理论与实践》2015 年第 10 期。
⑤ Hu Q., et al., "An Investigation of Cross-Cultural Social Tagging Behaviours Between Chinese and Americans", The Electronic Library, Vol. 36, No. 1, February 2018.

（1）规模大

随着互联网的发展，网民数量迅速增加，根据第52次《中国互联网络发展状况统计报告》，截至2023年6月，我国网民规模达到10.79亿[①]，使得社会网络具备了庞大的用户基础，以知名社会网络新浪微博为例，其月活跃用户达6.05亿[②]，兴趣社区豆瓣的月活跃用户过千万。同时，经过Web2.0近20年的发展，很多用户已经养成了通过互联网发布内容的习惯，愿意主动在社会网络中发布UGC数据。基于此，社会网络中不但积累了海量的UGC数据，而且其数据规模还在持续快速增加。

（2）公开性

用户通过社会网络平台发布的UGC数据中，绝大部分都具有一定的公开性。私密性较强的社会网络中，用户发布的UGC会在一定范围内公开，如好友或部分好友；媒体或社区属性较强的社会网络中，如豆瓣、微博、知乎等，用户发布的UGC可以被互联网上其他用户自由浏览。基于此，作为社会网络平台运营方，甚至外部第三方机构，一般可以通过合法途径获取用户在社会网络中发布的UGC数据，并在一定范围内进行分析与挖掘利用。

（3）反映发布者认知

从语义层面上，用户发布的UGC内容是其认知的外化，用户只有在对资源的内容和形式特征产生认知的前提下，才会针对该内容发布UGC数据，而且主观上用户一般不会主动发布其未认知到的内容或不认可的观点。例如，用户在对电影添加社会化标签（Social Tags）时，如果其对影片的演员不熟悉，则一般不会将其姓名作为标签，反之，则可能添加演员姓名类的标签。从语言表达方面，用户在UGC中使用的常常是其熟知的概念或词汇，而并不一定是最为规范、准确的词汇，如进行图书主题标注时，常用"武侠小说"的说法而非叙词表中的"侠义小说"。

[①] 《第52次〈中国互联网络发展状况统计报告〉》，中国互联网络信息中心，2023年8月28日，https://www.cnnic.cn/n4/2023/0828/c88-10829.html，2024年1月15日。

[②] 经济观察报：《一周报告速看 | 微博发布Q3财报；潘多拉第三季度销售额大涨11%》，网易网，2023年11月13日，https://www.163.com/dy/article/IJDUDK0M05199DKK_pdya11y.html，2024年1月15日。

(4) 非权威性

用户在进行 UGC 数据发布时，常常会受到内外部多种因素的影响，导致 UGC 中所体现的资源特征常常不够全面、准确，甚至可能不体现资源特征。其一，用户发布的 UGC 内容受其认知风格的影响，这就导致用户的 UGC 可能只涵盖了资源一部分特征，例如中国用户以整体型认知风格为主，其在进行认知时会更关注对象的背景信息、全局特征，而对细节特征不太关注，其 UGC 中常常也具有类似的特点。其二，用户发布的 UGC 内容受其认知能力的影响，导致认知对象不在用户专业领域范围内时，其 UGC 内容对特征涵盖的全面性和认知结果的准确性都大打折扣。其三，多数用户发布 UGC 内容时态度都较为随意，这也导致其 UGC 所涵盖的资源特征不够全面，语法拼写上存在较多的不规范甚至错误之处。其四，受资源特征认知难度的影响，用户所发布的 UGC 内容常常难以涵盖认知难度高的资源特征。例如对国内用户而言，华人演员和非华人演员的认知难度具有显著差异，所以在对演员进行标注评论的过程中，资源特征认知难度的增加会显著降低该特征被标注的可能性，用户会更加倾向于标注与华人演员相关的、认知难度相对较低的内容。其五，社会化标签等形式的 UGC 数据生成时，用户还常常受系统推荐算法、用户历史标签使用行为的影响，这将进一步削弱 UGC 数据的权威性。

(5) 碎片化

从形式角度，社会网络中文本类 UGC 的碎片化体现在文本长度上，以豆瓣图书评论为例，社区中的长评仅占全部评论的不足 4%；而在短评中，约 1/10 的长度不超过 6 个汉字。从内容角度看，社会网络中文本类 UGC 的碎片化体现在其内容的系统性缺乏，多是关于用户认知的零散描述。

(6) 个人化

用户的 UGC 数据中存在一些个人化的表达，以社会化标签为例，用户添加的社会化标签中会存在一定比例的个人化标签，即社会化标签与对应物品的主题相关性较弱，具有非常浓重的个人色彩，或与用户自身情况密切相关的社会化标签，如"下周看完""A√周星驰""朋友推荐的"等。[1]

---

[1] 胡潜、石宇：《图书主题对用户标签使用行为影响研究》，《图书情报工作》2016 年第 8 期。

三 基于 UGC 提取用户认知结构的优势与总体思路

鉴于社会网络中的 UGC 体现了用户认知，而且其具有公开性的特点，因此以 UGC 作为基础数据进行用户认知结构的提取是具有现实可行性的。而且，相较于回忆法、访谈法、问卷调查法、观察法、概念联想法、小规模实验法等经典的认知结构获取方法[①][②]，基于 UGC 的用户认知结构提取方法具有独特的优势。第一，回忆法、访谈法等都是基于用户报告获取其认知数据，在此过程中可能会受到实验人员、用户主观态度的影响，而 UGC 数据是用户在使用社会网络时积累下来的，反映的是最真实、自然状态下的用户认知，因此数据的可信度更高，更贴近现实情况。第二，回忆法、访谈法等方法的数据收集成本较高、较为耗时，既难以获得大批量的样本数据进行分析，也难以及时更新数据体现用户认知结构的变化；而受 UGC 规模庞大、公开性特点的影响，其获取数据的效率较高、成本较低，这就使得以 UGC 作为基础数据时，既可以针对各类细分群体进行认知结构提取，又可以根据大规模的数据分析各个要素在用户认知结构中的重要性，还可以快速实现对认知结构数据的更新。第三，随着自然语言处理和人工智能技术的发展，可以逐步研究构建起基于 UGC 的用户认知结构自动提取方法、工具，实现用户认知结构提取的全流程自动化，提升认知结构提取的效率。

在基于 UGC 的用户认知结构提取技术方案设计中，需要充分考虑 UGC 数据的非权威性、碎片化、个人化特点的影响。UGC 数据的这些特点决定了不能过于相信单条 UGC 数据中体现的用户认知，因为其可能存在各种各样的偏差；试图依靠单个用户发布的 UGC 提取其认知结构是很困难的，因为其数据可能不够丰富，难以全面、准确体现其认知。反之，应该将用户认知、态度、疏忽等可能引发的偏差考虑进去，从全局视野出发，识别用户群体的认知结构。同时，还需要考虑自然语言处理与人

---

① Bartlett F., *Remembering: A Study in Experiment and Social Psychology*, Cambridge: Cambridge University Press, 1932, pp. 374-376.

② Jia Y., et al., "Attachment Avoidance is Significantly Related to Attentional Preference for Infant Faces: Evidence from Eye Movement Data", *Frontiers in Psychology*, Vol. 8, No. 85, January 2017.

工智能技术发展状况的影响。在当前阶段，这些技术的发展仍然很不成熟，缺乏可靠的方法能够既全面又准确地识别出每一条 UGC 数据中所体现出来的用户认知信息。因此，一方面需要充分借助已有的知识组织工具进行知识概念的提取，如各行业、领域已经构建出来的词表、本体，包括主题词表、情感词表、领域本体、知识图谱等；另一方面需要充分发挥数据优势，不过分追求技术方案对单条 UGC 数据处理的效果，而选用高准确率技术方案与海量 UGC 数据相结合的方式进行知识概念的提取，从而获得高质量的用户群体认知结构提取结果。

基于上述认识，构建了如图 4-1 所示的提取模型。该模型以获得全面、系统的用户认知结构为目标，包括槽、槽值，以及不同槽之间、不同槽值之间、槽与槽值之间的关联关系。在实现流程上，模型以词表、本体等知识组织工具、海量 UGC 数据为输入，对海量 UGC 初步加工处理后，并对其过滤和进一步加工处理，形成认知结构所涵盖的概念集合；在此基础上，进行知识概念的关联分析，发现同类知识概念间的同义、层次关系，槽及分面类概念与槽值类概念间的关联关系。

（1）基于 UGC 的知识概念分类提取。从用户认知结构的构成来看，知识概念总体上可以分为表征槽或分面的知识概念（下面简称为槽）和表征槽的取值的知识概念（下面简称为槽值）；根据对社会网络平台豆瓣中 UGC 数据的预调研，槽值可以根据是否具有感性色彩进一步分为属性值类概念（下面简称为属性值）和情感词两类，前者指中性的、不反映用户情感倾向的槽值类概念，后者指具有明确情感倾向的槽值类概念，其既可能是仅仅反映了作者的情感倾向，如"好"、"差"，也可能在反映情感倾向的同时反映了资源某一属性特征，如形容语言的平实、华丽、晦涩、枯燥等。基于此，用户认知结构提取中需要在确定哪些知识概念属于认知结构体系的同时，还需要明确各概念的类型；同时，为更好地发挥情感词的作用，除了将其识别出来外，至少还需要明确其情感极性，即表明用户使用该词汇时是持正向态度还是负向态度。本研究中，将这三个问题进行一体化解决，即在提取知识概念的同时确定其概念类型。实现过程中，拟一方面引入外部成熟的主题词表、情感词表、领域本体、各类实体词表知识组织工具，将其涵盖的词汇作为用户认知结构体系的候选概念，从而充分利用现有知识组织工具建设的成果；另一方面利用

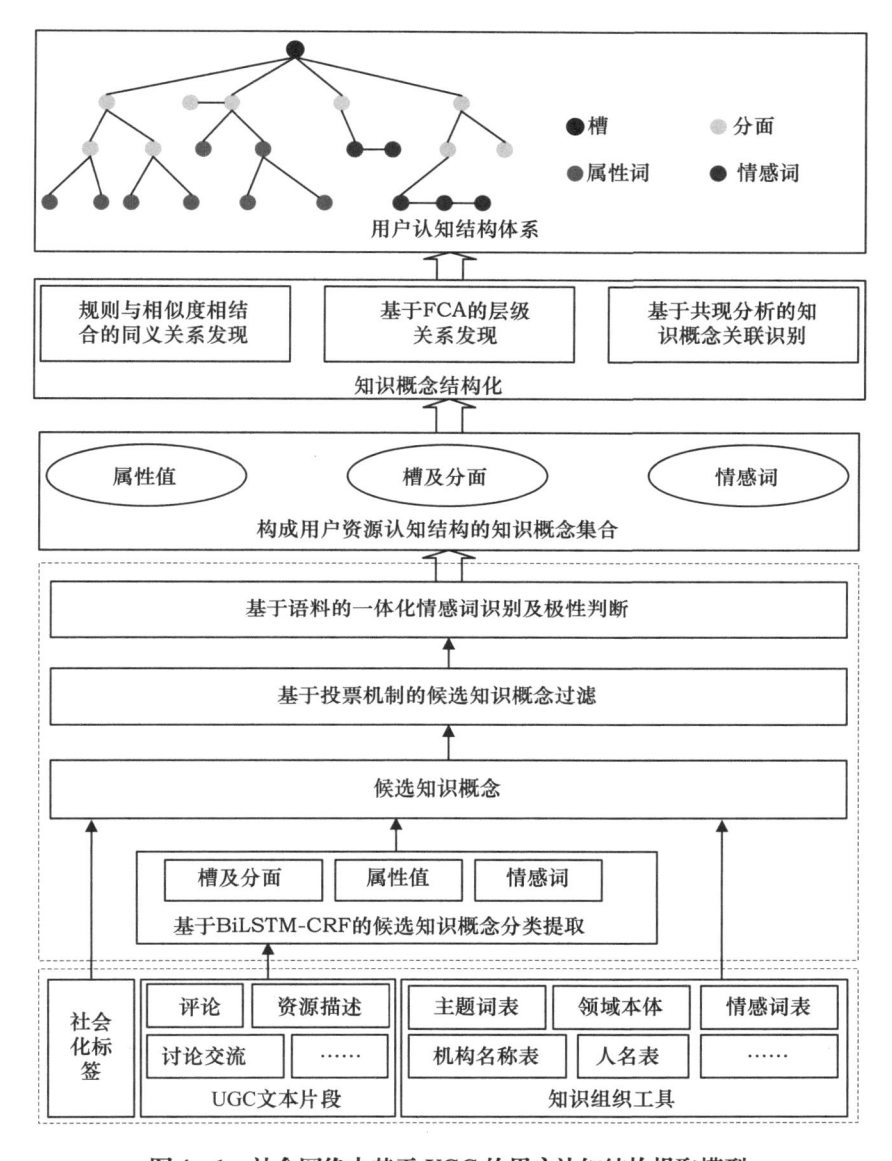

图4-1 社会网络中基于UGC的用户认知结构提取模型

序列标注技术从文本类 UGC 中分类提取候选知识概念，即在识别候选知识概念的同时，明确其属于槽、属性值还是情感词。之后，结合全局视野下的 UGC 数据，对候选概念集合进行过滤，剔除错误或不合适的候选概念，得到最终的知识概念集合。最后，为实现情感词的语义标注，在将其识别出来的基础上，还需要判断其情感极性是正向还是负向。相关内容将在第二节进行详述。

(2) 基于用户认知的知识概念结构化。为形成系统的用户认知结构体系，除了构建槽、属性值和情感词3类知识概念集合外，还需要建立概念间的关系，实现概念的序化，使其具有清晰的结构。具体而言，同类型概念间，需要建立概念的同义关系和层级关系，跨类型概念间需要建立关联关系并明确关联强度。针对这些问题，拟采用规则与相似度相结合的方法进行同义关系发现，基于FCA形式概念分析的方法进行概念间层级关系的发现，采用相对共现频率分析方法建立跨类型概念间的关联并分析其关联强度。相关内容将在第三节进行详述。

第二节　基于UGC的知识概念分类提取

以用户发布的海量UGC文本作为基础数据，从中提取表征用户认知结构的知识概念，是实现社会网络中用户认知结构自动化提取的第一个环节。下面将首先结合UGC数据的特点进行提取模型的构建，之后针对模型中关键环节的技术方案进行专门研究。

一　基于UGC的知识概念分类提取任务与模型

当前技术条件下，直接从UGC文本数据中自动提取知识概念无法做到又全又准，提取结果中难免会出现一些错误结果，为解决这一问题，可以选择以现实中已经存在的词表、本体、知识图谱等知识组织工具作为候选知识概念，辅助进行知识概念的提取；当然，UGC数据中会包含大量的新词和不规范的惯常说法，这些也应当纳入用户认知结构体系中，因此不能仅依靠已有知识概念体系进行用户知识概念的提取，还应设计技术方案直接从UGC中提取。文本UGC中，除了内容相对完整的句子或段落外，还包括社会化标签，对于后者，可以直接将其作为知识概念候选对象，而不需再进行专门处理。鉴于已有知识组织工具中的概念可能未出现在用户认知结构中，通过UGC自动抽取的概念中存在提取错误、过于个人化等问题，因此需要对其进行过滤，剔除不合理的候选知识概念；在这一环节，可以结合用户的词汇使用行为进行。对于通过过滤的知识概念，还需要识别哪些属于情感词，并判断其情感极性。基于上述认识，构建了如图 4-2 所示的知识概念提取模型。

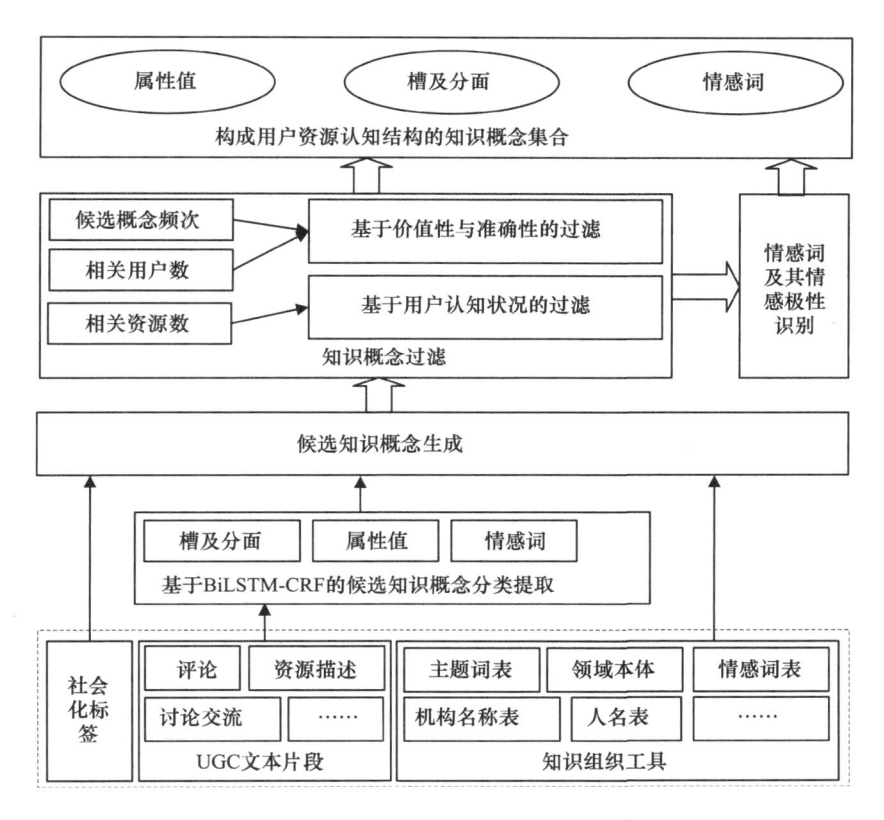

图 4-2 基于 UGC 的知识概念提取模型

（1）候选知识概念生成

候选知识概念生成通过三种途径实现：一是已有知识组织工具；二是 UGC 中的社会化标签；三是基于 UGC 文本的自动抽取。

基于知识组织工具的候选概念生成。此处所指的知识组织工具包括各种类型的词表（叙词表、机构名称表、人名表、情感词表）、领域本体、知识图谱等各类已经建设完成的结构化数据。这些知识组织工具多是在人工审核基础上建设的，所收录概念的正确性和价值性都能够得到有效保证，从中提取知识概念是最直接、高效的做法。

知识组织工具选择过程中，既要考虑数据的可获取性，也要考虑数据的适用性。对于通用的知识组织工具，其知识概念覆盖范围较为广泛，能够涵盖到一般的知识概念，往往作为首选，如《汉语主题词表》。但对于主要学科领域，其都有相应的知识组织工具，从这些特定领域的知识组织工具中提取相关知识概念可获得事半功倍的效果，例如提取用户对于医学领域的知识概念时，通常会首选医学主题词表 MeSH（Medical Subject Headings）、GO（Gene Ontology）等；在提取财税领域的知识概念时，首选《税务公文主题词表》、《中国税务词典》、《电子政务主题词表》等。情感词方面，较为成熟的中文情感词知识组织工具包括大连理工大学中文情感词汇本体库（DUTIR）、台湾大学中文情感极性词典（NTUSD）、知网情感词典（HOWNET）等。

另外，需要说明的是，知识组织工具中常常除了知识概念之外，还包含了知识概念间的关系信息，如同义关系、层级关系等，对于情感词还常常包含了其情感极性，这些信息对于知识概念类型识别、关系发现具有重要作用，也应当予以保留。

基于社会化标签的候选概念生成。社会化标签是 Web2.0 的一项典型网络应用，其是一种由用户自定义的，用于描述其已经发布或者收藏的各类信息资源的字、词或短语，也可以视为是用户产生的元数据。[①] 从社会化标签的实际使用情况看，社会化标签常常是以词或者具有专门性含义的复合词或短语为主，因此可以直接将其作为用户认知结构提取的候选知识概念。

基于序列标注的候选概念生成。总体来说，各领域规范性的知识组织工具建设仍不成熟，对知识概念及其关联的涵盖还不全面，社会化标签也只在部分社会网络中得到较广泛应用，因此为获得较为全面的用户认知结构体系，还需要直接从 UGC 数据中进行知识概念的提取。研究过程中，拟将这一问题视为序列标注问题，即需要识别 UGC 数据中哪个片段（可能是字、词或其组合）可以作为候选知识概念，并采用条件随机场（CRF）与深度学习技术 BiLSTM 相结合的技术方案进行提取。具体技术方案将在 3.2.2 节进行详细阐述。

（2）知识概念过滤

知识概念过滤环节的主要任务是，以候选知识概念为输入，结合这

---

① 熊回香：《面向 Web3.0 的大众分类研究》，博士学位论文，华中师范大学，2011 年。

些知识概念在 UGC 数据中的表现，剔除不应纳入用户认知结构体系的知识概念。对于来自知识组织工具的候选知识概念，其作为一个知识概念的正确性和价值性毋庸置疑，过滤的核心是判断这些知识概念是否能够为用户所认知；对于来自 UGC 的候选知识概念，其必然是已经为用户所认知的，但其作为知识概念的正确性和价值性是具有不确定性的，因此过滤的核心是判断候选概念的正确性和价值性。基于上述认识，在知识概念过滤策略设计中，需要针对两类不同来源的候选知识概念，进行差异化的过滤策略设计。

（3）情感词及情感极性识别

对于词表、本体等来源的知识概念来说，已经明确了其类型，而且情感词类的概念也明确了情感极性；但对于 UGC 文本来源的知识概念来说，尽管在概念抽取环节确定了类型，但对情感词仍未明确其极性；对于社会化标签来源的知识概念，尽管基本上不存在槽类概念，但其既可能是属性值也可能是情感词，因此需要同时从概念集合中识别出情感词并判断其极性。基于此，情感词及情感极性识别环节的主要任务是，对于通过过滤的知识概念，判断其是否是情感词，对于情感词还需要进一步判断其情感极性是正向还是负向，从而为此类知识概念的标注提供支持。社会网络中的 UGC 数据发布时，有相当一部分数据伴随着评分、表情符号等体现用户情感极性的特征信息，这些数据可以被视为自然标注资源。[①] 研究中拟利用这些自然标注资源进行情感极性识别算法设计，判断情感词的正负极性。

二 基于 BiLSTM-CRF 的候选知识概念提取

从 UGC 文本中进行知识概念提取的过程可以视为序列标注问题，即一串文本序列中识别拟抽取知识概念并确定其在文本序列中的起终点，序列标注问题一般采用有监督学习技术进行处理。[②]

[①] 孙茂松：《基于互联网自然标注资源的自然语言处理》，《中文信息学报》2011 年第 6 期。
[②] 陈锋等：《基于条件随机场的学术期刊中理论的自动识别方法》，《图书情报工作》2016 年第 2 期。

在基于传统机器学习的方法中,隐马尔科夫模型(HMM)[1]、条件随机场(CRF)[2]等都是较为常用的方法。其中,CRF是一种判别式概率图模型,由马尔可夫模型和最大熵模型发展衍生而来,该模型可以根据所给定的条件序列,通过特征函数来对文本中的上下文进行学习,输出预测序列标签的概率分布,是效果相对较好的一类序列标注方法。然而,基于CRF的模型通常依赖于大量的手工特征,在特征缺失的情况下效果会大幅下降。[3]

随着深度学习技术的发展,因其能够避免手工特征的选取,自动学习特征的关联关系完成复杂的任务,因此也被引入到序列标注任务中,与传统机器学习技术相结合改进算法的性能。常见的结合方式包括RNN与CRF的结合[4]、LSTM与CRF的结合[5]、BiLSTM与CRF的结合[6]等。其中,LSTM是RNN模型的改进,能在捕获输入序列结构信息的同时,较好地解决梯度消失问题;BiLSTM是LSTM的改进,在继承LSTM优势的同时,还可以更好地捕获双向的序列依赖信息,比LSTM仅能捕获前向的依赖信息更加精准。

由于BiLSTM输出的是预测得分最高的标签,因此其输出的标签序列的顺序可能是无序的;而基于概率图模型的CRF能够学习标签之间的转

---

[1] Jin W., et al., "A Novel Lexicalized Hmm-Based Learning Framework for Web Opinion Mining", Proceedings of the 26th Annual International Conference on Machine Learning, sponsored by Association for Computing Machinery, Montreal, Quebec, Canada, June 14-18, 2009.

[2] 丁晟春等:《基于CRFs和领域本体的中文微博评价对象抽取研究》,《中文信息学报》2016年第4期。

[3] 尉桢楷等:《基于类卷积交互式注意力机制的属性抽取研究》,《计算机研究与发展》2020年第11期。

[4] Toh Z. and Su J., "Nlangp at Semeval-2016 Task 5: Improving Aspect Based Sentiment Analysis Using Neural Network Features", Proceedings of the 10th International Workshop on Semantic Evaluation, sponsored by Association for Computational Linguistics, San Diego, California, June 16-17, 2016.

[5] 胡吉明等:《基于BiLSTM-CRF的政府微博舆论观点抽取与焦点呈现》,《情报理论与实践》2021年第1期。

[6] Giannakopoulos A., et al., "Unsupervised Aspect Term Extraction with B-LSTM & CRF Using Automatically Labelled Datasets", Proceedings of the 8th ACL EMNLP Workshop on Computational Approaches to Subjectivity, sponsored by Association for Computational Linguistics, Copenhagen, Denmark, September 7-11, 2017.

移状态，从而能够确保输出的标签序列是正确的①，因此，研究拟采用 BiLSTM 与 CRF 相结合方法设计知识概念提取策略，利用 BiLSTM 对序列文本进行建模，并作为 CRF 模型的输入，之后经 CRF 模型处理后得到最终的输出，模型总体架构如图 4-3 所示。

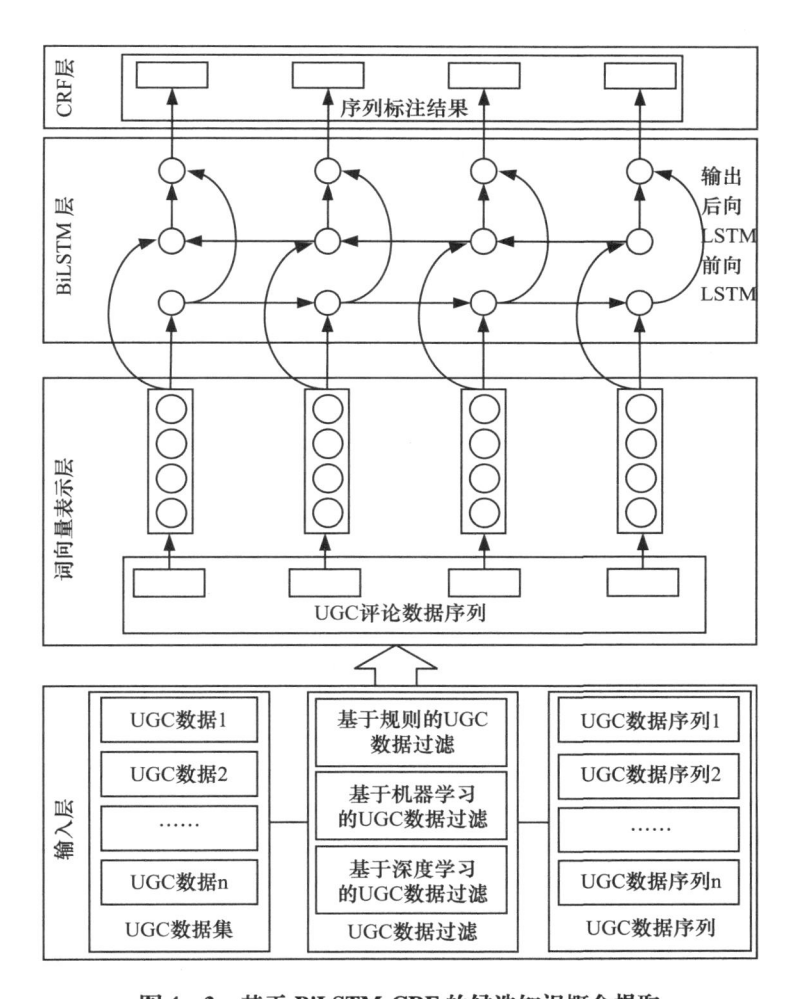

图 4-3 基于 BiLSTM-CRF 的候选知识概念提取

---

① 秦成磊、章成志：《中文在线评论中的产品新属性识别研究》，《信息资源管理学报》2020 年第 3 期。

（1）输入层。BiLSTM-CRF 模型的输入层输入的是以词为单元的 UGC 文本序列；同时，由于原始 UGC 文本中可能存在大量无关的噪音数据，因此需要对采集的 UGC 数据进行预处理，识别出有效的 UGC 文本数据。在进行有效 UGC 文本识别中，可以通过分析特定领域的无效 UGC 数据特点，进行特征提取并设置规则进行过滤，如部分具有广告性质的评论类 UGC 多包涵广告链接的地址，可以通过设置"判断评论中是否包含广告链接地址"这一针对性规则过滤此类的无效 UGC；也可以将识别有效 UGC 的过程视为分类的问题，采用随机森林、神经网络等机器学习或深度学习的方法识别原始数据中的有效 UGC 文本数据。之后，还需要进行 UGC 文本数据的序列化：调用分词算法或工具对有效 UGC 数据进行词法分析，并按其在文本片段中的顺序进行序化存储。

模型学习阶段，需要输入标注好的语料数据。标注采用 BIO 模式，即采用"B – X"、"I – X"、"O"对每个分词结果进行标注，其中，"B – X"表示该词汇是 X 这类要素的开头，"I – X"表示该词汇属于 X 类要素但不是开头，"O"表示不属于要抽取的要素类型。给定待抽取的槽及分面类知识概念的对应标签为"slot"，属性值类知识概念的对应标签为"feature"，情感词对应标签为"opinion"。以图书评论为例，具体标注示例如表 4 – 2 所示。

表 4 – 2　　　　　　　　　　BIO 标注示例

B-slot	O	B-feature		B-slot	O	O	O	B-opinion	O	O
作者	是	张爱玲	，	文笔	真	的	是	好	呀	！

（2）向量表示层。从输入层中输入的文本序列无法直接被算法识别并进行运算，需要将文本转化为向量的形式参与接下来的模型运算。传统的词向量表示方法为独热表示法（one-hot），将语料库中每个词表示为一个向量，维度为语料库中去重后所有词的数量，词向量只有在对应位置的维度下为 1，其余均为 0。这种方法不能表示词间的关系，而且会造成存储开销过大。为解决这一问题拟采用基于词向量（Word Embedding）的分布式表示方法，将每个词映射到一个较短的向量空间上。借助深度

学习的技术，从语料库中自动提取和学习数据的特征，利用词语上下文训练词向量，这种词向量训练方法，不仅考虑了词语的语义信息和语法特征，同时解决了传统词向量维度灾难和数据稀疏的问题。[①] Word2Vec是Google公司于2013年推出的包含词向量训练和计算等功能的高效工具，可以支持在百万数量级的词典和上亿的数据集上的高效训练，自开源以来，得到了工业界和学术界的广泛应用。因此选择Word2Vec作为工具训练词向量，对输入层传入的文本序列进行词向量表示，并将文本的词向量序列作为此层的输出，输入到BiLSTM层之中。

（3）BiLSTM层。BiLSTM采用正反两个方向的LSTM对文本的词向量序列进行建模，前向LSTM层可以获得词向量序列的前向隐藏层特征$\overrightarrow{h_t}$，后向LSTM层则可以获得词向量序列的后向隐藏层特征$\overleftarrow{h_t}$，将二者叠加组合输出既能获取文本序列中正向的语义信息，也能获取序列中负向的语义信息，捕捉双向的语义依赖。以H_t表示当前词的隐藏状态向量，则BiLSTM层得到的最终隐藏特征表示如以下公式所示。

$$H_t = [\overrightarrow{h_t}, \overleftarrow{h_t}]$$

（4）CRF层。CRF层通过学习BiLSTM层输出的序列，选取全局最优的序列作为最终的标注序列预测结果进行输出。对于从BiLSTM层输入的序列$h = \{h_1, h_2, \cdots, h_n\}$，通过CRF层训练得到的类别序列为$y = \{y_1, y_2, \cdots, y_n\}$，对预测的类别序列得分公式计算如以下公式所示。

$$Score(h,y) = \sum_{n,k} \lambda_k f_k(y_{i-1}, y_i, h, i) + \sum_{n,k} u_k g_k(y_i, h, i)$$

其中，$f_k(y_{i-1}, y_i, h, i)$为输入序列相邻的两个类别y_{i-1}和y_i上的转移函数，$g_k(y_i, h, i)$表示输入序列在位置i的状态函数，λ_k和u_k为特征函数的学习权重。所有可能的类别集合y_h下的条件概率$P(y|h)$计算如以下公式所示。

$$P(y|h) = \frac{e^{Score(h,y)}}{\sum_y e^{Score(h,y)}}$$

[①] Chen Y., et al., "The Expressive Power of Word Embeddings", Proceedings of the 30th International Conference on Machine Learning, sponsored by JMLR.org, Atlanta, Georgia, USA, June 16 – 21, 2013.

其中，$\sum_{y} e^{Score(h,y)}$ 为归一化因子。

在 CRF 训练过程中，采用最大似然估计方法，优化目标公式如下所示。

$$log[P(y|h)] = Score(h,y) - log(\sum_{y} e^{Score(h,y)})$$

最后，将得分最高的类别序列作为最终预测结果输出，如以下公式所示。

$$y = arg \max_{y \in Y_h} Score(h,y)$$

三 基于投票机制的候选知识概念过滤

在完成候选知识概念获取基础上，需要对其进行过滤处理，将正确的、能被用户群体所认知的、具有普适性的知识概念保留下来，为用户认知结构体系的构建奠定数据基础。正确性是指候选知识概念具有明确的内涵且作为专指性表述为用户所使用；能被用户群体所认知是指该概念并非是只有个别用户才能认知的知识概念，而是存在于较多用户的认知结构中；具有普适性是指该概念能够描述、刻画多个信息资源的特征，而非与某个特定信息资源相关联，只有具备这一特征，才能够作为标引词帮助用户发现感兴趣的资源对象，这一知识概念作为标引词才具有价值。

从用户行为角度来说，其在 UGC 中使用了某个知识概念，意味着其认可该概念的正确性，且其已经出现在其认知结构中，以及用这一知识概念描述或刻画信息资源的特征是恰当的。基于这一认识，可以将用户的 UGC 行为视为投票行为，被投票较多的知识概念就是需要保留下来的知识概念，也即通过发挥群体智慧实现候选知识概念的过滤，实现流程如图 4-4 所示。

（1）数据预处理。该环节的主要任务是通过对候选知识概念和 UGC 数据的加工处理，形成结构化形式的数据，以便于后续的统计分析。

首先，需要实现 UGC 数据按用户与资源对象的聚合。社会网络中，文本 UGC 的类型包括评论、社会化标签、信息分享中的描述、社区中与其他用户的讨论、日志等，这些类型的 UGC 数据都体现了用户的认知，同一知识概念在这些 UGC 中可能出现多次。然而，对候选知识概念过滤

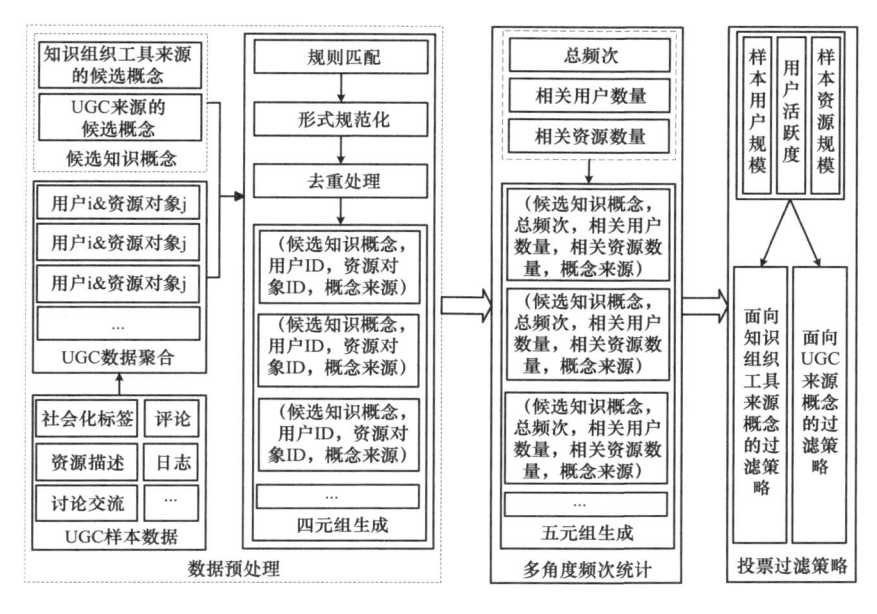

图 4-4 基于投票机制的候选知识概念过滤

来说，更关注的是某一知识概念是否已经为用户所认可和认知、是否具有较强的普适性，因此，需要对知识概念进行去重处理，其前提就是进行 UGC 数据的聚合。实现过程中，需要以用户和资源对象作为聚合依据，将同一个用户关于同一个资源对象的所有 UGC 数据聚合到一起。

其次，需要识别出聚合 UGC 数据中出现过的候选知识概念。这一问题可以通过规则匹配的方式进行解决，只要某一候选知识概念全部连续出现在 UGC 数据中即可认为其在该 UGC 数据中出现过。再次，将识别结果表示成四元组（候选知识概念，用户 ID，资源对象 ID，知识概念来源），其中用户 ID 和资源对象 ID 分别用于唯一标识一个用户和资源，知识概念来源的取值为"知识组织工具"和"UGC 数据"（来源于 UGC 数据的知识概念包括来自于社会化标签和 UGC 文本抽取的知识概念），如果一个候选知识概念在两个来源中同时出现，则将其来源标记为"知识组织工具"。

最后，需要在对候选知识概念进行形式规范化处理基础上，对四元组进行去重处理。形式规范化处理中，需要重点关注单复数、简繁体、无意义字符的剔除、火星文的转换等。

（2）候选知识概念多角度频次统计。在完成数据预处理基础上，需要基于用户的 UGC 数据，进行各个候选知识概念的投票数量统计。统计需要从多个角度进行，包括候选知识概念的总频次、相关用户数量、相关资源数量。其中，总频次统计的是在所有样本用户使用该候选知识概念描述了多少次资源；相关用户数量指的是有多少用户使用过至少一次该知识概念，可以反映该知识概念可能出现在多少用户的认知结构中；相关资源数量反映的是该知识概念可能可以用来描述多少资源对象，可以较好地反映知识概念的普适性。在完成统计的基础上，需要将每个候选知识概念表示成五元组（候选知识概念，总频次，相关用户数量，相关资源数量，知识概念来源），以便于利用过滤策略进一步处理。

（3）投票过滤策略。对于"知识组织工具"来源的候选知识概念，其正确性和作为标引词的普适性无须做过多考量，过滤策略的核心是判断该知识概念是否已经为用户所认知，因此，投票策略设计时只需要关注相关用户数量这一指标即可；对于 UGC 来源的候选知识概念，其正确性、普适性和可认知性都需要基于投票数据进行判断，因此，可以首先基于总频次阈值做初步判断，在满足总频次阈值基础上，再结合相关用户数和相关资源数进行二次过滤。假设来源于知识组织工具的候选知识概念集合记为 $C_{Thesaurus}$，来源于 UGC 的候选知识概念集合记为 C_{UGC}，知识概念 C_i 的总频次记为 $fre(C_{i-all})$，相关用户数记为 $fre(C_{i-user})$，相关资源数记为 $fre(C_{i-re})$，则投票结果 $f(C_i)$ 可以通过如下公式计算得到，结果为 1 时表示该知识概念通过过滤，为 0 时未通过过滤。其中，阈值 m_1、m_2、m_3、m_4 需要综合样本 UGC 数据中的用户规模、用户活跃度（即每个用户发布的 UGC 数量）、社交网络中资源规模 3 个要素进行设置。

$$f(C_i) = \begin{cases} 1 & if\ C_i \in C_{Thesaurus}\ and\ fre(C_{i-user}) > m_1 \\ 1 & if\ C_i \in C_{UGC}\ and\ fre(C_{i-all}) > m_2\ and\ fre(C_{i-user}) > m_3\ and\ fre(C_{i-re}) > m_4 \\ 0 & else \end{cases}$$

四 基于语料的一体化情感词识别及极性判断

在所提取出来的情感词中，如果情感词来自成熟的情感词典，则其通常已经具备了情感极性信息，但如果是来自 UGC 文本的抽取，还需要进一步判断其情感极性；如果是来自社会化标签，则除了需要判断情感极性外，还需要首先判断其是否是情感词。

从现有的理论研究与实践探索来看，基于语料的一体化情感词识别及极性判断识别主要有词典法和语料法两种，前者是选择部分种子词，然后利用现有的词典资源中词语的含义注释以及词与词之间的同义、反义关系进行情感词选择及情感极性的识别[1][2]；后者是利用语料库中数据的统计特征进行情感词及其情感极性的识别，实现上可以分为候选情感词提取、情感词过滤与极性判断两个环节。[3][4][5] 两种方法相比，前一种方法在拥有合适的基础词典资源基础上，可以获得规模较大的情感词典，而且准确率较高，但存在新词覆盖不足、领域适用性不佳问题（如"紧张"在图书评论"故事很紧张"中的带有正面情感色彩，而日常表达"我很紧张"中则具有负向的情感色彩）；后一种方法能够较为灵活地构建领域适用性较强的情感词典，解决新词覆盖问题，但实践过程中其效果受语料库规模、质量及候选情感词提取、情感词过滤与极性判断策略的影响较大。本研究中，由于待处理的是来自于 UGC 的且具有领域性的候选情感词，因此选用语料法进行情感词识别及情感极性识别。

如图 4-5 所示，基于语料的一体化情感词识别及极性判断主要包括候选词获取、语料库构建、相对频次计算和阈值过滤 4 个环节。

（1）候选情感词获取。前文提取出的知识概念包括知识组织工具、

---

[1] Hu M. and Liu B. , "Mining Opinion Features in Customer Reviews", Proceedings of the 19th National Conference on Artifical Intelligence, sponsored by AAAI Press, San Jose, California, USA, July 25-29, 2004.

[2] Hung C. and Chen S. J. , "Word Sense Disambiguation Based Sentiment Lexicons for Sentiment Classification", *Knowledge-Based Systems*, Vol. 110, No. 10, October 2016.

[3] 郭顺利、张向先：《面向中文图书评论的情感词典构建方法研究》，《现代图书情报技术》2016 年第 2 期。

[4] 王娟等：《基于短语句法结构和依存句法分析的情感评价单元抽取》，《情报理论与实践》2017 年第 3 期。

[5] 范炜昊、徐健：《基于网络用户评论情感计算的用户痛点分析——以手机评论为例》，《情报理论与实践》2018 年第 1 期。

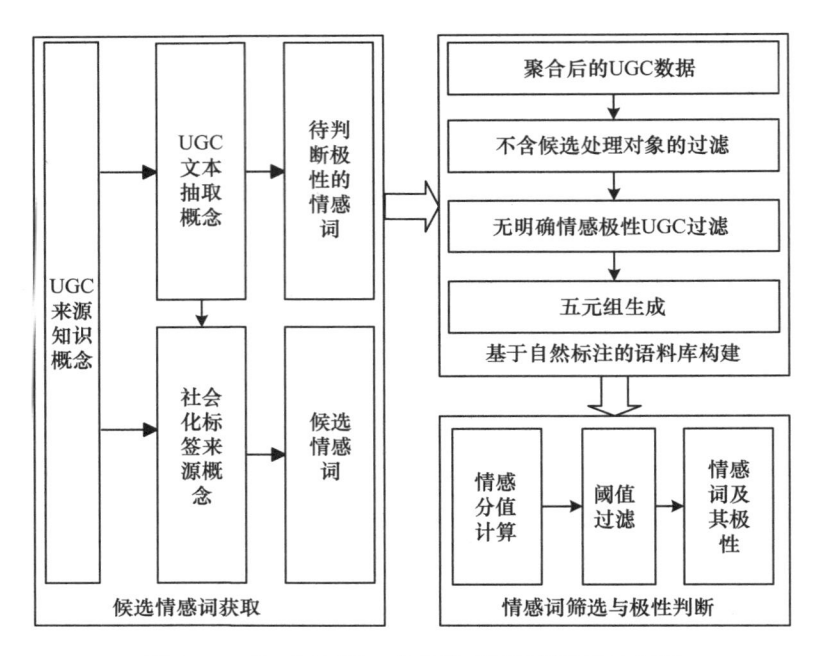

图 4-5 基于语料的一体化情感词识别及极性判断

UGC 文本抽取、社会化标签 3 个来源，其中来自知识组织工具（即情感词典）的情感词已经具有了情感极性信息，无须进行识别；UGC 文本抽取时，已经在抽取环节确定了所抽取概念是否是情感词，只需要判断情感极性即可；而社会化标签来源的情感词，则连其是否是情感词都不明确。基于此，遵照前一环节的处理结果，将来源为 UGC 的知识概念作为初步候选集，然后再过滤掉 UGC 文本抽取中识别为非情感词的知识概念，并将剩余知识概念分成 UGC 文本抽取的情感词和通过社会化标签提取的候选情感词两组，并都作为输入数据。

（2）基于自然标注的语料库构建。借鉴清华大学孙茂松教授提出的自然标注思想①，采用如下方法进行语料库构建：从所获取的 UGC 文本数据中，过滤掉不包含待处理知识概念的 UGC 数据；对于剩余 UGC 数据，如果其包含了能同时体现 UGC 发布者情感极性的信息，如具有明确

---

① 孙茂松：《基于互联网自然标注资源的自然语言处理》，《中文信息学报》2011 年第 6 期。

情感极性的表情符、评分等，则予以保留，否则予以删除；根据 UGC 中所包含的表情符、评分等信息，对每一条 UGC 数据进行处理，提取出其中包含的待处理知识概念，并将其表示成五元组（待处理概念，来源，相关用户 ID，相关资源 ID，情感极性）。其中，来源的取值分别为 UGC 文本抽取和社会化标签；情感极性的判断通过规则来实现，即根据数据特点建立起表情符、评分与正负向的映射规则，进而判断 UGC 的情感极性并作为该知识概念的极性。

（3）情感词筛选与极性判断。在基于统计的情感词筛选与极性判断中，都采用了相近的思路，即以候选情感词与正向、负向评论的共现信息为基础进行策略设计。本模型也采用这一思路：首先分别计算（候选）情感词与正向、负向评论的加权共现频次，其次计算二者的频次比值，最后分组设置阈值进行情感词筛选与极性判断。假设（候选）情感词 w 与负向评论语料的加权频次、原始频次分别为 Fre（w | neg）和 fre（raw_w | neg），语料库中评论语料总频次为 N_{all}，负向评论语料频次为 N_{neg}，则其加权频次计算方法如以下公式所示。

$$\text{Fre}(w \mid neg) = \text{fre}(raw\_w \mid neg) \times \frac{N_{all}}{N_{neg}}$$

相应的，（候选）情感词 w 与正向评论语料的加权频次 Fre（raw_w | pos）计算方法如下所示。

$$\text{Fre}(w \mid pol) = \text{fre}(raw\_w \mid pos) \times \frac{N_{all}}{N_{Pol}}$$

二者的加权频次比值 Score（w）如下式所示（为避免分母为 0 的情形出现，分母均加上 0.001）。

$$\text{Score}(w) = \frac{\text{Fre}(w \mid neg)}{\text{Fre}(w \mid pol) + 0.001}$$

对于 UGC 文本抽取的情感词，只需要根据 Score（w）是否大于 1 进行情感极性赋值即可；对于社会化标签来源的候选情感词，为避免误判，需要设置一个区间阈值 $[n_1, n_2]$（$n_1 < 1 < n_2$），当 $n_1 < Score(w) < n_2$ 时，将该概念识别为非情感词，否则将其识别为情感词并判断极性。这么处理的依据是，*Score*（w）与 1 越接近，说明该候选情感词在正向、负向评论语料中频次越接近，越可能不是情感词，反之则更可能是情感词。

需要说明的是，在进行情感词判断或者情感极性识别时，还需要考虑情感词与正负向语料共现的绝对频次，如果绝对频次相近，则 Score（w）的取值可能受语料数据波动的影响，容易导致误判。对于此类候选对象，如果是来源于社会化标签的处理对象，倾向于将其识别为属性值而非情感词；对于来源于 UGC 文本的情感词，倾向于不对其情感极性进行判断。同时，对于无法判断情感极性的情感词，需要将其从知识概念集合中剔除。

第三节 基于用户认知的知识概念结构化

经过前一个环节的处理，仅是实现了知识概念的提取与类型划分，为形成结构化的用户认知结构体系，还需要进一步加工处理，包括识别知识概念中的同义词、建立知识概念间的层级关系，以及实现槽、分面与槽值类知识概念的关联。

一 基于用户认知的知识概念结构化任务与模型

基于用户认知的知识概念结构化的任务是将前文所提取的知识概念进行序化，成为结构清晰的知识概念体系。具体而言，包括 3 个方面：同义概念识别，将知识概念中的全简称、别称、同义词对等识别出来，并将其区分为规范形式和同义形式；知识概念层级化，将具有上下位层级关系的知识概念对识别出来，并明确上位概念、下位概念，形成层次分明的知识概念体系；将知识概念分为槽及分面类概念（下面简称为槽）、槽值类概念（下面简称槽值，槽值还进一步分为属性值类概念（下面简称为属性值）与情感词），并建立属性值、情感词与槽的关联关系，使其结构更加清晰。需要说明的是，槽值与槽关联分析时，需要将关联关系分成可以关联和默认关联两种，前者是指该槽值可以与该槽关联到一起，后者指在不明确该槽值与哪个槽应该关联到一起时，可以将其作为默认的关联对象。

实现过程中，一旦确定某个槽值与槽的关联关系，则其同义概念和上下位概念均与该槽具有相同的关联关系；一旦确定了某个槽值的上下位概念，则其同义概念也拥有相同的上下位概念。基于这一认识，拟首先进行知识概念间的同义关系发现,其次进行上下位关系识别,最后进行属性词、情感词与槽的关联关系构建,总体模型如图4-6所示。

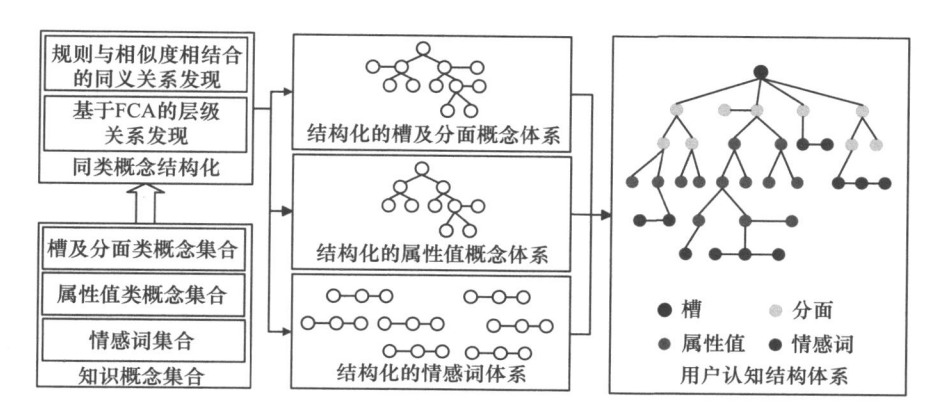

图4-6 基于用户认知的知识概念结构化模型

(1) 规则与相似度相结合的知识概念同义关系发现

存在同义关系的知识概念之间,主要有两种常见形式:全称与简称,如华中师范大学与华中师大、新型冠状病毒肺炎与新冠肺炎;别称、同义词或近义词,如青霉素与盘尼西林、自行车与脚踏车等。对于这两种不同形式的同义关系发现问题,需要结合各自的特点进行差异化的策略调整。对于全简称同义,需要结合简称词汇的字一般出现在全称中这一特点,拟采用规则法进行抽取;对于别称、同义或近义词类的同义概念,则可以以相似度为主,结合共现关系、概念类型进行判断。

(2) 基于FCA的知识概念层级关系发现

对情感词来说,只存在情感极性和情感强度上的区别,基本不存在层级关系,无论是类属关系还是整体—部分关系,因此层级关系的发现只针对属性值和槽进行。研究中,拟采用基于形式概念分析(FCA)方法进行提取,其基本思路是,如果概念间存在上下位关系,则用户的UGC数据中,这两个概念就会频繁共现,且当下位词出现时,上位词出现概率较大,反之,上位词出现时,下位词出现的频率则较低。

(3) 基于共现分析的知识概念关联识别

尽管情感词与属性值和槽均会共现和产生关联,但在针对具体资源时，属性值和槽常常存在共指关系，如针对《平凡的世界》这本书的UGC中，"作者"与"路遥"两个词指的是同一个对象。因此，知识概念关联识别的关键是分别建立情感词、属性值与槽的关联。这两类关联存在的重要标志是用户在UGC中会同时提及存在关联的知识概念对（也可能通过属性值作为中介建立关联），因此，可以立足于知识概念间的共现关系进行语义关联的识别。

二 规则与相似度相结合的知识概念同义关系发现

从现有研究与实践来看，同义关系提取的主要思路包括基于规则、基于统计以及基于深度学习的方法。基于规则的概念关系提取主要通过构建相应的规则集合，扫描大量文本以命中符合模板规则的语句，进而获得同义词对；基于特征统计的方法一般利用词语间的共现信息实现，通过统计特征词或短语在不同语料中的共现信息，构建特征词或短语的共现矩阵，在此基础上进行基于共现关系的特征词相似度计算，并将相似度超过一定阈值的作为同义词对[1]；基于深度学习的方法与基于统计的方法相近，其区别主要在词语相似度计算方面，该方法借助语料库从原始数据中自动提取和学习数据的特征，利用词语上下文训练词向量，进而通过词向量计算词汇间的相似度。三种方法中，基于规则的方法主要是适用于提取精确的同义关系；基于统计的方法仅考虑共现信息，不考虑词语在语料中的出现顺序，存在词语过于稀疏和维度较高的问题；而基于深度学习的方法综合考虑了词语的语义及语法信息，还可以较好地应对传统词向量出现的过于稀疏和维度过高的问题。[2]

为更全面地发现知识概念间的同义关系，拟综合采用基于规则与基于词向量相似度的方法进行概念间同义关系识别。在通过主题词表、本体等知识组织工具获得部分同义关系基础上，一方面拟通过词向量计算概念间的两两相似度，并获得同义概念对候选；另一方面拟基于规则对

---

[1] 陈果、何适圆：《面向网络社区的领域多元概念关联体系融合：机理与实现》，《情报理论与实践》2019年第1期。

[2] Chen Y., et al., "The Expressive Power of Word Embeddings", Proceedings of the 30th International Conference on Machine Learning, sponsored by JMLR. org, Atlanta, Georgia, USA, June 16 – 21, 2013.

UGC 语料进行分析,获得以 "A 简称 B" 等形式出现的同义概念对候选;此外,还将结合全称与简称间的外部表现特征,通过对词形的分析获得全称—简称类同义概念对候选;进而,在将多种途径获得的同义概念对候选融合后,提交人工审核,最终实现高质量的同义概念关系发现,总体模型如图 4 – 7 所示。

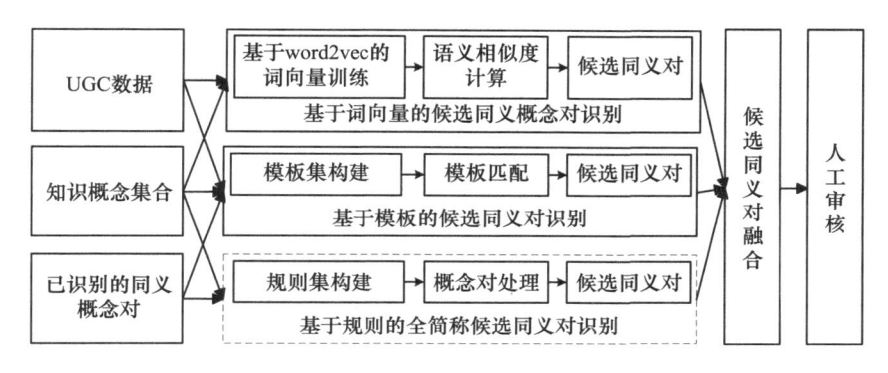

图 4 – 7　知识概念同义关系提取

(1) 基于词向量的候选同义对识别。鉴于词向量实现了知识概念的语义表征,因此,理论上来说,具有同义关系的两个知识概念,应具有高度相似的词向量。故而,可以依据两个概念的词向量相似度判断其是否可能存在同义关系。在词向量训练环节,可以采用效果得到普遍认知的 Word2Vec 方法,具体实现方法前文已进行过说明,此处不再赘述。在相似度计算方法,可以采用知识概念词向量间的距离度量,常用的相似度度量方法有 Euclidean 距离、Cosine 系数、Jaccard 系数等,具体方法的选择可以根据实际情况确定。在阈值设置上,同样需要结合数据情况进行设置,但由于该环节仅是发现候选同义对,最终还需要经过人工的审核,因此在阈值设置上可以稍微低一些,以更全面地发现同义关系。此外,为避免同义关系识别中的误伤,同时也提高同义发现的效率,在进行词向量相似度的两两计算时,可以只针对同类型概念进行计算(如情感词只跟情感词计算相似度)。

(2) 基于模板的候选同义对识别。该方法是利用 "A 又称 B"、"A 简称 B"、"A,即 B" 等常见的同义概念在 UGC 等语料中出现的方式而进行候选同义对的识别。显然，模板集质量和语料的丰富性是影响识别效果的关键因素。模板集构建中，可以首先基于已获得的同义概念对在语料中的表现情况，生成候选模板，并经人工审核、验证后再应用于关系发现实践，而且可以随着同义概念对的发现而对模板进行增量更新，以保证模板的全面性。在基于模板的候选同义对实施环节，既可以先根据模板生成可能的候选同义对集合及相应的表述方式，如"华中师范大学简称华中师大"，进而判断该表述是否在语料中出现过，以实现候选同义对的识别；也可以仅生成模板的前半部分，如"华中师范大学简称"，然后根据语料数据抽取可能的候选概念，最后再保留出现在知识概念集合中的候选对象，以生成候选同义对。

（3）基于规则的全简称候选同义对识别。从数据来看，用户在社会网络中使用的简称一般是从相应的全称词汇中截取部分字符组成，在截断方式上既可能是非连续性截断，也可能是连续性截断。例如从"冠状动脉硬化性心脏病"中截取字符组成"冠心病"，"武汉理工大学"中截取字符组成"理工大"。据此，可将简称与全称的匹配流程分为三个环节：完整字串的包含判断、相似字串的包含判断和循环截取单字后的包含判断，相应的判断流程如图4-8所示。需要注意的是，较短的简称可能会被匹配为多个全称的缩写语，此时可将它与命中知识概念中的最短者进行同义对应。

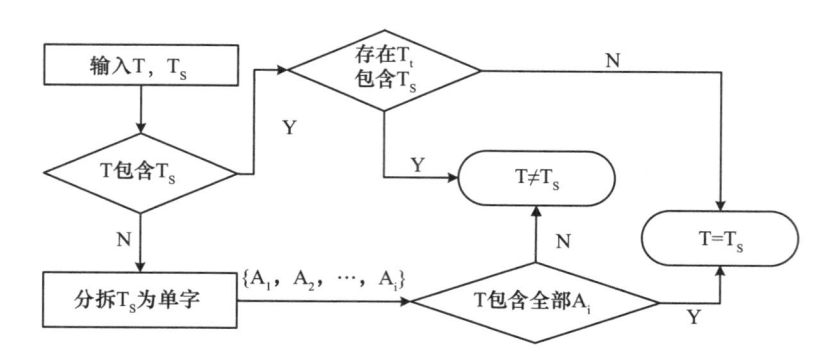

图4-8 非连续性截断缩写词识别流程

首先判断两字串是否存在完整包含关系，即判断 $T_s \subseteq T$ 是否成立。当

T 包含 T_s 时，判断是否还有其他字串 T_t 也同样包含 T_s，如果存在则直接过滤掉；若没有其他字串包含 T_s 字串，仅存在 $T_s \subseteq T$ 时，则判断 T_s 是 T 的连续性缩写词，二者具有同义关联，可抽取作为候选同义对。

当 T 不完全包含 T_s 时，将字串 T_s 拆为单字，此时，若字串 T 中不包含所有 T_s 中的单字，则判断 T_s 不是 T 的缩写词，直接过滤掉；若字串 T 中包含所有 T_s 中的单字时，则判断 T_s 是 T 的非连续性缩写词，二者具有同义关联，可抽取作为候选同义对。

（4）候选同义概念对融合。经过前面几个环节的处理，得到了不同方法抽取出来的候选同义对，为便于后面进行人工审核，还需要对其进行融合处理。一方面，需要对多种方法抽取的候选同义知识概念对进行去重，即多种方法抽取的相同的知识概念对，仅保留一个；另一方面需要基于同义关系的传导性质，将由两个知识概念构成的候选同义知识概念对扩展成由两个或多个候选同义知识概念对构成的同义知识概念集合，如 A 与 B 是候选同义对，B 与 C 是候选同义对，则 A、B、C 可以构成一个候选同义知识概念集合。

三　基于 FCA 的知识概念层级关系发现

除相关关系外，槽、属性值间也可能存在明显的层级关系（又称为上下位关系或等级关系），常见的层级关系包括类属关系（IS-A）和整体—部分关系（PART-OF）两种。[1] 其中，类属关系指的是在上位词的基础上加入具体区分性质的词，使其含义进一步具体化，例如在图书主题中，"现代企业信息资源管理"和"现代信息资源管理"就具有类属关系，后者是前者的上位词。整体—部分关系是指下位词是上位词的组成部分，例如"电池"是"手机"的组成部分，二者存在整体—部分关系，则"电池"是"手机"的下位词。[2]

常见的知识概念层级关系挖掘方法包括基于规则的方法和基于统计

---

[1] 邱科达、马建玲：《基于文本语料的上下位关系识别研究综述》，《情报科学》2020 年第 7 期。

[2] 韩红旗等：《基于词形规则模板的术语层次关系抽取方法》，《情报学报》2013 年第 7 期。

的方法。其中，基于规则的方法更适用于提取精确的知识概念层级关系，需要预先制定大量的规则模板，这也造成了当出现新规则时难以及时发现新的知识概念层级关系的问题。基于统计的层级关系提取遵循的主要思路为：如果两个知识概念经常在同一资源中出现，那么它们间存在相关关系，即 Hams 假设。[①] 在此基础上，采用层次聚类分析法[②]、基于知识库的方法[③]、基于形式概念分析（Formal Concept Analysis，FCA）的方法[④]等，与知识组织系统相联系，来识别知识概念间的层级关系。其中，FCA 方法具备较高的准确率，是近年来在词汇层次识别中较为通用的技术方法。[⑤] 基于此，选取 FCA 的方法来识别知识概念间的层级关系。

FCA 方法认为，下位概念的属性集合需要包括上位概念的属性集合，可以根据概念间的关系推导得出知识概念间的层级关系。基于 FCA 实现知识概念层级关系构建可分为 3 个步骤，如图 4-9 所示。

（1）建立领域形式化背景，即构建"知识概念—资源"矩阵。在获取全部资源知识概念抽取结果的基础上，生成"知识概念—资源"的共现矩阵。基于知识概念关联挖掘，当知识概念 W_C 与资源 R_D 未发生共现时，$Link(W_C, R_D) = 0$，此时，在矩阵中相应的位置标记为"0"；当知识概念 W_C 与资源 R_D 发生共现时，$Link(W_C, R_D) = 1$，在矩阵中相应的位置标记为"1"。定义的形式化背景可以表示为 F =（Concepts，Resources，I），其中 Concepts 表示知识概念集合，Resources 表示资源集合，I 表示知识概念是否出现在某一资源之中。

[①] Maedche E. and Staab S., "Discovering Conceptual Relations from Text", Proceedings of the 14th European Conference on Artificial Intelligence, sponsored by IOS Press, Berlin, Germany, August 20-25, 2000.

[②] 杜慧平、仲云云：《自然语言叙词表半自动构建研究》，东南大学出版社 2009 年版，第 114 页。

[③] Ahmed K. B., et al., "Effective Ontology Learning: Concepts' Hierarchy Building Using Plain Text Wikipedia", Proceedings of the 4th International Conference on Web and Information Technologies, sponsored by CEUR-WS. org, Sidi Bel Abbes, Algeria, April 29-30, 2012.

[④] 王昊等：《基于形式概念分析的学科术语层级关系构建研究》，《情报学报》2015 年第 6 期。

[⑤] 张卫等：《电子政务领域中文术语层次关系识别研究》，《情报学报》2021 年第 1 期。

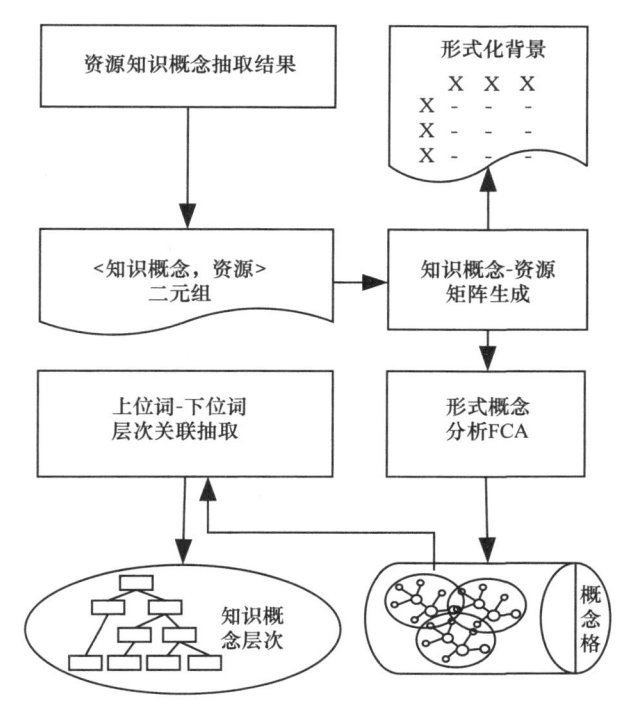

图 4-9 基于 FCA 的知识概念层级关系构建

（2）形式化背景转化为概念格，即生成概念之间的层次结构。在基于 UGC 数据抽取的知识概念结构中，既存在槽之间的层级关系，如"总体内容→结尾"，还存在属性值之间的层级关系，如"魏晋南北朝→西晋"。需要分别对槽及属性词中的知识概念的层级关系进行分别挖掘，判断这两种情况中的上位词和下位词，具体策略如下：受用户的认知、个性化表达等因素影响，不同用户在对同义资源特征进行描述时，使用的词语可能会有所不同。此时，可以依据资源的实际标注情况，即资源数量、用户数量以及特征词使用频次，来对描述资源的知识概念间上下位关系进行判断。在已建立的形式化背景中，记单一层级关系为 $F_1 =$ (Concepts，Resources，I)，如果概念 c_1 (Concepts，$Resources_1$)，概念 c_2 (Concepts，$Resources_2$) 都是 F_1 中的概念，$Concepts_2 \subseteq Concepts_1$，那么 c_1（被称为 c_2 的子概念）c_2 是 c_1 的超概念，记为 $c_1 \leqslant c_2$，"$\leqslant$"称为序，反映了概念间的层级关系。由序所描述的 F 的所有概念及其层级关系记作 C

（F，≤）称为概念格。

（3）根据概念格中知识概念首次出现的上下位（包括传递）关系，推导知识概念间的层次语义关联。根据形式化背景的概念格 C（F，≤），确定知识概念间的上下位关系，即下位词通过新增具有限定的属性从上位词中派生出来，得到所有知识概念间的层级关系。最后，以多元组（$Concept_1$，$Concept_2$，…，$Concept_n$）的形式对知识概念间的各层级关系进行表示。其中，$Concept_{n-1}$ 是 $Concept_n$ 的下位概念，$Concept_n$ 是 $Concept_{n-1}$ 的上位概念。

四 基于共现分析的知识概念关联识别

为进一步实现用户认知概念集合的结构化，形成清晰的用户认知结构，需要在实现知识概念类型细分，以及同义概念识别和概念层级关系识别基础上，进一步建立属性值、情感词与槽间的关联。在实现思路上，拟采用语料统计法进行，通过分析语料中各个知识概念的共现关系来建立概念间的关联关系。

鉴于情感词常常与属性值而非槽进行共现，因此，分析情感词与槽间的关联必须要以属性值作为中介，这就要求先完成属性值与槽间的关联分析。基于上述认识，拟将知识概念间的关联分成两个阶段进行：第一阶段完成属性值与槽间的关联；第二阶段实现情感词与槽间的关联。

（1）属性值与槽间的关联分析

基于共现的属性值与槽关联分析的输入包括槽词表、属性值词表、词表等知识组织工具、UGC 语料（含 UGC 文本、用户 ID、资源 ID）；输出是三元组［属性值，（槽1，槽2，……），默认槽］，其中（槽1，槽2）指的是该属性值可以关联的槽，如"鲁迅"可以关联的槽包括作者、主题，默认槽指的是在缺乏足够的判断信息时，该属性值可以直接关联的槽。处理过程上包括共现识别、共现数据预处理、共现强度统计、阈值判断、增补策略 5 个环节。

①共现识别

若在大规模的文本语料库中，两个词语 W_A 和 W_B 共同经常出现在同一单元窗口中，则认为词语W_A与词语W_B是共现词。[①] 据此，研究中首先以逗号、分号、句号、感叹号、问号将 UGC 文本进行分割，如属性值与槽同时出现在一个文本片段中，则视为两者间在该单元窗口内存在共现关系；如果一个属性值与多个槽共同出现在同一个单元窗口时，遵循就近原则选取其共现对象。记分割后的 UGC 片段的语用范围集合为 D，以 $Link(W_A, W_B)$ 表示词语W_A与词语W_B是否共现：

$$Link(W_A, W_B) = \begin{cases} 0, & W_A \neq W_B \text{ 且} (W_A, W_B) \notin D \\ 1, & W_A \neq W_B \text{ 且} (W_A, W_B) \in D \end{cases}$$

在上述公式中，当词语W_A与词语W_B未发生共现时，$Link(W_A, W_B) = 0$；当词语W_A与词语W_B发生共现时，$Link(W_A, W_B) = 1$。

②规范化及频次统计

鉴于通过 UGC 得到的共现数据中，无论是属性值还是槽的语言表达可能都不规范，因此需要依照用户认知结构中的同义关系，将相应的概念替换为入口词。在此基础上，还需要对获得的共现数据进行去重处理，即当属性值与槽在一条 UGC 数据中共现多次时，仅保留一次。最后，为便于后续处理，需要将共现数据表示为四元组（属性值，槽，用户 ID，资源 ID），其含义为这组属性值与槽在某用户针对某资源发表的 UGC 中存在共现关系。

在完成所有 UGC 数据处理基础上，需要统计以下数据以便于后面开展共现强度计算：①每个属性值、槽的总频次；②每组（属性值，槽）的频次；③每组（属性值，槽）的相关用户数，其中在用户发布的 UGC 中至少出现过一次（属性值，槽）对就认为是相关用户；④每组（属性值，槽）的相关资源数，其中在资源相关的 UGC 中至少出现过一次（属性值，槽）对就认为是相关资源。

③共现强度计算

总体来说，共现词在语义上存在一定的关联性，共同描述了某个主题，并且两个词语在同一单元窗口共同出现的概率越高，其相互关联性

[①] 公冶小燕等：《基于改进的 TF-IDF 算法及共现词的主题词抽取算法》，《南京大学学报（自然科学）》2017 年第 6 期。

越紧密。① 但由于 UGC 数据本身权威性弱且与发布者、相关资源关系密切的特点，当（属性值，槽）共现频次过低时，或者相关用户数较少时，或者相关资源数较少时，基于属性值与槽的共现就断定其具有关联关系的风险较高。而当二者共现关系可靠时，其共现概率越高，则说明二者的关联性越强。鉴于共现分析的主要目标是判断一个属性值关联到一个槽的可靠程度，因此，可以采用如下公式计算二者的共现强度。

$$R(W_A \mid W_B) = \begin{cases} 0 & iff(W_A, W_B) < m_1, orf(W_A, W_B, U) < m_2, orf(W_A, W_B, R) < m_3 \\ \dfrac{f(W_A, W_B)}{f(W_A)} & else \end{cases}$$

其中，$f(W_A, W_B)$ 表示属性值 W_A 与槽 W_B 共现频次，$f(W_A)$ 表示 W_A 的频次，$f(W_A, W_B, U)$ 表示词组（W_A, W_B）的相关用户数，$f(W_A, W_B, R)$ 表示词组（W_A, W_B）的相关资源数，m_1，m_2，m_3 均为阈值。

④关联判断

在获得关联强度基础上，可以采用阈值法进行属性值与槽的关联判断：A. 设定阈值 n_1，当关联强度高于该阈值时，可以认为 W_A 可以关联到 W_B，设置该阈值的目的是，当 W_A 频次较高时，其很可能因为各种原因而与众多槽均出现共现关系，无论两者是否具备语义上的关联；B. 设定阈值 n_2，当关联强度高于该阈值时，可以认为 W_A 可以将 W_B 视为其默认关联框架词。显然，n_1 应当远小于 n_2。

⑤关联补全策略

通过上述流程完成属性值与槽关联判断后，会存在关联关系召回不足的问题，即属性值与槽实际上是具有关联的，但因为语料数据的影响导致其无法通过阈值判断。为提升关联关系召回率，可以采用如下策略进行补全：A. 基于知识组织工具的关联补全，如果通过知识组织工具可以判定某属性值与某槽具有关联，则可以将该关联增补进来，如"曹雪芹"出现在了主题词表中，则可以建立属性值"曹雪芹"与槽"主题"

---

① 张孝飞等：《基于语义概念和词共现的微博主题词提取研究》，《情报科学》2021 年第 1 期。

间的关联；B. 基于属性值层级关系的关联补全，若属性值之间存在层级关系，则只有其上位词、下位词均可以建立与该槽的关联，而且关联类型保持一致。

需要说明的是，基于知识组织工具的关联关系补全一般只能建立一般关联关系，不能建立默认关联关系，除非该属性值仅能通过知识组织工具建立与槽的关联关系且只建立了一条关联关系。

（2）情感词与槽间的关联分析

总体来说，情感词与槽之间的关联分析思路较为相近，也是通过共现判断情感词与槽能否建立关联及默认关联关系。但由于 UGC 数据中，部分情感词的直接关联对象是属性值，因此，可以将属性值视为情感词与槽关联关系分析的中介。在分析过程中，可以在规范化环节，基于属性值与槽间的关联关系，将（属性值，情感词）共现对中的属性值替换为对应的槽，进而计算情感词与槽间的共现强度，并实现关联关系的发现。

第五章

社会网络中基于用户认知结构的知识标注方法

为实现基于用户认知结构的知识标注，首先需要以用户认知结构为指导对社会网络中的待标注资源进行标注框架设计；在此基础上进行知识标注技术方案的设计，一方面用户认知结构体系已经涵盖了各个待标注要素的取值信息，因此标注总体上采用赋词标引的思路，另一方面标注实现中，除了充分利用既有元数据资源外，应优先采用 UGC 数据作为标注的基础数据，但为保障冷门资源的标注效果，还需要适时将资源的原文作为基础数据，采用相关的技术手段直接提取资源特征。此外，对于连续数值型特征，为实现标注结果的语义化，还需要以用户的行为数据为基础对其进行标注。

第一节 基于用户认知结构的资源描述框架与标注模型

资源描述框架既明确了知识标注的范围和标注结果的要求，也对知识标注模型设计具有指导和约束作用，因此拟首先立足于用户认知结构进行资源描述框架设计，在此基础上构建资源知识标注模型。

一 基于用户认知结构的资源描述框架设计

基于用户认知结构的资源描述框架设计目标是形成待标注资源的元数据体系，包括元数据项构成、每个元数据项的取值范围或取值要求、各个元数据项间的关联关系，为资源的知识标注提供指导。

通过社会网络中的 UGC 数据构建起来的用户认知结构中，槽及分面可以作为资源描述框架中元数据项的来源，槽值及槽、分面的取值规则可以作为对应元数据项的取值范围及约束条件。然而，由于用户认知结构体系中可能包含取固定值的槽或分面，因此，在基于用户认知结构进行资源描述框架时还需要对其进行适应性的调整，具体流程如图 5-1 所示。

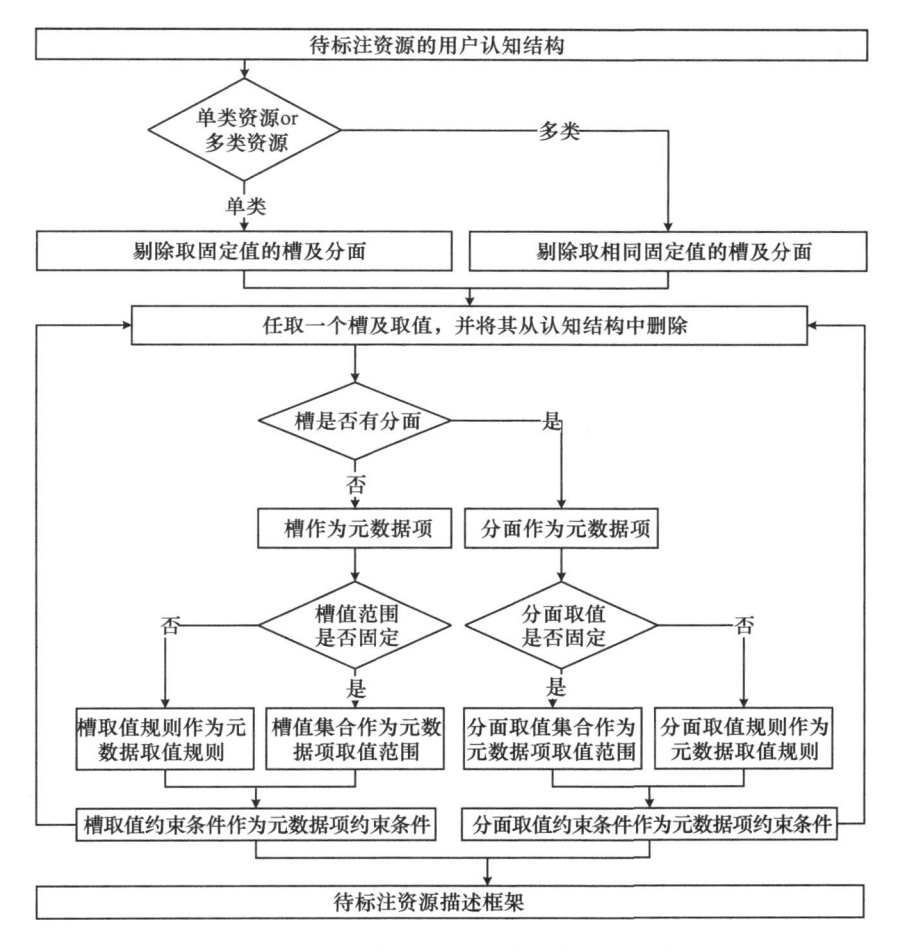

图 5-1 基于用户认知结构的资源描述框架设计

如图 5-1 所示，资源描述框架设计以用户认知结构为输入，以待标注资源描述框架为输出，中间包括元数据项的选取、元数据项取值范围及约束条件设计两个大的环节。

元数据项设计中，首先需要确定待标注的资源是同一类资源还是多种类型的资源，如果是单类资源，则首先应将用户认知结构中取值为固定值的槽及分面裁减掉；如果是多类资源，则应将所有用户认知结构中取值固定且相同的槽及分面裁减掉。其原因是，当槽或分面取值固定时，将其作为元数据项不具有资源区分价值，如期刊论文描述框架设计时，不需要再包含"文献类型"这个槽，因为所有的资源的取值均为"期刊论文"，不具有区分意义。此后，循环对裁剪后的认知结构中的每一个槽进行处理。如果槽没有分面，则直接将槽作为元数据项；否则，将分面作为元数据项，为避免命名冲突，可以将槽名与分面名拼接后作为元数据项的名称。

对于每一个应纳入资源描述框架的槽及分面，在进行取值范围及约束设计时，均遵循如下步骤：如果槽或分面在用户认知结构中的取值有固定的范围，如期刊论文的刊名，则将槽值概念集合作为该元数据项的取值范围；如果槽或分面在用户认知结构中的取值没有固定范围，只有取值规则，则将该规则作为对应元数据项的取值规则；除了取值范围及规则外，还应将槽及分面的取值约束条件迁移过来，作为元数据项的取值约束，如能否为空、取值个数、能否重复等。

特别地，对于取值为连续数值的资源特征，如价格、流行度等，用户常常会在感知其数值之外，按自身认知将其离散化，如流行度可能离散化为非常热门、热门、热度中度、冷门、非常冷门等。但是，通过UGC 数据提取到的用户认知结构中，可能提取到的概念是不完备的，如表征流行度的可能会提取到爆款、大热等，但可能无法提取到表征流行度较低的概念，为此，对于这些连续数值型特征，需要结合数据情况与用户认知结构中体现出的认知习惯，重新对其离散化取值进行设置。

另外需要说明的是，社会网络中基于用户认知结构构建的资源描述框架仅反映了用户在信息资源搜寻、利用中关注的资源特征；但对于一个社会网络平台来说，元数据的应用方除了用户之外，还可能包括开发者、资源管理人员等，因此也需要结合其需要对资源描述框架进行完善，形成能够服务于社会网络平台各类用户的资源描述框架体系。

二 基于用户认知结构的资源知识标注模型

在资源知识标注实践中,代表性思路主要包括元数据映射法、信息抽取法、文本挖掘法、行为数据统计法等思路。其中,元数据映射法是指以已经建设好的元数据资源为基础,通过映射规则建立既有元数据与资源描述框架的关联,进而实现资源的特征标注。信息抽取法是指通过信息抽取技术从结构化、半结构化或非结构化文本中提取资源的特征信息,例如从百科页面中提取人物相关的信息。文本挖掘法是采用自动分类、聚类、知识融合等技术,从资源原文(含简介描述、摘要、正文等)或资源相关的 UGC 数据中,进行资源特征信息的提取。行为数据统计法常被用于流行度、质量特征的提取,通过用户的购买、访问、收藏、评分等相关行为数据的统计分析,实现资源特征的提取。

依据前文实验中的调研可知,用户认知结构中常常会同时涵盖多种类型的属性:从主客观角度出发,既会涵盖客观属性,如图书的作者,也会涵盖主观性较强的属性,如用户对图书的评价、电影的类型;从属性的形态角度出发,既有文本型属性,也有连续数值型属性,如图书的出版年、价格等。以此出发,知识标注实现过程中,拟将 UGC 数据、资源原文、资源元数据、用户行为数据均作为基础数据,综合发挥各类基础数据的优势,以提升知识标注的质量。

第一,对于具有一定主观性的文本型资源特征,拟优先采用 UGC 数据作为基础数据进行资源特征提取。其原因是,基于用户认知结构的知识标注的主要服务对象是用户,因此所提取的资源特征与用户认知保持一致非常重要,但元数据通常体现的是标注者个人的认知或者专家的认知,可能与用户的认知不一致;从原文及描述信息中提取也可能不可靠。以电影《当幸福来敲门》为例,IMDB、Movielens、豆瓣电影等网站都将"传记"作为其类型之一,但鲜有用户持同样的认知,而且有时不同网站关于同一部电影的认知并不相同,如电影《蝙蝠侠:黑暗骑士》在 IMDB 的类型为"动作、犯罪、剧情",Movielens 的类型为"剧情、动作、犯罪、惊悚",在豆瓣电影的类型为"剧情、动作、科幻、惊悚、犯罪"。

第二,在元数据质量较高的前提下,对于不存在分歧的客观性特征,以元数据为信息源进行特征提取常常能收到较好的效果且实现较为简单,如图书的出版社、价格信息，此时可以优先将元数据作为基础数据。

第三，无论是 UGC 数据还是元数据都可能存在覆盖不足的情况，即部分资源缺乏元数据或（足够的）UGC 数据，为提升资源标注的覆盖率，就必须要将资源原文作为基础数据。

第四，对于资源质量、流行度等属性，其常常反映在用户行为之中，如质量与资源的利用行为、评分相关，流行度与资源利用行为相关，因此需要以行为数据为基础提取这些资源特征。

第五，对于连续数值型特征，用户常常从具体取值和背后语义两个方面去认知，如一本 2021 年出版的图书，用户会认知到其出版年份的取值是 2021，同时还会对其语义进行认知（这是本新书），因此，除了提取原始取值外，还需要对其进行离散化处理，以便用户从语义层面进行理解。尽管当 UGC 数据较丰富时，也可以通过 UGC 数据提取到用户对这些连续数值型特征的语义认知，但为保证热门与冷门资源在此类特征离散化上遵循统一标准，需要对其进行统一的离散化处理。

基于上述认识，技术实现上拟采用如下方案进行资源特征的提取：①对于不存在分歧的资源特征，优先采用基于元数据的抽取策略，在利用元数据优势的同时降低技术实现难度；②对于可能存在分歧的文本型资源特征，如果 UGC 数据较为丰富，则采用基于用户认知的文本型资源特征提取策略，从 UGC 数据中提取相关特征；如果可能存在分歧的文本型特征提取中，UGC 数据不足，或者元数据未覆盖、质量不佳，无法保证特征提取的准确率和召回率时，则可以以资源原文、相关描述信息为数据源，综合采用信息抽取、自动分类等技术进行相关特征的提取；③对于数值型资源特征，首先需要通过元数据抽取或基于用户行为的统计分析获得资源特征原始取值，在此基础上还需要视情况对其进行离散化，将原始数值特征转换为便于用户理解语义的离散化特征。此外，无论是元数据抽取，还是根据资源原文或相关信息的特征提取，系统都可能会将用户认知结构之外的概念作为特征词提取出来，为解决这一问题，拟将用户认知结构作为外部输入，指导资源的知识标注，由此就设计了如图 5-2 所示的基于用户认知结构的资源知识标注模型。

（1）基于元数据映射的资源知识标注。该方法既可以应用于文本型特征的提取，也可以应用于连续数值型特征的提取。在映射规则制定中，

```
┌─────────────┐      ┌──────┐  ┌──────────┐  ┌─────────┐
│ 资源标注框架 │─────▶│元数据│─▶│元数据项映射│─▶│不存在分歧│
└─────────────┘      │ 抽取 │  │取值规范化 │  │的客观特征│
                     └──────┘  └──────────┘  └─────────┘
                      基于元数据映射的资源知识标注

┌─评论─┬─标签─┬···┐    ┌──────────┐ ┌────────────┐ ┌────────┐
│ 日志 │ 讨论 │···│   │基于依存句法的│ │考虑概念流行度│ │可能存在│
└──UGC数据──┘ ─┐ │   │单用户认知提取│▶│的多用户认知 │▶│分歧的  │
              │数│   ├──────────┤ │ 结果融合    │ │资源特征│
              │据│──▶│ 社会化标签 │ └────────────┘ └────────┘
              │预│   └──────────┘
              │处│     基于UGC的文本型特征知识标注
┌─摘要─┬─全文─┐│理│   ┌────────┐ ┌──────────┐ ┌──────────────┐
│资源简介 ···││ │   │基于规则的│ │基于改进TextRank│ │基于BiLSTM-Attention│
└─资源原文─┘ ─┘ │   │资源特征提取│ │的资源特征提取  │ │的资源特征提取    │
                    └────────┘ └──────────┘ └──────────────┘
                        基于原文的文本型特征知识标注

┌─────────────┐     ┌──────────────┐ ┌────────────┐ ┌────────┐
│             │     │基于元数据抽取的│ │融合用户认知的│ │离散化  │
│用户认知结构体系│────▶│数值型特征抽取 │▶│连续数值型特征│▶│后的数  │
│             │     ├──────────────┤ │  离散化     │ │值型特征│
└─────────────┘     │基于用户行为的连续│ └────────────┘ └────────┘
                    │数值型资源特征标注│
                    └──────────────┘
                      融合用户认知的连续数值型特征知识标注
                                                        │
                                                        ▼
                                                   资源知识
                                                   标注结果
```

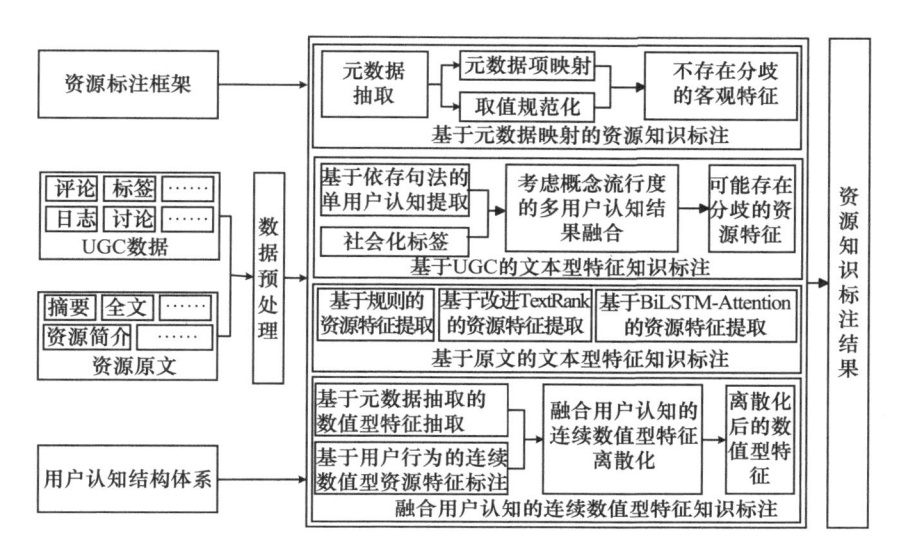

图 5 - 2 基于用户认知结构的资源知识标注模型

一方面需要考虑元数据项之间的映射关系建立，另一方面需要考虑元数据取值的映射规则建立。同时，对于取值范围限制在用户认知结构体系内的，需要基于用户认知结构中的概念集合对映射结果进行过滤；如果不限制具体取值范围的，则可以在满足取值规则要求的前提下，采用元数据的既有结果。鉴于此部分内容较为简单，在下文中并不做细致展开。

（2）基于 UGC 的文本型特征知识标注。鉴于 UGC 数据的非权威性，仅依据单条 UGC 数据的抽取结果就确定资源的特征可能会导致标注的准确率不佳。为解决这一问题，需要在完成单用户 UGC 数据分析结果上，创新多用户 UGC 抽取结果的融合策略，以更好地发挥群体智慧的作用，更全面、准确地实现资源的知识标注。在单条 UGC 数据处理中，既要充分发挥用户认知结构的指导作用，也需要应用自然语言处理技术进行语义分析，从而实现 UGC 数据中的元数据项—取值对的抽取，为多用户 UGC 分析结果融合奠定数据基础。

（3）基于资源原文的文本型特征知识标注。经过多年来的技术发展，从原文或资源描述中提取资源知识特征已经取得了长足发展，也能够实现多类型特征的提取。研究中，拟在用户认知结构体系指导下，综合采用基于规则的特征抽取方法、基于 TextRank 的关键词抽取方法和基于

BiLSTM-Attention 的资源特征提取方法进行多类型资源特征的提取，以提升资源知识标注的全面性和效果。

（4）基于用户行为数据的连续数值型特征提取及离散化。对于资源质量、流行度等方面的特征，常常难以通过前面几种方法进行处理，而这些信息又都体现在用户行为数据中，如评分、评论、资源利用行为等都体现了用户对资源质量的判断，因此可以采用用户行为数据进行部分连续数值型特征的提取。同时，用户为便于理解数值背后的语义，对于连续型数值常常将其进行离散化为少量表示不同程度、状态或水平的概念。尽管部分热门资源可以通过 UGC 数据提取到离散化后的用户特征认知，但为保证热门与冷门资源遵循统一标准，需要进行统一的离散化处理。既有知识标注研究与实践中，对于有离散化需求的连续数值型特征，常常基于经验或数值分布进行，但这种方法可能会导致离散化结果与用户认知不一致。为解决这一问题，需要创新连续数值型特征的离散化方法，将用户认知融入进来，从而实现离散化标准与用户认知的匹配。

需要说明的是，对于上述 4 类方法，需要结合社会网络平台中的待标注资源及 UGC 数据的特点，灵活选用相应的技术手段进行处理。

第二节　基于 UGC 的文本型特征知识标注

用户发布的 UGC 数据中，常常包含了基于其个人认知的资源特征信息，因此，可以将 UGC 数据作为实现资源文本型特征知识标注的一类基础数据。下面将首先构建基于 UGC 的资源知识标注模型，之后对其中的关键技术问题进行研究。

一　基于 UGC 的文本型特征知识标注模型

根据前文对社会网络中 UGC 数据特点的分析，单个用户发布的 UGC 数据尽管常常真实反映了用户的认知，但不具有权威性，因此，不能仅依靠单条 UGC 数据进行资源特征的揭示与标注，而是要从全局视角出发，融合多个用户的认知进行判断。同时，资源知识标注的目标是实现资源特征的语义化揭示，即实现元数据项—取值对的一体化标注；在 UGC 数据中，资源特征（即元数据项的取值）常常是以显性形式呈现的，因此可以采用抽取的方法进行 UGC 数据的处理，并且在抽取中应尽量同时实现元数据项及取值的同步抽取。根据上述认识，构建了如图 5-3 所示的资源知识标注模型。

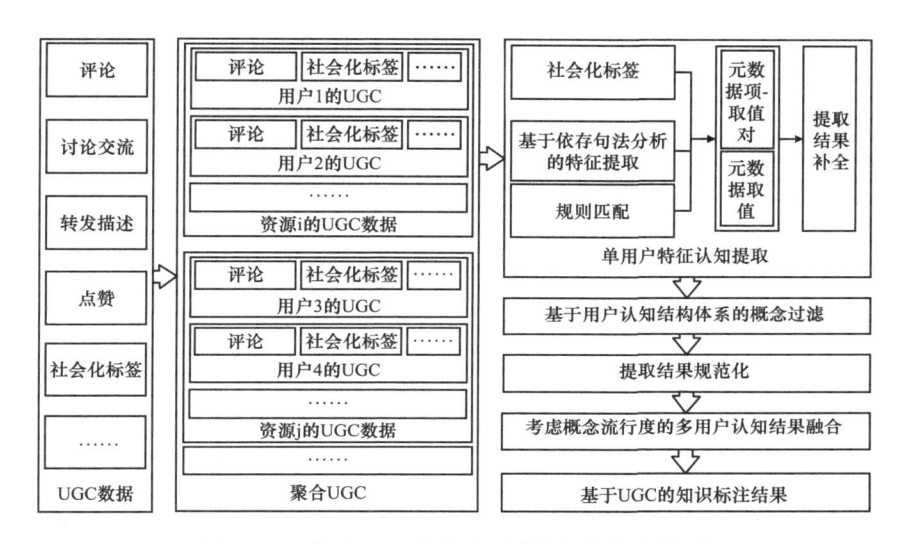

图 5-3　基于 UGC 的文本型特征知识标注模型

（1）数据预处理。对于所获取的海量 UGC 数据，首先按资源实现 UGC 数据的聚合，即将关于同一个待标注资源的 UGC 数据聚合到一起；其次对初步聚合后的 UGC 数据，按用户进行二次聚合，进而将同一个用户发布的所有关于待标注资源的 UGC 文本聚合到一起。在此基础上，利用第 3 章所构建的用户认知结构体系对 UGC 数据进行处理，剔除不含认知结构体系中槽值类概念的 UGC。

（2）基于依存句法分析的单用户特征认知提取。在完成预处理基础上，首先对单个用户的 UGC 数据进行分析，从中提取该用户认知到的资源特征。提取过程中，一方面需要对用户添加的社会化标签进行过滤，保留出现在认知结构体系中的社会化标签；另一方面需要对用户发布的 UGC 文本进行依存句法分析和规则匹配处理，进而结合处理结果实现元数据项与取值对的抽取，同时保留只有特征取值的抽取结果。鉴于分析视角为用户认知，因此对于多次出现的知识概念需要进行去重处理。

（3）基于用户认知结构体系的知识标注结果补全。无论是来自社会化标签的概念，还是通过文本 UGC 抽取的概念，都可能面临着仅提取出了资源特征值，但并未提取出对应元数据项的问题。为解决这一问题，拟采用如下补全策略：如果从其他用户 UGC 数据中提取出了元数据项与取值对，则参考这些提取结果进行元数据项信息的补全；如果所有用户 UGC 数据中均未提取出某知识概念对应的元数据项，则根据用户认知结构体系中该知识概念的默认元数据项进行补全。

（4）考虑概念流行度的多用户认知结果融合。在完成所有用户 UGC 数据逐条分析基础上，需要采用适当的方式对多个用户的认知结果进行融合，最大化地发挥群体智慧效应，实现资源特征揭示的又全又准。然而，受用户认知的影响，资源各个特征受关注程度不同、特征认知难度不同，导致各个知识概念的流行度差异较大，例如电影特征认知中，动作、喜剧等电影类型特征较易受用户关注且认知难度不大，因此其流行度较高；而多线叙事、后现代主义手法等电影拍摄技法类的特征不太受用户关注且认知难度高，导致相关概念的流行度较低。在进行多用户认知结果融合中，如果不加区分地采用同一种融合策略，可能会导致效果无法兼顾热门和冷门概念，为解决这一问题，需要在考虑概念流行度的前提下进行多用户认知结果融合策略设计。

二 基于依存句法分析的单用户特征认知提取

依存句法是一种识别句子中的成分以及成分间的相互依存关系的自然语言处理技术，如果一个词对另一个词进行修饰，两者之间用有向弧连接，由被修饰的词（核心词）指向修饰词（从属词），其间关系称为依存关系。① 参考郭丽娟等人的研究成果② 及国内代表性依存句法分析工具③④的业务实践，可以将依存关系及标识定义为主谓关系（SBV）、动宾

---

① 周知、方正东：《融合依存句法与产品特征库的用户观点识别研究》，《情报理论与实践》2021 年第 7 期。
② 郭丽娟等：《适应多领域多来源文本的汉语依存句法数据标注规范》，《中文信息学报》2018 年第 10 期。
③ 哈工大社会计算与信息检索研究中心：《语言云服务简介》，语言云（语言技术平台云）网，2014 年 11 月 28 日，http://www.ltp-cloud.com/intro#ner_how，2024 年 1 月 15 日。
④ 北京百度网讯科技有限公司：《依存句法分析服务简介》，百度 AI 开放平台网，2024 年 2 月 28 日，https://ai.baidu.com/ai-doc/NLP/nk6z52eu6，2024 年 8 月 15 日。

关系（VOB）、介宾关系（POB）、状中关系（ADV）、动补关系（CMP）、定中关系（ATT）、并列关系（COO）、兼语结构（DBL）、双宾语结构（DOB）、连谓结构（VV）、子句结构（IC）、虚词成分（MT）、核心关系（HED）13 种依存关系。以"非常喜欢这本小说的插图"为例，依存句法分析的示意图如图 5-4 所示：核心词"喜欢"和修饰词"插图"之间存在动宾关系（VOB），依存关系对为：（插图，n，喜欢，v，VOB）；（小说，n，插图，n，ATT）；（非常，d，喜欢，v，ADV）等。

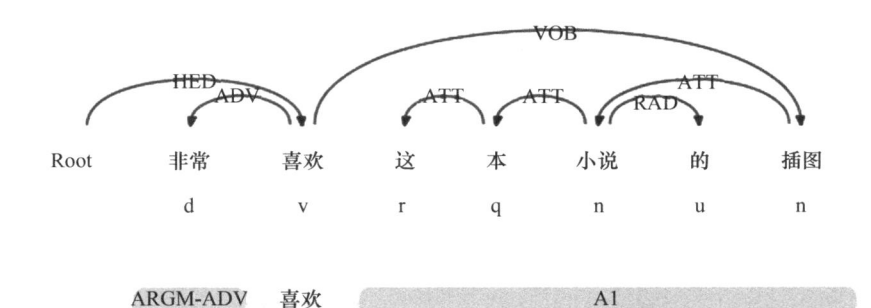

图 5-4 依存句法分析示意图

之前有研究发现，评论中的评论对象（对应于认知结构中的槽、分面或属性值）与情感词之间的依存句法关系存在一定的规律性，并据此设计了评价对象与情感词对抽取算法。① 研究中，通过对 UGC 数据进行抽样分析，发现出现在 UGC 中的槽、属性值、情感词的依存关系也存在一定的规律性。槽及属性值主要是名词性短语、动词性短语、名词性动词短语，主要处在主谓关系的主语位置、动宾关系的宾语位置；情感词可以是名词性短语、形容词性短语、动词性短语，主要处于主谓关系的谓语位置、动宾关系的动词位置。经统计发现，槽、属性值与情感词之间较为常见的依存关系如表 5-1 所示。

---

① 王娟等：《基于短语句法结构和依存句法分析的情感评价单元抽取》，《情报理论与实践》2017 年第 3 期。

表 5-1　　　　　　　　　　相关度较高的主要依存关系

序号	标识	关系类型	关系描述	依存关系对	示例
1	SBV	主谓关系	谓语→主语 精美→装帧	（装帧, n, 精美, a, SBV） <装帧, 精美>	Root 装帧 精美 　　　n　　a
2	VOB	动宾关系	动词→宾语 喜欢→插图	（插图, n, 喜欢, v, VOB） <插图, 喜欢>	Root 喜欢 插图 　　　v　　n
3	COO	并列关系	第一个词→ 第二个词 细腻→情节 细腻→感人	（情节, n, 细腻, a, SBV） （细腻, a, 感人, a, COO） <情节, 细腻感人>	Root 情节 细腻 感人 　　　n　　a　　a
4	COO	并列关系	第一个词→ 第二个词 喜欢→装帧 装帧→插图	（装帧, n, 喜欢, v, VOB） （插图, n, 装帧, n, COO） <装帧插图, 喜欢>	Root 喜欢 装帧 和 插图 　　　v　　n　c　n
5	ATT	定中关系	中心语→ 定语 精美→装帧 装帧→图书	（装帧, n, 精美, a, SBV） （图书, n, 装帧, n, ATT） <图书装帧, 精美>	Root 图书 装帧 精美 　　　n　　n　　a
6	ATT	定中关系	中心语→定语 喜欢→插图 插图→小说	（插图, n, 喜欢, v, VOB） （小说, n, 插图, n, ATT） <小说插图, 喜欢>	Root 喜欢 小说 插图 　　　v　　n　　n
7	ADV	状中关系	中心语→ 状语 精美→装帧 精美→不	（装帧, n, 精美, a, SBV） （不, d, 精美, a, ADV） <装帧, 不精美>	Root 装帧 不 精美 　　　n　d　　a
8	ADV	状中关系	中心语→ 状语 喜欢→插图 喜欢→不	（插图, n, 喜欢, v, VOB） （不, d, 喜欢, v, ADV） <插图, 不喜欢>	Root 不 喜欢 插图 　　　d　v　　n

基于上述分析，设计了如图 5-5 所示的基于依存句法分析的单用户特征认知提取模型。模型以用户 UGC 数据和用户认知结构作为输入，经规则过滤获得初步的特征认知结果，在此基础上进一步通过槽、属性值与情感词间的依存句法分析，获得槽、属性值与情感词的对应关系；进而依据用户认知结构体系对所提取的对应关系进行修正，并对提取结果进一步做规范化处理，从而为多用户认知融合提供支持。

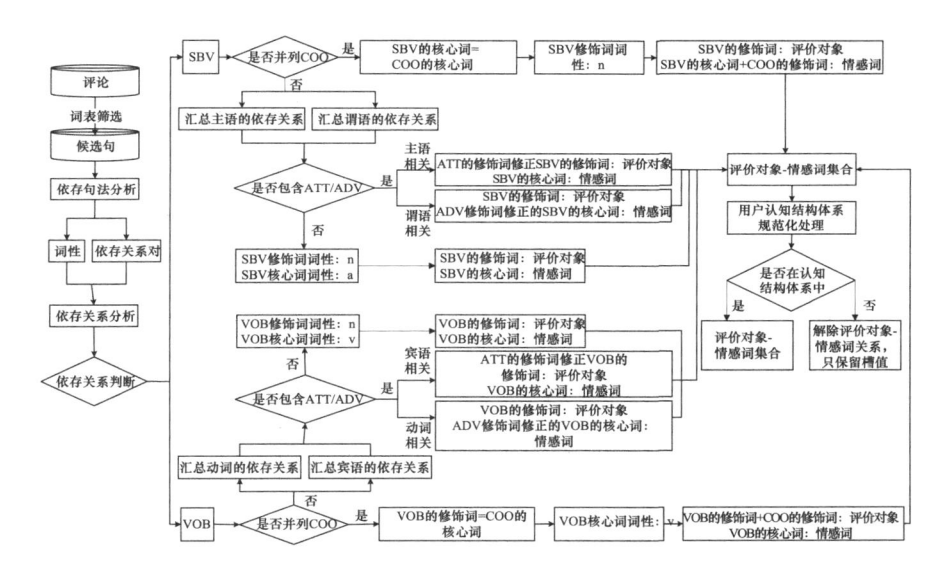

图 5-5 基于依存句法分析的单用户特征认知提取模型

（1）基于用户认知结构的知识概念初步提取

在该环节，以用户认知结构体系中的槽和槽值类概念为指导，通过基于字符串匹配的方式识别 UGC 数据中出现的知识概念。在匹配策略设计中，较为常用的方法包括正向最大匹配法、逆向最大匹配法等。其中，正向最大匹配法是指，假设最长的元数据取值的长度为 n，则按照滑动窗口原则将 UGC 数据从头切成长度为 n 的多个片段，之后取每个片段去元数据取值词表中进行匹配，如果能匹配上，则将其输出，否则去掉最后一个字重新进行匹配，直至匹配成功或者片段长度为 0。逆向最大匹配法与其相似，区别在于从 UGC 结尾开始进行匹配，每次失败时去掉最左侧的字符，直至成功或者片段长度为 0。通常情况下，由于中文的复杂性，逆向最大匹配法的效果更优一些，研究中可以采用此方法进行数据匹配。①

（2）基于依存关系的知识概念间关系发现

在对用户 UGC 数据进行依存句法分析基础上，需要将所抽取概念及其之间的依存关系抽取出来，作为知识概念间关系发现的依据。在关系判断策略上，可以根据如下 5 个规则进行。

规则 1：句中只包含主谓关系（SBV），若修饰词为名词，核心词为动词，则可以抽取元数据项—取值对 <SBV 的修饰词，SBV 的核心词>。

规则 2：句中只包含动宾关系（VOB），若修饰词为名词，核心词为动词，则可以抽取元数据项—取值对 <VOB 的修饰词，VOB 的核心词>。

规则 3：句中包含主谓关系（SBV）和并列关系（COO），若 SBV 与 COO 具有相同的核心词，SBV 关系对中修饰词为名词，则可以抽取元数据项—取值对 <SBV 的修饰词，SBV 的核心词 + COO 的修饰词>。

规则 4：句中包含动宾关系（VOB）和并列关系（COO），且 VOB 与 COO 具有相同的修饰词，VOB 关系对核心词是动词，则可以抽取元数据项—取值对 <VOB 的修饰词 + COO 的修饰词，VOB 的核心词>。

规则 5：在抽取评价对象时，若同时存在主谓关系（SBV）或动宾关系（VOB）和定中关系（ATT）或状中关系（ADV），通过依存关系定中关系（ATT）或状中关系（ADV）对其进行关系修正，抽取的评价对象—情感词对为 <ATT 的修饰词修正 SBV 或 VOB 的修饰词，SBV 的核心词或 VOB 的核心词>；在抽取情感词时，同样通过 ATT 或 ADV 进行关系修正，抽取的评价对象—情感词对为 <SBV 的修饰词或 VOB 的修饰词，ADV 的修饰词修正 SBV 或 VOB 的核心词>。对于评价对象的修正，例如序号 5 中的评价对象—情感词对为 <图书装帧，精美>；序号 6 中的评价对象—情感词对为 <小说插图，喜欢>。对于情感词的修正，例如序号 7 中的评价对象—情感词对为 <装帧，不精美>；序号 8 中的评价对象—情感词对为 <插图，不喜欢>。

（3）知识概念规范化与关系校正

从 UGC 中提取的知识概念可能存在两种不规范的情形：一是概念的

---

① 夏立新等：《信息检索原理与技术》，科学出版社 2009 年版。

语言表达不规范，二是 UGC 中抽取到的是概念取值间的关联，而非槽与情感词间的关联，如"古龙风趣幽默"，句子中的"古龙"是所评论图书的作者，因此实际上应建立的关联是"作者—风趣幽默"。为解决上述问题，需要基于用户认知结构体系对所提取结果进行规范化处理，采用入口词替代 UGC 中提取的不规范表达，通过认知结构体系中槽与槽值的关联关系对知识概念关系进行规范。

此外，由于依存句法分析是按照句法的结构功能为句子构建依存关系，其更加注重非实词如介词、助词等对句法结构划分的作用，并且句法的结构会随字面词语的变化产生差异，缺乏对实词之间语义事实上或逻辑上的关系判断，由此可能导致一些分析结果出现偏差。[①] 例如"作者古龙风趣幽默"，在依存句法分析中，"作者"对"古龙"进行修饰，两者之间是定中关系（ATT），但从语义角度来看，两者之间更合适的关系应该是等价关系，"作者"是"古龙"的角色。因此需要借助第四章获取到的用户认知结构对知识概念间的关系校正：如果所提取的知识概念间的关系，出现在了用户认知结构体系中，则该关系可以保留；如果所提取的知识概念间的关系，在用户认知结构体系中并未出现过，则该关系可能存在问题，此时可以解除知识概念间的关系，并只保留槽值类概念。

三 考虑概念流行度的多用户认知结果融合

在完成单用户 UGC 文本处理基础上，可以获得个体用户对特定信息资源特征的认知结果，但受 UGC 权威性缺乏的影响，据此将其作为该资源的特征进行揭示可能会导致特征标注结果的准确性不足。为解决这一问题，拟利用群体智慧效应，将多个用户围绕某一信息资源的特征认知结果进行融合，综合多个用户的智慧实现资源特征的准确、全面提取。

该环节的输入是关于某一信息资源的、全部经规范化处理与补全的单用户 UGC 抽取结果，即已经实现了单个用户的社会化标签与 UGC 片段提取结果的去重，以及已经通过补全处理，将所提取的每一个资源特征都表示成元数据项—取值对的形式。输出是基于 UGC 数据所得到的该资

---

① 万齐智等：《基于句法语义依存分析的中文金融事件抽取》，《计算机学报》2021 年第 3 期。

源的特征标注结果。在多用户认知结果融合中，一个突出问题是资源流行度、知识概念流行度不同，导致难以采用简单的基于知识概念绝对频次的阈值过滤策略进行处理。这一方面是因为，当用户规模较大时，错误认知结果出现的概率及频次都会变高，如豆瓣社区中，几乎所有的评价人数超过10万的热门电影，"剧情、喜剧、动作、爱情、悬疑、惊悚、犯罪"等表征影片类型的社会化标签的频次均不会低于50，但也有不少社会化标签在所有影片中的频次可能都不超过50。另一方面，不同知识概念的流行度不同，导致与热门资源相关的知识概念频次差异巨大，同样以豆瓣社区为例，与同一部影片相关性均非常高的社会化标签中，频次可能差异巨大，高的可能过万，低的可能只有个位数。为解决这些问题，一方面需要从全局视角出发进行融合策略设计，另一方面也需要在策略设计时，将知识概念的流行度考虑在内，对不同流行度的概念设计差异化的融合思路。

基于以上认识，在获得单个用户特征认知结果的基础上，首先需要对其进行频次统计，包括全局视角下的概念频次统计和当前资源范围内的概念频次统计等，为多用户认知的融合提供基础；在此基础上，结合知识概念流行度特点进行融合权值计算策略的设计；最终根据权值生成资源的特征标注结果，整体流程如图5-6所示。

（1）相关数据统计

相关数据统计模块的作用是将各资源所提取出的结构化信息进行频次统计，从而为后续的融合权值计算提供支持，需要统计的信息包括：①单个资源视角下的数据统计，包括每个知识概念的频次、发布UGC的用户数量；②全局视角下的数据统计，包括每个知识概念在所有资源中被所有用户使用过的频次、关联用户数（被用户使用过至少1次即认为存在关联）；此外还包括每个知识概念的最高相对频次（只考虑标注人数超过一定阈值的资源）。对于全局视角下的数据统计，鉴于积累一定量的UGC数据后，用户认知结构中各个知识概念的频次变化不会过于频繁，因此可以采用离线统计、定期更新的处理模式，从而便于减少数据实时统计带来的计算压力。

（2）考虑知识概念流行度的融合权值计算策略设计

从词频角度出发，可以将其所提取出的知识概念分为热门概念和冷

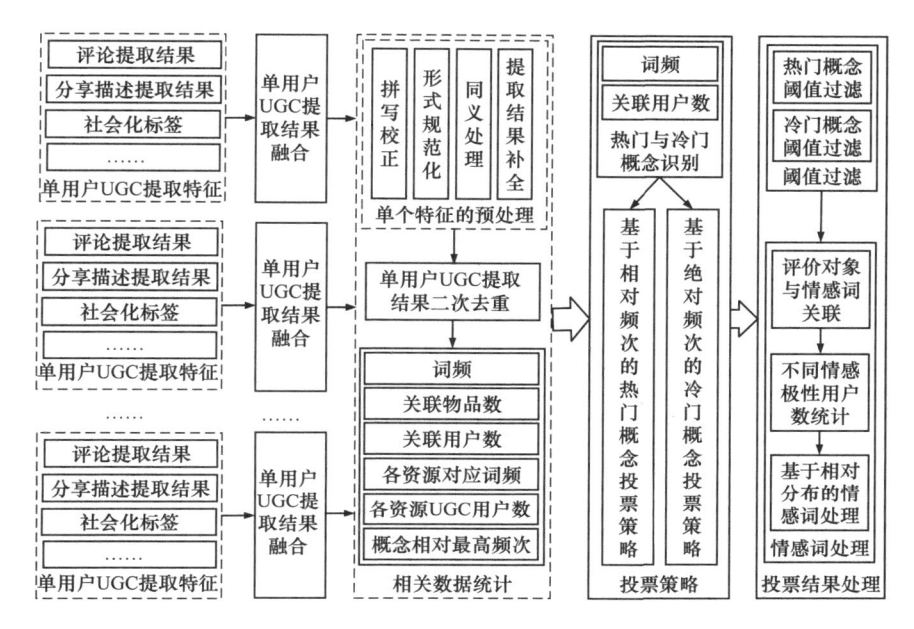

图 5-6 考虑概念流行度的多用户认知结果融合流程

门概念,从数据表现上看,热门概念与冷门概念的差异主要体现在词频上。但从用户心理机制出发,造成这种差异的根本原因在于用户认知的难易程度。对于热门概念,当资源具有此特征时,就会有较高比例的用户认知到并体现在 UGC 数据中,而对于冷门概念,即便当该特征较为突出时,仍然可能只有少量用户会认知到,受 UGC 数据发布随意性的影响,体现在 UGC 数据中的可能会更少。基于此,应分别针对热门概念和冷门概念设计差异化的投票策略。

①热门概念与冷门概念区分方法。鉴于形成热门与冷门概念的根本原因是认知难度差异,因此,热门与冷门概念的差异应表现在两个方面:一是知识在数据集中的绝对频次;二是使用过该概念的用户数量。在两类概念区分时,也可以从这两个方面分别设置阈值,将同时满足阈值的特征视为热门概念,否则视为冷门概念。

②热门概念的投票策略设计。受认知难度的影响,当热门概念与资源相关时,用户比较容易认知到,相应地,UGC 数据中涵盖该特征的比例也应较高;反之,当 UGC 数据中包含热门概念的用户占比较低时,很可能是这些用户的认知出现了偏差。基于此,可以基于相对频次进行热

门概念的投票策略设计：首先，针对样本数据中的每一资源 i，对于其相关的每一个知识概念 j，计算 j 的频次 fre（i，j）占 UGC 发布用户数 U_i 的比例 p（i，j），如公式所示。

$$p(i,j) = \frac{fre(i,j)}{U_i}$$

其次，针对每一个知识概念 j，对于每一个资源 k，将 p（k，j）采用以下公式进行取值的归一化，得到相对频次 nrp（k，j），也即用户投票结果。

$$nrp(k,j) = \frac{p(k,j)}{\max p(i,j)}$$

③冷门概念的投票策略设计。与热门概念不同，对每个资源来说，冷门概念的频次不会太高；而且从全局视野来看，即使冷门概念的相对频次存在一定差异，但由于其绝对频次低，因此差异很可能是受随机波动的影响，而非用户认知状况的客观反映。因此，在投票策略设计时，应该更关注有多少用户的 UGC 数据中涵盖了这一概念。鉴于 UGC 数据的特点之一是，不考虑作弊的情况下，UGC 一般反映的是用户的真实认知；而且，由于冷门，这些概念在其他用户的 UGC 中以及用户的历史 UGC 中都较少出现，用户在发布 UGC 数据时也很难受到其他用户及历史行为的影响。基于此，涵盖此类概念的 UGC 发布行为可以视为独立行为。假设，每个用户认知正确的概率为 p，资源 i 中冷门概念 j 的频次为 fre（i，j），则用户投票结果 p（i，j）可以用 fre（i，j）个用户中至少有一个认知正确的概率来表示，如以下公式所示。

$$p(i,j) = 1 - (1-p)^{fre(i,j)}$$

（3）融合结果处理

通过对训练数据的分析，针对每个知识概念 j，均可以得到其在样本数据中的 max p（i，j），以及相对频次阈值 nrp（i，j）；并通过对样本数据的分析，可以得到用户认知正确的概率 p。在融合权值计算运行环节，则可以依据相关参数对资源特征进行处理，对于热门概念，如果其相对频次高于阈值 nrp（i，j），则予以保留；对于冷门概念，如果其权值高于系统预设的阈值，则予以保留。

如果所处理的知识概念为属性值类概念，则通过阈值判断后，就可以将其识别为资源特征；如果是情感词，则还需要对其进一步分析处理：首先，对于某个评价对象（可以是资源整体、组成部分或一个属性特征），如果与其相关的情感词的情感极性均保持一致，则可以保留全部情感词；否则，分别统计情感极性为正和为负的用户数，如果两者比例悬殊，则仅保留占比较高的一类情感词，反之，删除所有相关的情感词。处理的依据是，情感词反映的是用户主观认知，当认知分歧较小（即情感词极性一致或者悬殊），可以认为是用户的共性认知，将其作为资源特征进行标注相对合理；但用户分歧较大时（即情感词极性不一致且正负向差异不大），将其作为资源特征进行标注则可能会引起较大争议。

第三节 基于资源原文的文本型特征知识标注

以原文（含资源的简介描述、摘要、全文等）作为基础数据的知识标注中，部分任务适合采用抽取的策略，从原文中提取相应的信息作为知识标注的结果（经用户认知结构体系过滤之后），如图书的适用对象信息经常出现在简介中，关键词常常也可以从原文中提取获得，这就需要采用信息抽取相关的技术进行处理，鉴于前文已经对基于序列标注的抽取技术 BiLSTM-CRF 进行了研究，因此此处重点关注基于规则的抽取技术，以及专门针对关键词抽取的 TextRank 方法；部分任务适合采用分类的策略进行处理，如图书的适用对象、期刊论文的学科等，较为简单的任务也可以通过规则映射的方法进行实现，复杂的分类任务则需要借助机器学习技术，研究中借鉴最新的机器学习技术进展，提出了融合 BiLSTM 与 Attention 机制的自动分类方法。

一 基于规则的资源特征提取方法

资源知识标注研究与实践中，基于规则的信息抽取方法一直是较为常用且有效的技术方法，也得到了较为广泛的应用，如科研实体抽取[①]、

[①] 马雨萌等：《基于文献知识抽取的专题知识库构建研究——以中药活血化瘀专题知识库为例》，《情报学报》2019 年第 5 期。

领域术语识别①、方法知识元抽取②等。社会网络中，对于待标注资源常常也会存在一些半结构化的信息、资源描述简介信息、摘要及资源全文（如学术社交网站 research gate 中作者可以上传原文），里面包含了部分可以直接抽取的资源特征；同时，还可以通过资源的部分已有元数据推测其他的属性特征，如通过图书的主题词"高等数学—教材"可以推测其用户群体是大学生。因此，在资源知识标注中，需要结合待标注资源特点采用适当的规则进行资源特征提取。

社会网络中，常见的资源特征提取规则可以分为 3 类：正则表达式类规则，即规则以正则表达式形式呈现，应用时通过对待处理文本与正则表达式的匹配来判断是否存在需要抽取的内容并同步实现信息的抽取；语法类抽取规则，即在对待处理文本进行词法分析基础上，进行相应规则的设计，如基于词汇单元间的依存关系、基于词汇单元的语义角色等；映射类提取规则，即当待分析文本或待分析资源的元数据取值符合一定规则时，则为其相应特征赋予某个取值，此类规则带有明显的预测或推理性质。

用户认知结构体系指导下，基于规则的资源特征提取的实现可以分为三个环节。一是确定待标注特征及基础数据。首先需要结合待标注资源及基础数据的特点，明确哪些特征需要采用基于规则的标注方法，并同步明确基础数据来源。这一环节常常需要通过预调研进行，一方面需要明确哪些特征无法直接通过 UGC 进行抽取或通过元数据获得，另一方面需要结合基础数据的特点，分析哪些特征有可能可以从基础数据中抽取得到。例如，在学术论文资源标注时，作者、作者单位、刊名、发表时间、资助基金类型、研究方法、研究对象等信息都可以通过规则抽取（部分）获得。二是建立规则库。该环节是影响提取效果的关键环节，对于抽取规则，常常采取知识工程的方法由人工进行构建，或者计算机辅助人工进行构建；对于映射规则，则既可以采用人工构建的方法，也可

---

① Amgoud L. and Besnard P., "A Formal Characterization of the Outcomes of Rule-Based Argumentation Systems", *Knowledge and Information Systems*, Vol. 61, No. 1, October 2019.

② 化柏林：《学术论文中方法知识元的类型与描述规则研究》，《中国图书馆学报》2016 年第 1 期。

以采用频繁模式挖掘的相关算法进行自动构建。三是建立规则应用策略。鉴于所建立的规则可能会存在冲突，所以需要确定规则应用策略，也即冲突时各个规则的优先级，代表性方法包括规模序（size ordering）和规则序（rule ordering）两种策略。① 基于用户认知结构的抽取结果过滤。如果待抽取的信息在用户认知结构中具有明确的取值范围，那么依据用户认知结构体系对抽取结果进行过滤，一方面可以提升抽取结果的准确率，避免无关结果的混入，另一方面也可以保障所提取的结果均是能够为用户所认知的。下面分别对抽取规则库和映射规则库的构建流程进行具体说明。

（1）抽取规则库构建流程。采用知识工程方法进行规则库构建时，其基本流程如下：首先对基础数据进行分析，将包含待抽取对象的文本片段筛选出来；其次，对文本片段进行分析，判断其适合采用正则表达式规则还是语法规则，若适合前者，则将待抽取对象前文的文本片段提取出来，否则，对进行词法分析后的文本片段进行分析，提取出待抽取对象与其前后相关对象间的依存关系或语义角色；再次，将逐个片段的分析结果进行统计，确定出现频次较高的共性形式，生成初步的候选规则；最后，根据基础数据对候选规则进行优化，剔除效果不佳的规则，形成最终的规则集合。

为减少规则库构建中的人工工作量，可以采用计算机辅助的方式进行构建。计算机的辅助作用可以通过两个方面去体现：数据分析环节，可以借鉴主动学习的思想，计算机可以根据人工已完成的分析数据，自动对样本数据进行处理，从中选出需要标注的数据反馈给人工处理，从而减少样本标注环节的工作量；在候选规则生成阶段，计算机可以自动进行数据的统计分析，生成候选正则表达式规则，经人工确认后作为候选规则。

（2）映射规则库构建流程。从本质上来说，映射规则库的构建可以视为频繁模式挖掘问题，即根据样本数据中的对应关系，建立起基础数据与标注结果间的映射关系。基于此，在实现方法上，既可以采用知识工程的方法，人工进行映射规则库的构建，也可以首先获取一批标注好

---

① ［美］韩家炜、［美］米谢琳·坎伯：《数据挖掘：概念与技术》（第二版），范明、孟小峰译，机械工业出版社2006年版，第230—231页。

的样本数据，之后采用频繁模式挖掘技术进行处理，生成映射规则。在频繁模式挖掘算法上，可采用 Apriori 算法或其改进算法。

二 基于改进 TextRank 的关键词抽取

关键词通常是一个或多个对资源主题进行描述的词语或词组[1]，体现了一篇文献资源的主旨，是知识标注中的重要方面。基于文献原文进行关键词标引，通过无监督的关键词提取方法和有监督的关键词提取方法都可以实现。有监督的关键词提取方法一般将其转化为分类任务或序列标注任务[2][3]，无监督的关键词抽取策略多直接从原文中抽取合适的词作为关键词，实现过程也不需要过多的人工参与。

当待标注资源结合的关键词数量较少时，人工进行语料标注的成本尚可接受，可以采用有监督机器学习方法进行实现，后文将要阐述的融合 BiLSTM 与 Attention 机制的方法就是一种较为有效的方法；但当资源的关键词较多时，如学术论文的关键词可能会有几万甚至几十万个，此时若再采用有监督学习的方法，则会带来巨大的语料标注成本，有监督标注方法就难以满足实际要求。因此，除了在适当条件下运用有监督方法提取关键词外，还需要研究基于无监督的关键词抽取策略。从已有研究与实践看，无监督策略主要包括基于简单统计、基于图结构和基于语言模型的关键词提取策略等[4]，其中，基于简单统计的关键词提取策略虽操作简单易行但准确率不高且没有考虑语义问题；基于图结构的关键词提取策略具有较强的普适性，但忽略了语义问题；基于语言模型的关键词提取策略虽然能够解决部分语义问题，但对其他原文的主题分布依赖性较重，且主题分布计算成本大。因此，单独使用其中的任意一种关键词提取方法都有其自身的局限性，本研究中拟以 TextRank 这一基于图结构的抽取算法为基础，将候选关键词的多方面特征融合到模型中，从而改进关键词抽取的效果。

---

① Turney P. D., "Learning Algorithms for Keyphrase Extraction", *Information Retrieval*, Vol. 2, No. 4, October 2000.
② 常耀成等：《特征驱动的关键词提取算法综述》，《软件学报》2018 年第 7 期。
③ 胡少虎等：《关键词提取研究综述》，《数据分析与知识发现》2021 年第 3 期。
④ 赵京胜等：《自动关键词抽取研究综述》，《软件学报》2017 年第 9 期。

TextRank 算法的基本思想是将文本转化为图模型,将候选关键词视为节点,词与词之间的共现关系视为网络,然后迭代计算每个节点的得分,对其进行排序,选出前 N 项作为关键词。但该方法的缺点在于只要两个词语在同一个文本中出现,就认为其间存在关联,却忽略了彼此间的关联强度,导致所抽取的关键词不够准确;同时,不但是 TextRank 算法,对于所有的无监督方法来说,分词效果都会对关键词抽取效果产生重要影响。[①] 为解决上述问题,一方面拟将用户认知结构体系作为基础词表,用于指导文本分词;另一方面拟利用词频、词长、词性、词语位置等多个特征对词间关系进行强度量化优化,得到候选关键词的综合权值,优化关键词抽取效果。在实现流程上,在获得原文(含简介描述、摘要、全文等)的基础上,首先需要基于用户认知结构体系进行分词等预处理,得到候选关键词集合,在此基础上基于 TextRank 构建候选关键词图并得到候选关键词的初步权值,根据候选关键词的多元特征对权值进行调整,并取 Top N 作为该资源的关键词,如图 5-7 所示。

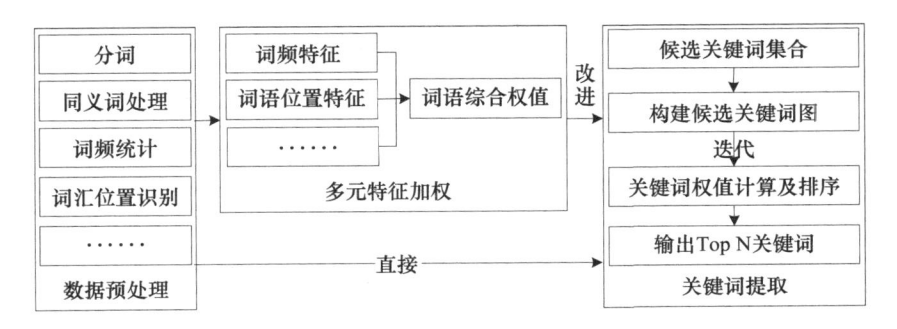

图 5-7　基于改进 TextRank 的关键词提取模型

(1) 数据预处理

TextRank 是以词为处理对象的,同时在关键词抽取中,同义词的存在可能会对结果产生影响,词的位置、频次都是可以利用的有价值信息[②],因此,预处理环节的主要任务包括分词、同义词处理、词频频次统

[①] 唐琳等:《中文分词技术研究综述》,《数据分析与知识发现》2020 年第 Z1 期。
[②] 徐立:《基于加权 TextRank 的文本关键词提取方法》,《计算机科学》2019 年第 6A 期。

计、词汇位置识别,从而为后面的处理分析提供支持。

①词表指导下的分词。关键词抽取的分词环节,对抽取效果影响最大的问题是适合作为关键词的领域术语被切分成多个片段,使得应抽取的关键词无法出现在候选列表中。为解决这一问题,既可以将前文构建的用户认知结构体系词表作为外部知识库,指导分词算法的训练;也可以先利用分词工具得到最细粒度的分词结果,之后再以用户认知结构体系词表为指导对分词结果进行拼接,即如果多个连续的分词片段拼接后,出现在了词表中,则将其拼接到一起作为新的分词结果。

②同义词处理。完成分词基础上,需要结合前文所构建的同义词表对其进行处理,将以同义形式出现的词汇替换为标准形式。

③频次统计与词汇出现位置识别。频次统计的工作较为简单,只需要对每一个关键词进行计数即可。词汇出现位置识别中,将位置分为标题、摘要&首段、非首段段落首句和其他位置4类[1],若一个词汇至少在标题中出现过1次,则将其位置识别为"标题";否则,如果其在摘要或首段中至少出现过1次,则将其位置识别为"摘要&首段";否则,如果其在其他段落的首句中至少出现过1次,则将其位置识别为"非首段段落首句";否则,将其位置识别为"其他位置"。

(2)基于 TextRank 的候选关键词图构建

将候选关键词集合表示为 $S = [v_1, v_2, v_3, \cdots, v_n]$,每个词作为一个节点,根据某一长度 C 的窗口(C 为窗口大小,即最多共现 C 个词,一般 C 取值为2)中词语间的共现关系构建候选关键词图 $G = (V, E)$,V 是图中的节点集合,E 是候选关键词之间的共现关系集合,即边的集合。[2] 若在窗口内两个候选关键词之间存在共现关系,则对其建立边的联系且赋值为1,若再次出现则权值加1,最后构造出候选关键词图。节点 v_i 的 TextRank 权值 $WS(v_i)$ 计算如公式所示。[3]

---

[1] 汪旭祥等:《基于改进 TextRank 的文本摘要自动提取》,《计算机应用与软件》2021年第6期。

[2] 余本功等:《基于多元特征加权改进的 TextRank 关键词提取方法》,《数字图书馆论坛》2020年第3期。

[3] 牛永洁、姜宁:《关键词提取算法 TextRank 影响因素的研究》,《电子设计工程》2020年第12期。

$$WS(v_i) = (1-d) + d * \sum_{v_j \in \text{In}(v_i)} \frac{w_{ji}}{\sum_{v_k \in Out(v_j)} w_{jk}} * WS(v_j)$$

公式中，d 是取值范围在 0~1 之间的阻尼系数，通常设置为 0.85，其作用是为了确保每一个节点都有一个大于 0 的得分；In（v_i）是指向节点 v_i 的节点集合，Out（v_j）是节点 v_j 指向的节点集合[①]；w_{ji} 表示节点 v_j 指向 v_i 的权值，每个节点的初始权值均取 1。计算过程中，通过上述公式进行迭代，当两次迭代误差不超过 0.0001 时表明结果收敛，即可获得每个候选关键词的初步权值。

基于用户认知结构的知识标注中，为保证所标注的关键词能够为用户所认知，就不应采用从原文中抽词的标注方式，而应采用受控标引的方式，仅将出现在用户认知结构体系中的词汇作为候选关键词。因此，可以以用户认知结构体系词表为指导，对处理后的数据进行过滤，剔除部分不应作为关键词的候选。

（3）多元特征加权

为更好地利用候选关键词的频次和出现位置信息，需要在获得 TextRank 初始权值基础上，对其进行加权处理，计算方法如公式所示。

$$WS(v_i)' = [\alpha * Fre(v_i) + \beta * Loc(v_i)] * WS(v_i)$$

其中，$WS(v_i)'$ 为多元特征加权后节点 v_i 的得分，Fre（v_i）、Loc（v_i）、α、β 分别为节点 v_i 的词频、词语位置的权重及权重系数。

①Fre（v_i）的计算方法。关键词抽取中，一个候选关键词在原文中的频次越高，越有可能成为关键词。为便于比较，可以对其作归一化处理后再进行加权 TextRank 权值的计算。假设 C_{vi} 是候选关键词 v_i 在原文中出现的次数，$\max C_v$ 是该文中候选关键词的最高频次，则 Fre（v_i）可以通过如下公式计算得到。

$$Fre(v_i) = \frac{C_{v_i}}{\max C_v}$$

②Loc（v_i）的计算方法。总体来说，候选关键词出现在标题中成为关键词的概率最高，其次是摘要、首段中，再次是其他段落的首句，最

[①] 孟彩霞等：《基于 TextRank 的关键词提取改进方法研究》，《计算机与数字工程》2020 年第 12 期。

后是其他位置。① 而且，当候选关键词在多个位置出现过时，其权值应遵循就高原则，即只考虑其所出现的最重要的位置。据此，Loc（v_i）的取值可以分成 4 档，如以下公式所示。

$$Loc(v_i) = \begin{cases} \lambda_1, & v_i \text{ 在标题中出现} \\ \lambda_2, & v_i \text{ 未在标题中出现，但出现在摘要和首段中} \\ \lambda_3, & v_i \text{ 未在标题、摘要和首段中出现，但出现在其他段落的首句} \\ \lambda_4, & v_i \text{ 仅出现在其他位置} \end{cases}$$

其中，$0 \leq \lambda_4 < \lambda_3 < \lambda_2 < \lambda_1$。

α、β 的赋值方法。在满足 $\alpha + \beta = 1$ 的前提下，可以根据数据的实际表现对其进行赋值。

（4）Top N 输出

通过前述步骤得到的仅是各个候选关键词的权值，总体来说，权值越高作为关键词越合适，因此，拟按权值大小进行排序，将 Top N 候选关键词作为抽取结果进行输出。

三 基于 BiLSTM-Attention 的资源特征提取

当资源待标注的特征取值范围较为明确且数量不多时，可以将其转换成分类任务进行处理。在方法选用上，可以采用的技术手段包括传统的机器学习算法，包括支持向量机（SVM）、随机森林、朴素贝叶斯等，以及近年来流行的深度学习方法。总体来说，传统的文本分类方法大多存在高维、数据稀疏性等问题，效果普遍不太理想；相比之下，基于深度学习的分类方法以其强大的数据拟合能力，能够在训练数据较为充足的前提下取得更好的分类效果，因此，越来越多的研究与实践采用基于深度学习的模型解决文本分类问题。

BiLSTM 以序列数据为输入，而文本的词汇序列对其语义具有重要影响，因此该模型非常适合对文本进行建模，在文本分类任务中也得到了广泛应用。然而，尽管其可以较好地捕获文本的全局结构信息，但对关

---

① 徐立：《基于加权 TextRank 的文本关键词提取方法》，《计算机科学》2019 年第 6A 期。

键模式信息不敏感，进而影响分类效果。而 Attention（注意力）机制能够捕获到文本中的重要词汇，并赋予较高的权重，帮助机器学习算法抓住文本中的重点，但这一技术本身忽略了词汇的序列信息，导致文本的全文结构信息无法得到较充分的利用。因此，拟将 BiLSTM 与 Attention 机制融合到一起，发挥两种技术方法各自的所长，既充分利用文本的全局结构信息，又能够对体现文本所属分类的词汇予以重点关注，从而改进自动分类的效果。

（1）文本材料预处理

此节点需要对用于分类的文本进行预处理，包括用于分类的文本信息选择、实验样本数据的抽取及所属类别标注、文本分词及词向量训练。资源的原文包含资源的标题、简介描述、摘要、全文等，选取哪一种或几种的原文信息进行分类会对实验最终效果产生显著影响，因此，在实验预处理阶段，需要根据资源原文的特点，对实验数据进行选取。为了进行模型的训练，需要首先进行样本数据的抽取和标注，以此为依据训练分类模型。需要注意的是，在进行样本数据抽取时，如果存在样本数据各类别数量存在明显差异的情况，需要对样本数量明显较少的类目采用上采样方法进行处理，使得各类目下样本数量相对平衡。最后，在对所有样本进行分词并通过 Word2Vec 方法训练词向量模型。

（2）BiLSTM-Attention 模型

BiLSTM-Attention 从结构上可以分为输入层、BiLSTM 特征提取层、Attention 计算层、分类结果输出层，如图 5-8 所示。

①输入层。这是 BiLSTM-Attention 分类模型结构的起始层，其作用是将已经预处理好的文本序列通过词向量形式表示输入到模型之中。

②BiLSTM 特征提取层。BiLSTM 模型是在 LSTM 模型的基础上进行改良形成的，其输出由前向 LSTM 和后向 LSTM 共同决定。对于资源原文特征提取而言，除了正向序列会影响文本的语义分析过程，进而影响分类结果，文本的后向序列也可能会对文本分类产生影响。因此在对原文语义信息进行特征提取时，采用 BiLSTM 模型同时捕获上下文的语义特征，以此为依据进行文本分类。

③Attention 层。Attention 可以模拟人们注意力的特点，资源原文中不同词汇在分类中的重要性存在明显不同，需要对在分类中起到重要作用

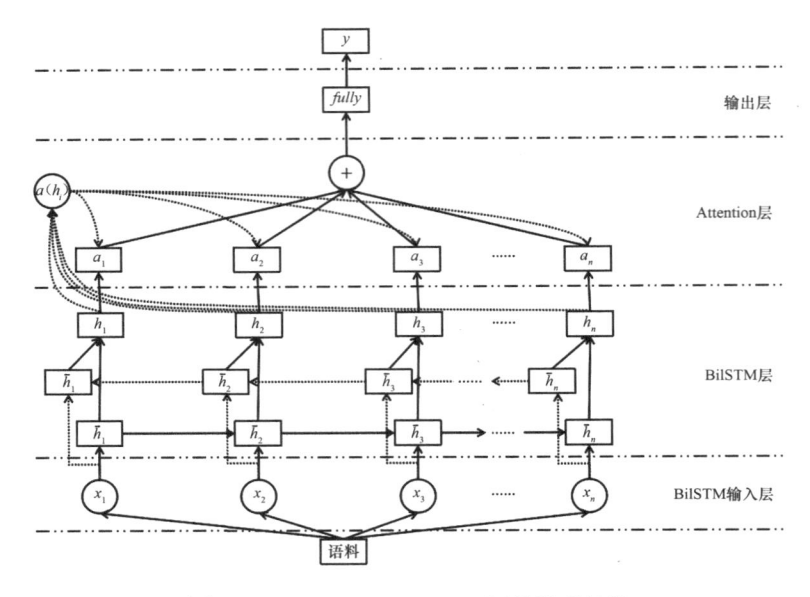

图 5-8 BiLSTM-Attention 网络模型结构

的词赋予更高的权重,由此引入词级的注意力机制,对不同词分配不同的权重,以提高分类结果的准确性。该过程的实现方式是:通过保留 BiLSTM 层对输入文本序列处理后的中间结果输出,训练 Attention 层对来自 BiLSTM 层的输出结果进行选择性学习,并在 Attention 层输出时,将输出序列与 BiLSTM 层的中间输出结果进行关联,以突出具有重要作用的信息。计算过程如以下公式。

$$e_t = a(h_t)$$

$$a_t = \frac{\exp(e_t)}{\sum_{i=1}^{T} \exp(e_i)}$$

$$c_t = \sum_{t=1}^{T} a_t h_t$$

其中 h_t 为 BiLSTM 层的输出,a 为计算 h_t 梯度重要性的函数,a_t 为 h_t 的注意力权重分布,c_t 为经过 Attention 层处理后的文本序列向量。

④分类结果输出层。其任务是将经过 Attention 层处理后的文本序列向量映射到样本标注空间。由于根据资源原文进行分类的任务一般为多分类任务,一般采用 softmax 函数对文本序列在各个分类上的概率进行预

测,同时使用交叉熵作为损失函数,反向传播机制对模型中的参数进行更新,最后输出预测分类结果。

第四节　融合用户认知的连续数值型特征知识标注

连续数值型资源特征与文本型特征具有明显区别,其取值常常较多,用户虽然可以感知到其原始取值,但为理解其语义,实现感知到认知的飞跃,常常需要将其离散化成具有语义信息的文本特征,如质量较高、质量中等、质量较差等。一般来说,连续数值型特征的原始特征值(即评分到底为多少分、论文出版时间是哪天等)可以通过抽取方式或者通过用户行为数据的分析获得;而对于离散化后的语义概念,当 UGC 数据较为丰富时,可能通过对 UGC 数据的抽取获得,但更多的情况可能是 UGC 数据不够丰富,为实现热门与冷门资源的离散化标准相统一,就需要通过对数据自身的分析实现离散化。鉴于基于元数据的知识标注与基于 UGC 的知识标注前文已经进行了阐述,下面将围绕基于用户行为的原始特征值提取方法和融合用户认知的连续数值型特征离散化进行研究。

一　基于用户行为的连续数值型资源特征提取

概括来讲,连续数值型特征的类型可以分为资源固有属性和用户相关属性,前者是指该连续数值型特征是资源自产生之初就拥有的客观属性,取值唯一且相对固定,例如图书的篇幅、论文发表时间等;后者是指该连续数值型特征会受用户认知、行为的影响,为非客观的或者并非完全客观的特征,例如电影的评分(同一部电影,不同用户群体的评分可能差异很大,如根据 2021 年 4 月 25 日的数据,《怦然心动》在 IMDB 的评分是 7.7 分,而豆瓣评分则高达 9.1 分)、图书的流行度(同一本图书在不同国家地区的流行度差异很大)。受连续数值型资源特征特点的影响,其提取方法也有所区别,资源固有属性类连续数值型特征适合采用基于元数据抽取的提取策略,而用户相关属性类连续数值型特征适合采用基于用户行为的提取方法。鉴于基于元数据抽取的连续数值型资源提取方法较为简单通用,不再进行赘述,下面着重对基于用户行为的连续数值型资源特征提取流程的各个环节进行论述。

基于用户行为的连续数值型资源特征提取方法，在实现流程上包括行为数据采集、行为数据预处理和特征值抽取三个环节。为便于阐述，下面结合资源流行度和资源质量两个适用该方法的典型特征进行实现流程说明，如图 5-9 所示。

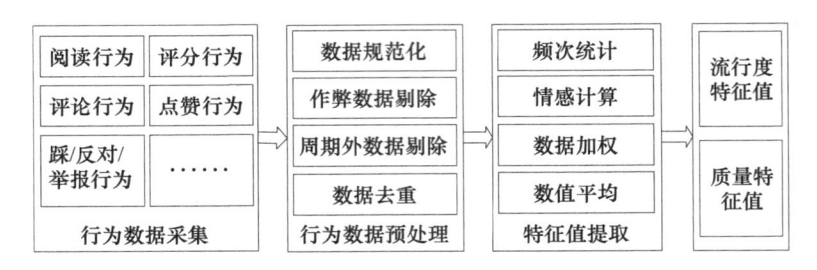

行为数据采集	行为数据预处理	特征值提取	
阅读行为　评分行为 评论行为　点赞行为 踩/反对/ 举报行为　……	数据规范化 作弊数据剔除 周期外数据剔除 数据去重	频次统计 情感计算 数据加权 数值平均	流行度 特征值 质量特 征值

图 5-9　基于用户行为的连续数值型资源特征提取流程

（1）行为数据采集。对于资源流行度特征提取来说，需要采集的数据主要是反映资源被用户使用的相关行为数据。具体的行为类型需要结合推荐系统和资源的特点来确定，如豆瓣图书中可以采用读过、在读、想读、评分、评论等行为来表示。对于资源质量特征提取来说，需要采集的数据包括评分、点赞、踩/反对/举报等行为。

（2）行为数据预处理。在进行分析处理之前，除了需要对采集的数据进行规范化处理之外，还需要剔除作弊数据、分析周期外数据、重复数据等不可用数据。其中，数据规范化既包括用户行为数据的格式化，即将其规范化为（用户 ID，行为时间，行为对象，行为内容）的形式，以便于后续加工处理。作弊数据识别方面，可以借鉴相关研究成果加以解决，如结合评论文本和评论者特征进行虚假评论的识别[1][2]，利用深度学习技术进行虚假评分的识别[3]，利用深度学习技术进行虚假观看等资源

---

[1] 李璐旸：《虚假评论检测研究综述》，《计算机学报》2018 年第 4 期。
[2] He D., et al., "Fake Review Detection Based on PU Learning and Behavior Density", *IEEE Network*, Vol. 34, No. 4, August 2020.
[3] 王鑫：《电子商务中虚假评分检测与信誉评估方法研究》，博士学位论文，山东科技大学，2020 年。

消费作弊行为的识别。① 对流行度行为来说，单纯以历史累计值进行流行度的统计分析，可能无法准确反映资源当前的流行度状况；对资源质量来说，部分资源的质量是稳定不变的，比如图书、电影，但部分资源的质量可能是不稳定的，比如随着时间的推移，期刊、学术会议的质量都可能出现明显波动，因此需要确定统计分析的周期，以此为依据剔除周期之外的数据，同时对同一统计周期内的用户行为进行去重处理。

（3）特征值提取。在该环节中，需要对流行度数据、评分数据、评论数据和评分与评论混合数据进行分别处理。

①流行度数据处理。流行度特征值的提取方法相对简单，即对表示用户（可能）使用或消费资源的行为频次进行统计，将统计结果作为特征取值即可。需要说明的是，社会网络系统可以采集的行为中，部分表征用户确实使用或消费过资源，部分则只能表征用户可能使用或消费过资源，比如对网页的收藏行为，在进行统计分析时，最好只选用同一性质的行为（确实使用或消费过、可能使用或消费过），如果选用不同性质行为时，需要进行加权处理。

②基于评分数据的质量特征提取。如果获得的是用户对资源的综合评分，则可以直接采用评分的均值作为资源的质量取值；如果获得的是用户对资源各个方面的评分，如用户对餐馆的口味、服务、环境分别进行了评分，但并未提供综合评分，则首先需要对各方面评分进行加权处理得到单个用户的综合评分，进而通过均值法获得资源的质量特征取值。

③基于点赞与踩/反对/举报行为的质量特征提取。当缺乏评分数据，但有点赞、踩/反对/举报等反映用户对资源喜好信息的行为数据时，也可以依托此类数据进行质量特征的提取。实现过程中，一方面需要关注点赞、踩/反对/举报等正负向情感信息的行为数量，另一方面还需要关注仅使用或消费过资源的行为数量，并分析有多少用户几乎从不发生此类行为，进而得到用户对资源的整体质量评价。

需要说明的是，为保证质量特征能够反映群体的认知，需要综合考虑参与评价的人数、已评价用户对质量感知的方差等多方面信息判断所

---

① 万子云等：《基于深度学习的 MOOC 作弊行为检测研究》，《信息安全学报》2021 年第 1 期。

获得的质量特征是否能够反映用户群体共识（即随着评分，点赞、踩/反对/举报人数的增加，用户对质量特征的评价基本稳定）。

二 融合用户认知的连续数值型特征离散化

尽管需要离散化处理的连续数值型资源特征类型不多，考虑到资源类型的差异，其处理却非常复杂，既无法通过人工处理来解决，也难以设定统一的处理标准。以反映时效性特征的文献发表时间为例，每个细分类在离散化方式上都可能有所区别，如教材和学术论文的离散化显然不能遵循同样的标准，而学术论文中的不同学科的论文也无法采用同样的离散化标准；同时，随着时间的推移，划分标准可能还需要不断进行调整，如30年前的文献新颖性离散化标准，可能不适合当前的情况。为解决这一问题，一种可行的思路是从数据自身的状况出发，通过聚类分析自动将其分成若干区间，实现连续数值型特征的离散化。

在基于聚类的连续数值型特征离散化方法中，较为常用的是基于数据分布的聚类，即根据资源特征的取值分布将数据自动分成多个团，达到类团内部差异较小、类团之间差异较大的目的，从而实现连续数值型特征的离散化。一般来说，这种思路可以取得不错的效果，但因其没有充分反映用户认知特征，可能会导致聚类结果与用户认知间存在较大差异。以电影新颖性特征为例，如果仅按照电影上映时间分布将其聚成5类的话，新颖性最强的电影至少也是最近数年的电影，显然与用户认知不符。

针对这一问题，拟结合用户在社会网络中的行为数据，实现用户认知视角下的连续值资源特征离散化。用户在进行判断与决策时，首先会根据自身的感受形成对连续值特征的离散化认知（如1年内发表的计算机科学与技术学科的文献都是时效性很强，3年内发表的中国历史领域的文献被认为是时效性很强等）；其次，用户会根据自身偏好选择资源，如偏好强时效性论文的用户可能会去选择最近3个月内、半年内、1年内的论文，而非5年前的论文；最后，众多用户的行为数据积累下来后，被用户认为处于同一个离散区间的多个特征值就会呈现被选择概率相似的特点，例如对论文而言，可能强时效性的论文更受欢迎，则在数据表现上就会呈现用户认为属于强时效性的论文上数据密度较大的现象。

基于上述认识，设计了如图5-10的连续数值型资源特征离散化模型。模型分为离散化标准生成与更新、资源特征离散化处理两个阶段。在前一个阶段，模型针对样本数据经过预处理之后，进行数据聚类分析，生成离散化标准，并且该标准随着时间的推移需要定期进行更新。后一阶段中，对于待离散化的资源特征，也需要对其进行预处理，转换成可以进行离散化的数据形态（类似前一阶段的预处理操作），进而依据标准进行处理，当资源特征取值更新后或者离散化标准更新后，都需要对数据的离散化结果进行更新。鉴于资源特征离散化处理环节的工作较为简单，下面着重对离散化标准生成与更新的各个环节进行具体阐述。

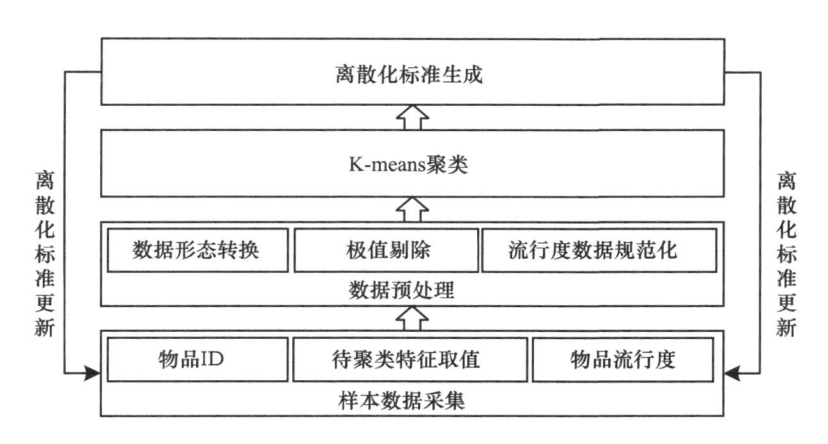

图 5-10　融合用户认知的连续数值型资源特征离散化

（1）样本数据采集

用户认知中的资源特征离散化标准会融合在用户的资源使用行为中，对于特征取值连续的两个资源，在其他特征相近的前提下，如果用户选择的概率相近，则用户认为其在该资源特征上较为相近。根据这一认识，在进行样本数据采集时，除了应采集需要资源 ID、需要离散化的特征取值之外，还应将资源的流行度信息纳入进来。

（2）样本数据预处理

部分连续型特征的数据需要转变形态后才便于分析，例如对新颖性数据进行聚类时，需要结合资源首次出现在推荐系统中的时间和样本采集的时间计算其时间跨度；形态转变过程中，还需要注意采用合理的度量标准，仍以新颖性为例，对于电影数据，以天甚至周为单位都是合适的,但对于新闻数据可能需要以分钟或者小时为单位才合理;对于原始取值差异较大的特征,可以采用对数处理的方式加以平滑。

在此基础上,需要进行特征取值对应的流行度数据的标准化:剔除流行度频次取极端值的资源;针对每个连续数值型特征值,统计其对应的资源数量和流行度频次;统计样本数据中所有资源的总流行度频次;结合流行度总频次、特征值对应的资源数量和流行度频次,进行流行度频次的标准化,为避免标准化后频次为 0 的情况,采用拉普拉斯平滑策略进行处理。计算方法如下述公式所示。

$$f_{i-nor} = round(\frac{\sum_{j=1}^{f_{i-item}} f_{j-popularity}}{f_{i-item}} \times 100) + 1$$

其中,f_{i-nor} 为标准化后的特征值 i 对应的流行度频次,f_{i-item} 为特征值 i 对应的资源数量,$f_{j-popularity}$ 为特征值为 i 的资源 j 的流行度频次,round 函数为四舍五入函数。

(3) K-means 聚类

经过多年来的研究探索,目前已经形成了划分方法、层次方法、基于密度的方法、模糊聚类方法、基于网格的方法以及基于模型的方法等多种类型的聚类方法。K-means 聚类方法属于划分方法的范畴,是一种非常经典、常用的聚类算法,由 MacQueen 于 1967 年提出。其采用启发式思路,首先随机抽取 k 个对象作为聚类中心点,之后通过迭代不断优化直至聚类结果稳定为止。算法优势在于复杂度较低;能够完成大规模数据的聚类处理;聚类结果容易理解,且效果较好。鉴于基于聚类分析的连续型特征值离散化中,样本数据的规模可能较大,因此选取了 K-means 作为聚类实施方法。

对于 k 值的确定,可以采用经验与聚类质量分析相结合的方法。首先由领域专家或者通过用户调研得到相对合理的离散化区间数量,并以此作为 k 值的下限;其次利用聚类质量分析自动确定数据视角下较为合理的 k 值;最后取二者中较大的作为最终的 k 值。其中,聚类质量可以通过类的平均直径来衡量。①

---

① 李航:《统计学习方法》(第二版),清华大学出版社 2019 年版,第 263—267 页。

（4）离散化标准生成

在完成聚类分析基础上，可以结合每个类簇中特征值的最大值和最小值确定初步的离散化标准，以时效性为例，以月为单位，假设聚类分析后三个类簇的上下限分别为（3，11），（18，30），（40，60），则可以得到初步的划分依据 $x \leqslant 11$，$18 \leqslant x \leqslant 30$ 和 $x \geqslant 40$。受抽样的影响，或者当前数据特征值取值不连续的影响，所得到的划分标准也可能存在覆盖率不足的情况，如上例中特征值取值为（11，18）和（30，40）之前的数据无法覆盖。为解决这一问题，可根据未覆盖取值距离聚类中心点的距离，对划分依据进行调整，形成覆盖全面的离散化标准。

（5）离散化标准更新

基于聚类分析的连续型特征离散化标准也不是一成不变的，需要随着时间的推移进行标准的适当调整，例如以图书的价格为例，20世纪六七十年代，几分几毛的图书比比皆是，到了90年代，几元的图书成为主流，而如今图书的主流价格是几十上百元，几分几毛的图书基本绝迹，几元的图书都已经算非常便宜的了。为解决这一问题，对于用户认知会发生变更的离散型特征，需要定期进行数据的重新聚类分析，以便于保持离散化标准的与时俱进。

第 六 章

基于知识标注的资源知识图谱构建

  社会网络中通过基于用户认知结构的知识标注，已经能够较为全面、系统地揭示资源各方面的属性特征，然而为更好地支撑基于语义的资源服务功能组织，还需要建立资源之间的关联关系，形成资源关系网络；同时，为更好地满足用户需求，不能仅停留在资源特征揭示与关联上，还必须系统实现与资源相关的各类实体、要素的语义组织，如期刊论文资源组织中，除了论文本身外，还需要关注期刊、作者、机构、基金项目、主题等相关实体的组织，方可更好地实现专家专长发现、机构优势领域分析、主题演化分析、前沿领域识别等更深层次的知识服务应用。

  知识图谱以结构化的形式描述客观世界中概念、实体及其关系，将互联网的信息表达成更接近人类认知世界的形式，提供了一种更好地组织、管理和理解互联网海量信息的能力，已经成为互联网知识驱动的智能应用的基础设施。[①] 因此，为了更好地刻画资源之间的关联关系，以及资源相关实体之间、资源与实体之间的关联关系，需要在实现知识标注的基础上，对其进一步加工处理，形成资源知识图谱。

  知识图谱从逻辑架构上可以分为数据层和模式层：数据层存储的是各类以"实体—关系—实体"或者"实体—属性—属性值"三元组表达的各类知识；模式层在数据层之上，存储的是经过提炼的知识，通常采用本体库进行管理，作为框架用于规范知识图谱的各类要素。[②] 显然，经

[①] 中国中文信息学会语言与知识计算专委会：《知识图谱发展报告（2022）》，中国中文信息学会网，2023 年 2 月 7 日，https://www.cipsc.org.cn/uploadfiles/2023/02/20230207155412898.pdf，2024 年 8 月 15 日。

[②] 刘峤等：《知识图谱构建技术综述》，《计算机研究与发展》2016 年第 3 期。

过前文的资源知识标注，已经积累了大量的数据层知识，但对于构建知识图谱而言，一方面缺乏模式层设计，另一方面还需要基于已标注资源特征的统计、推理，获得更丰富的属性、关系知识，以提升知识图谱的质量；此外，还需要设计知识的语义描述与存储方案，为知识图谱的工程化实施提供参考。基于上述思路，下面将分别围绕基于用户认知结构的资源知识图谱模式层设计方法，实体、属性值的消歧以及基于统计、推理的知识提取技术方案，知识节点语义描述与知识图谱存储方法进行研究。

第一节 基于用户认知结构的知识图谱模式层设计

知识图谱的构成要素分别是节点和边，其中节点包括实体和属性值两类；边包括关系与属性两类。模式层设计的主要任务就是确定知识图谱应该涵盖哪些类型的实体、各类实体有哪些属性以及实体间存在哪些关系类型。

知识图谱模式层设计方法总体上可以分为自底向上（Bottom-Up）和自顶向下（Top-Down）两类。[①] 前者是指，依据已获得的实体、属性及关系知识，对其进行归纳分析、逐层抽象，最终确定知识图谱应涵盖的实体类型、属性及关系类型；后者是指，从最顶层概念开始，逐步细化，形成结构良好的层次体系，也即根据既有的背景知识或已有的知识库资源，直接确定层次化的实体类型、属性及关系类型。就本研究来说，已经建立起了系统的用户资源认知结构及资源的知识标注体系，因此，更适合于采用自顶向下的设计方法。

一 实体类型及其属性设计

在实体、属性值、属性与关系四类要素中，属性值是附属于属性的，而且其取值范围、规则在知识标注体系设计中已经确定下来了，因此不

---

① 李娇等：《融合专题知识和科技文献的科研知识图谱构建》，《数字图书馆论坛》2021年第1期。

需要再进行专门的设计；属性是依附于实体的，在确定实体的同时就可以同步确定下来，但关系是需要以实体确定为前提才能进行分析，因此将实体类型与属性同步进行设计。

知识图谱构建中，属性（值）与实体间并没有严格的界限，例如人物类实体有国籍这一属性，"中国"则是国籍属性的一个候选取值；但也可以将"中国"视为国家类实体，而将"国籍"视为人物与国家间的关系。因此，知识图谱设计中，将一个节点视为实体还是属性具有较强的灵活性。本研究中，遵循如下原则进行实体与属性的确定：如果一个对象拥有自身的属性，则将其视为实体；同类对象采用统一的处理标准，要么都作为实体，要么都作为属性。

如前文所述，用户认知结构是由槽、分面和槽值构成的层次化体系，即槽也可以被视为认知对象，拥有自己的槽（用户认知结构中表现为分面），基于这一特点，可以进行基于用户认知结构体系的实体及属性区分：如果认知结构中，一个槽拥有分面，则将其视为实体，如期刊论文的"来源期刊"槽，拥有刊名、索引数据库收录情况、出版周期等分面，因此可以将其视为实体；对于存在部分—整体关系的槽，需要在类型确定上采用统一标准。

需要说明的是，前文所构建的用户认知结构是以社会网络中用户对资源本身的认知为前提构建的，其关注的重点是用户对资源的认知，而对于与资源相关实体的认知并未进行充分考虑，这就导致仅以用户认知结构中所涵盖的要素进行知识图谱的模式层设计可能会导致属性涵盖不够全面。为解决这一问题，需要从知识图谱的应用需求出发，对基于用户认知结构确定下来的各类实体、属性进一步分析，丰富和完善实体及属性的设计，根据实际需要为资源之外的其他实体类型添加新的属性，并根据需要将部分属性调整为实体。实施过程中，无论是新属性的添加，还是属性向实体的类型调整，都必须要严格考虑两个方面：一是从实际应用需求出发，不过于扩大纳入知识图谱的实体、属性的范围，仅考虑对应用需求具有直接推动作用的要素；二是需要考虑可行性，新增的属性（含新类型实体的属性）需要能够基于已有的知识标注结果直接获得，或者通过对标注结果的统计分析、推理而获得。

二 实体间关系类型设计

知识图谱构建中，实体间的关系可以分为限定域关系和开放域关系，前者指在知识图谱构建之初，就已经预先定义好了实体间的关系类型，构建过程中，只需要分析实体间是否存在这些类型的关系；后者是指在知识图谱构建之初，没有定义好或者无法定义实体间的关系类型，构建过程中，需要根据数据情况逐步确定知识图谱中的关系类型。对于资源知识图谱来说，由于其常常是领域性的，所涉及的实体类型较为有限，实体间的关系也相对明确，因此，可以在知识图谱正式构建前就先确定下来关系的类型。

从具有关联的实体间的类型相同与否，可以将知识图谱中的关系分为同类型实体间的关系与跨类型实体间的关系，前者是指具有关联的两个或多个实体都属于同一类实体，后者指具有关联的两个或多个实体至少属于两种类型的实体。分析过程中，对于两种不同类型的关联关系，其发生关联的原因不尽相同，在类型分析中也需要采用差异化的分析方法。

（1）关联实体的主要类型

实体间具有关联关系的情形主要有 6 种，其中 3 种仅适用于同类型实体之间，2 种仅适用于跨类型实体之间，1 种同时适用于同类型实体与跨类型实体之间，如图 6-1 所示。

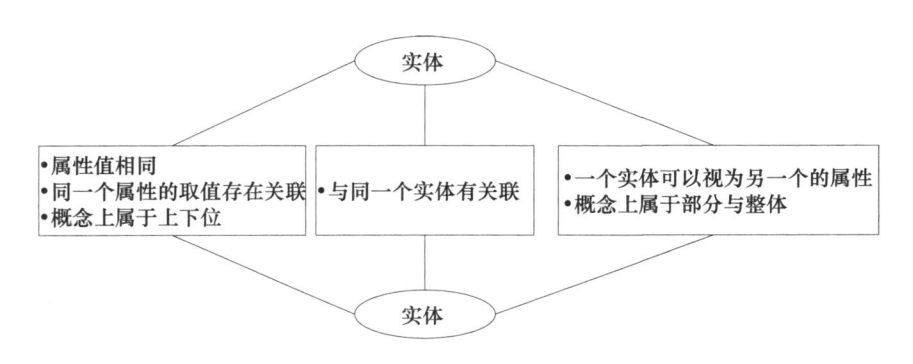

图 6-1 关联实体的主要类型

当两个实体与同一个实体（既可以是同类型的实体，也可以是不同类型的实体）具有关联关系时，这两个实体也具有直接关联关系，例如两名科研人员具有同一个导师，则两者具有同门关系，两名科研人员共同参与了某一个科研项目，则两者具有合作关系。

同类型实体间发生关联，还包括如下三种情形：具有相同的属性值，例如两名科研人员具有相同的籍贯，则其具有老乡关系；两个实体在同一个属性的取值存在关联，如不同版本间的图书就是因为其在版本信息上存在关联而建立起来的，科研人员间的师生关系就是因为其在身份角色上取值存在关联而建立起来的；概念上属于上下位关系，如将主题词视为实体时，具有层级关系的主题词之间也必然存在关联关系。

跨类型实体发生关联，还包括如下两种情形：认知过程中，一个对象可以视为另一个对象的属性，如期刊论文与科研人员之间的作者关系中，可以将作者视为期刊论文的一个属性，或者将期刊论文视为科研人员的成果属性；两类实体间存在部分与整体的关系，如图书与案例、图表间的关联关系。

（2）基于认知结构的关系类型分析方法

尽管同类实体间与跨类实体间发生关联的原因有所区别，但从认知结构视角出发，其均可以视为认知对象与槽、分面、槽值之间的关联关系分析问题：每个槽、分面都至少可以建立一种关系，对于同类实体间属于同属性值关系，对于跨类实体间则根据槽的名称确定关系类型；两个实体如果有相同的槽或分面，则必然存在关联；同类实体间，如果同一个槽或分面的取值间存在语义关联，则也可以依据这种语义关联建立相应的关联关系。

基于此，基于认知结构进行关系类型分析可以遵循如下流程（如图6-2所示）：以用户的资源认知结构为基础，首先对每一个槽、分面都根据前文所补充的属性进行完善；调整视角，以每个槽作为主认知对象，建立其相应的认知结构；对所建立的每一个认知结构体系的槽、分面及取值，以及认知结构间进行两两比较分析，逐步建立起知识图谱应初步涵盖的关系类型；根据应用需求，对关系类型进行裁剪，只保留有应用价值的关系类型。

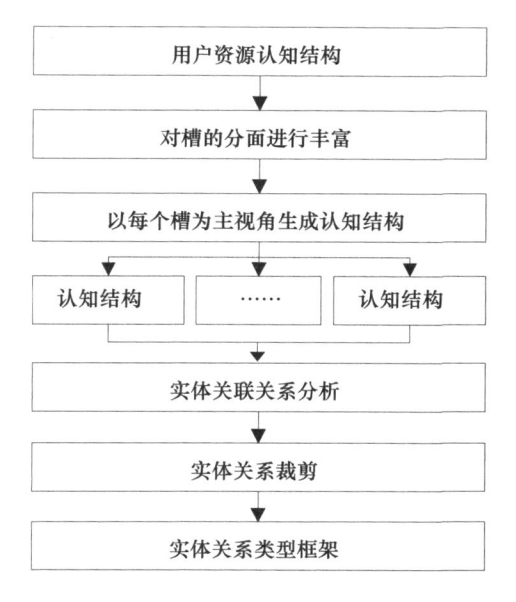

```
用户资源认知结构
        ↓
对槽的分面进行丰富
        ↓
以每个槽为主视角生成认知结构
    ↓       ↓       ↓
认知结构  ……  认知结构
        ↓
实体关联关系分析
        ↓
实体关系裁剪
        ↓
实体关系类型框架
```

图 6-2 基于认知结构的关系类型分析流程

第二节 资源知识图谱构建中的实体对齐与知识补全

资源知识图谱构建中,随着社会网络中资源的更新,不可避免地会面临通过新资源所获得的新属性与关系知识更新到知识图谱中的问题,这些新的知识既有可能同时带来实体与属性、关系的新增,也有可能只会在既有实体上增加属性与关系知识,由此就需要解决实体对齐问题,即判断新抽取的实体、属性、关系是否已经在知识图谱中存在。同时,通过知识标注获得的实体属性及关系知识一般是不完备的,为提升知识图谱的质量,还需要通过对已覆盖属性及关系知识的挖掘分析,获得新的属性及关系知识,实现知识图谱的补全。

一 知识图谱中融合多特征的实体对齐

知识图谱构建过程中,不可避免地会遇到歧义现象,主要包括多名歧义和重名歧义,前者指一个实体可能有多个名称,如全名、简称、别名等；后者指多个实体拥有相同的名称，也即一词多义。[①] 显然，消歧结果越准确，实体间的语义关系才能越准确，从而获得质量更高的知识图谱。在用户认知结构体系构建中，由于已经实现了概念间的同义关系发现，因此，在此环节需要着重解决的是重名实体的消歧。

按照目标对象是否确定，可以将实体消歧问题分成两类：一是分类型消歧，即已知同名实体对应几个客观世界中不同的实体及各个具体实体的（部分）特征，实体消歧的目标是判断待处理对象应该关联到哪个实体上，可以视为是实体链接问题；二是聚类型消歧，即不确定同名实体在客观世界中到底是几个实体，更不知道各个实体的特征，实体消歧的目标是进行两两判断，分析其是否属于同一个实体。为取得良好的实体消歧效果，对于这两类问题，应当采用不同的消歧处理策略。

（1）基于最近邻的实体消歧

实现过程中，主要包括以下几个环节：特征选择，需要结合背景知识和数据表现，针对每一类实体，分别确定对实体消歧有影响的特征；向量表示，将知识库中的实体对象和待消歧实体对象均表示为向量形式，为便于计算语义相似度，可以结合特征的特点选择词嵌入表示形式和 one-hot 表示形式，如科研人员的性别适合于 one-hot 形式；相似度计算，在该环节需要结合实体及各个特征的特点进行相似度计算方法的设计，不能简单地采用向量相似度计算方法，一方面需要考虑部分特征取值为空时，待消歧实体对象与知识库中实体对象的相似度计算方法，另一方面需要在根据特征特点计算各特征相似度基础上，针对性地设计多特征相似度的融合方法，以科研人员实体消歧为例，性别特征取值不一致时，两个同名科研人员必然不是一个实体，因此其与其他特征间应是相乘的关系，而在计算研究领域相似度的时候（待消歧对象中，一篇论文的主题可以视为作者的研究领域），各个主题词之间则可以是根据词嵌入计算语义相似度；最近邻筛选，在完成待消歧对象与知识库中各个实体间相似度计算基础上，选择相似度最高的作为该对象的对应实体。

在知识图谱中实体数据较为缺乏时，采用上述最近邻策略较为合适，但随着实体数据的增加，为获得更好的消歧效果，可以对计算策略进行

---

① 温萍梅等：《命名实体消歧研究进展综述》，《数据分析与知识发现》2020 年第 9 期。

微调，由最近邻改为 k 近邻策略，即：将人工审核后，或者确定较强的实体对象数据加入数据集，当有新的待消歧对象需要处理时，计算待消歧对象与数据集中各个数据的相似度，选择相似度最高的 k 个作为分析对象，并进而确定其所对应的实体。

（2）基于语义相似度的实体消歧

对于知识库中未涵盖的实体，实体消歧的任务是逐一判断待消歧实体与知识图谱中已有同名实体是否是同一个实体，如若不是，则将其作为新的实体加入知识图谱，否则将其关联到已有实体。对于此类问题，可以通过基于多特征融合的语义相似度计算方法进行处理，即计算待消歧实体与知识图谱中已有同名实体的相似度，如果其超过一定阈值，则认为其是同一个实体，否则认为其是不同的实体。基于此，对此类实体消歧问题解决的关键是设计语义相似度计算方法。

在处理流程上，其与基于最近邻的实体消歧较为相似，包括特征选择、向量表示、相似度计算、阈值判断四个环节。其中，前三个环节的处理策略与前文较为相似，不再进行赘述；在阈值判断环节，需要结合数据和待消歧实体的具体特点进行设置，无法事先确定统一的处理标准。

（3）基于实体对齐的知识融合

在完成实体对齐基础上，需要将基于新的抽取的知识与既有知识图谱融合到一起。从最终融合结果看，可以分为去重式融合、新增式融合和修改式融合，其中去重式融合是指新抽取的实体、属性或关系信息与既有的信息相重复，此时只需要对这些知识进行去重处理即可；新增式融合是指新抽取的知识未被既有知识图谱覆盖，将新的实体、属性或关系补充到知识图谱中即可；修改式融合是指因为新抽取的知识，需要对既有知识图谱中的知识进行修改，这类融合主要针对属性和关系知识，具体的处理策略包括改变属性取值、改变两个实体间的关系类型、删除两个实体间的（某条）关系。

对于经过实体对齐处理后，判定既有知识图谱未涵盖的实体，对这些实体及其属性、关系知识均采用新增式融合策略。

对于新抽取的知识及既有知识图谱均涵盖的实体，对于取值相同的属性，或均涵盖的实体间关系，采用去重式融合策略；对于新抽取的属性类知识，若既有知识图谱中该属性取值为空，采用新增式融合策略；对于新抽取的关系类知识，若既有知识图谱中，两个实体间不存在关系，则采用新增式融合策略。

属性和关系知识冲突消解策略。所谓属性知识冲突，是指既有知识图谱中某实体该属性的取值非空，且与新抽取的知识中该属性的取值不一致。关系知识冲突的含义与其类似，只是该问题发生在两个实体之间。对此类问题，较为保守的处理策略是，以最新的取值作为最终取值。较为激进的策略是，对属性、关系进行分析，将其区分为属性取值唯一、属性可取多个值，关系唯一、关系不唯一，和同一个实体只能有一种关系还是多种关系，进而对于只能取唯一值的属性、关系，以时间最新抽取的知识作为最终取值；对于其他属性、关系，则采用新增式融合方式进行处理。

二 基于标注结果挖掘分析的属性与关系补全

通过基于用户认知结构的知识标注，实现了对资源这一实体特征较为全面的揭示，对于相关实体尽管也揭示了部分特征，但可能并不够全面；在实体关系上，尽管通过知识标注能够直接建立部分关联关系，如人员与文献资源的作者关系等，但距离实体间关联关系的全面发现仍具有较远距离。与此同时，通过对资源知识标注结果的挖掘分析，可以推测出实体的部分属性及实体间的关联关系，如一个科研人员的研究成果数量在所有科研人员中排名较为靠前，则可以为其添加高产作者的属性；两个科研人员都是一篇论文的作者，则两者之间存在合作关系；两篇论文具有相同的关键词，则两者之间存在同主题关系等。基于此，可以利用图情学科的计量分析方法对资源的知识标注结果进行挖掘分析，推测出实体应具有的属性，发现实体间的关联关系，从而丰富与完善资源知识图谱。

实现过程中，拟首先以资源标注结果为基础，生成各类实体的属性及关联关系，继而利用图情学科、自然语言处理的基本方法、工具，对已获得的属性与关系知识进行分析挖掘，得到实体新的属性知识和实体间的关系知识，并将其作为输入，再次对所有的属性及关系知识进行分析挖掘，直到无法再获得新的属性或关系知识时为止，总体框架如

图 6-3 所示。

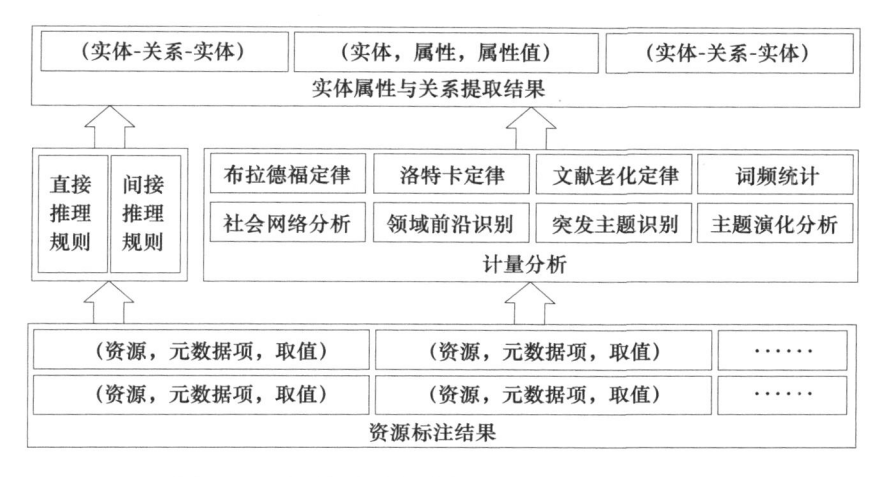

图 6-3 基于标注结果挖掘分析的属性与关系补全

（1）基于规则推理的属性与关系知识提取

知识图谱建设中，部分实体的属性或关系具有较强的规律性，能够通过其他属性或关系推测得到，例如，在文学作品创作中，如果一部作品是作者的第一部作品，则可以获得"处女作"这一属性特征；一个科研人员从第一篇学术成果发表迄今时间较短时，可以为其关联上"青年科研工作者"的属性特征；而且该方法常常具有操作简单、准确率高的特点，因此具有较强的实用价值。

应用该策略时，一般采用知识工程的方法人工建立推理规则，即便于相关人员利用自身的背景知识，也可以发挥数据优势，从数据中发现推理规则，从而保证能够高效、准确地建立起推理规则集。规则集合建设的总体思路是，人工结合数据情况对每一个实体的每一个属性，以及每一种关系进行分析，归纳总结通过其他属性或实体间的关系推测该属性取值或关系的方法，进而将其形式化为计算机可以执行的产生式规则。

产生式规则形式如 IF Conditions THEN Actions，其中 Conditions 是规则的前件，表示的是规则成立的前提条件；Actions 是由动作组成的序列，主要包括添加一个属性和添加一个关系两种。Conditions 中包含的规则可以是 1 个或多个条件，彼此之间是逻辑与的关系，即只有当条件都满足时，方可触发规则。条件的类型主要包括两种：一种是知识图谱中已经存在的一条属性或关系知识，如科研人员 A 的单位是华中师范大学，科研人员 B 的职称是副教授，此类条件对应的规则也可以称为直接推理规则；另一种是通过对知识图谱中既有属性或关系进行统计之后得到的逻辑判断结果，如科研人员 A 的发文量在全部科研人员中排名前 1%，小说 B 是作者 C 的第一部小说等，此类条件对应的规则也可以称为间接推理规则。

（2）基于计量分析的属性与关系知识提取

经过多年的研究与实践探索，计量分析领域（包括文献计量学、科学计量学、信息计量学、网络计量学、替代计量学等）已经积累了多种行之有效的技术手段，可以从定量角度更便捷、高效地获得规律性认识。这些计量分析工具与方法中，部分方法是以资源的主题词、作者、机构、链接、流行度、信息源（如期刊、出版社）等知识标注中的要素作为分析对象的，其结论常常体现了某一类实体的深层次特征或实体间的深层次关联关系，因此可以用来作为知识图谱中属性与关系知识的提取手段。可以使用的方法工具既包括布拉德福定律、洛特卡定律、文献老化定律等经典定律，也包括词频统计、社会网络分析、替代计量分析等时兴的计量分析方法，还包括面向特定任务的计量分析方法，如突发主题识别、主题演化分析、颠覆性技术识别等。在具体的应用中，需要结合资源的类型、知识标注的结果选择合适的方法手段进行属性与关系知识的提取，以实现知识图谱的补全。

以期刊论文对象为例，利用计量分析可以从多个方面丰富实体的属性知识与关系知识提取，如针对研究主题类实体，可以获得一个研究主题是不是热门主题、前沿领域等属性知识，以及研究主题之间的演化关系识别，研究主题与科研人员之间的专长关系识别，学术期刊与研究主题之间的核心发文主题关系识别，科研机构与研究主题间的优势领域关系识别，学术论文与研究主题之间的核心文献关系识别；针对科研人员类实体，可以获得其影响力属性知识，以及学术论文与科研人员之间的代表作关系识别，学术期刊与科研人员之间的核心著者关系识别，科研人员之间的研究团队关系识别等。下面将以研究主题的领域前沿属性识别和研究主题—科研人员间的专长关系识别为例进行专门分析。

①领域前沿属性识别

领域前沿是科技创新中兼具新颖性、前瞻性、引领性和发展潜力的研究方向。有效识别研究主题是否属于领域前沿，可以对未来的科技发展趋势做出有效预判，从宏观层面上，对创新战略规划、科技创新资源配置优化具有重要指导作用，从微观层面上，对于科研人员个人的研究方向选择也具有重要的指导价值。基于此，研究主题的领域前沿属性（取值为是或否）知识提取具有重要价值。

借鉴当前的研究成果，领域前沿识别可以分为候选生成和结果过滤两个环节。在前一个环节，可以采用的技术手段包括共词网络[1]、引文网络[2]、共引网络[3]、共用网络、突发主题识别[4]等。具体到本研究，鉴于进行领域前沿分析的基础是资源的知识标注结果，因此相对合适的方法是基于共词网络候选领域前沿主题识别。

在此基础上，综合考虑领域的新颖性和研究强度两个方面获得最终识别结果，实现领域前沿识别在前瞻性与准确性间的平衡。其中，新颖性可以通过学术成果的发表年份分布进行计算。假设 N_s 表示主题 s 的新颖度；n 表示主题 s 内文献数量；y_i 表示第 i 篇文献的发表年月距离当前的时间，则候选前沿领域的新颖性可以通过如下公式计算得到，N_s 越小，则新颖性越强。

$$N_s = \sum_{i=1}^{n} \frac{y_i}{n}$$

研究强度可以通过相关文献的数量和用户文献利用行为数据进行判断，考虑到学科之间的差异，需要对最终结果作归一化处理，以免学科/

---

[1] Liu H., et al., "Visualization and Bibliometric Analysis of Research Trends on Human Fatigue Assessment", *Journal of Medical Systems*, Vol. 42, No. 10, October 2018.

[2] Liu J. S., et al., "Research Fronts in Data Envelopment Analysis", *Omega-International Journal of Management Science*, Vol. 58, No. C, January 2016.

[3] Hou J. H., et al., "Emerging Trends and New Developments in Information Science: A Document Co-Citation Analysis (2009–2016)", *Scientometrics*, Vol. 115, No. 2, May 2018.

[4] Chen C. M., "CiteSpace II: Detecting and Visualizing Emerging Trends and Transient Patterns in Scientific Literature", *Journal of the American Society for Information Science and Technology*, Vol. 57, No. 3, February 2016.

领域规模影响最终的分析结果。假设 T_s 表示主题 s 的研究强度；n_s 表示主题为 s 的文献数量，N 表示该学科/领域的文献总数；u_s 表示该主题相关文献的用户利用频次，U 表示学科/领域相关文献的用户总利用频次；α 和 β 表示两个指标对应的权重，则研究强度可以通过如下公式计算得到，T_s 越大，则研究强度越大。

$$T_s = \alpha \times \frac{n_s}{N} + \beta \times \frac{u_s}{U} \ (\text{其中}, \alpha + \beta = 1)$$

显然，最理想的识别结果是新颖性和研究强度均表现优秀的研究方向，此类方向既具有较强的新颖性，又得到了科研人员的广泛认可，未来成长为研究热点和领域重要方向的可能性最大；其次是新颖性良好但研究强度较低的研究方向，此类方向属于领域内的新兴主题，由于缺乏科研人员的认同，未来发展空间不确定性较强，直接识别为领域前沿的风险较高，需要参照专家的意见进行判断；最后是新颖性较差的研究方向，无论是研究强度高低，都不应作为领域前沿。

②专长关系识别

随着知识领域的细分化，专家擅长的领域范围呈现越来越窄的趋势。为了更好地发挥专家的价值，组织决策中需要邀请专长领域更加匹配的"小同行"专家。因此，提取科研人员与研究主题的专长关系具有重要的现实意义。

对于从事科研工作的专家而言，其必定会在其专业领域发表相关的学术成果，因此，可以将学术成果信息作为专家专长识别的基础数据。其中，学术成果的主题特征能够反映专家的专长领域；专家对学术成果的贡献度及学术成果的影响力能够反映其在专长领域的造诣。此外，专家的专长可能存在于多个领域，因此在专长识别中不能简单地将专家最高产的领域视为其唯一的专长领域。① 基于以上分析，可以将学术成果的主题词作为基础数据，采用重叠 K-means 算法对专家进行聚类，进而识别其专长领域；在此基础上，综合考虑专家对学术成果的贡献度及成果影响力，可以进一步对专家在专长领域的造诣进行分级。

---

① 陆伟等：《基于专长词表的图情领域专家检索与评价》，《中国图书馆学报》2010 年第 2 期。

在专长识别环节，主要包括如下三个步骤：第一，以科研实体信息和学术成果为基础，获取专长识别基础数据。在确定候选专家范围基础上，先要利用科研实体信息实现基于作者的学术成果信息聚合，或者每篇文献的作者、主题词和被引数据。继而，利用跨语言主题词表对多语言主题词进行处理，实现语种的归一化。第二，建立专家—主题词矩阵。鉴于不同主题词在专家聚类中的区分能力不同，为提升聚类效果，可以利用 TF-IDF 对主题词进行加权处理，即将专家 i 发表的学术成果中主题词 j 出现的频率 f_{ij}，与主题词 j 在全部学术成果中的 TF-IDF 取值 $tfidf_j$ 相乘，并将结果作为加权后的矩阵元素权重。[1] 第三，基于重叠 K-means 算法对作者进行聚类，进而识别专家专长领域。实现中，首先采用 G. Cleuziou[2] 提出的重叠 K-means 算法进行聚类，通过迭代不断更新聚类中心，达到组内差异最小化、组间差异最大化；继而，通过每位专家在每次迭代中对各个类别的隶属度，将其分配到合适的类团中。每个类团就是一个专长领域，属于多个类别的专家则拥有多个专长领域。

在专家专长造诣等级划分环节，需要先结合专家对每篇（部）学术成果的贡献度及成果影响力，计算专家的造诣程度分值，进而按分值分布划分成若干个等级。专家贡献度衡量中，可以根据作者署名信息判断，第一作者和通讯作者的贡献度均可以赋为 1，对于其他作者则可以按顺序依次赋值；学术成果的影响力则可以通过被引频次计算，但为平滑其影响，可以取频次的对数作为影响力权值；之后将贡献度与影响力权值的乘积作为该成果的最终权值。

在获得专长领域和科研人员在该领域的造诣等级后，不但可以发现其科研人员与研究领域的专长关系，还可以将该关系进一步细化成多个细分关系（如资深专家、权威专家、专家等），实现知识图谱中的实体关联关系细化，从而更好地服务上层应用。

---

[1] 刘晓豫等：《多专长专家识别方法研究——以大数据领域为例》，《图书情报工作》2018 年第 3 期。

[2] Cleuziou G., "An Extended Version of the K-Means Method for Overlapping Clustering", Proceedings of the ICPR 2008 19th International Conference on Pattern Recognition, sponsored by IEEE, Tampa, Florida, December 8–11, 2008.

第三节　基于 Neo4j 的知识图谱存储与可视化展示

鉴于资源知识图谱的规模较大、节点关系较为复杂，为实现知识图谱的高效查询、推理、分析及各种应用模块的需要，需要采用合适的存储方案进行数据的存储与管理。通过对知识图谱存储的各类技术方案进行比较分析，拟选择 Neo4j 这一原生图数据库进行资源知识图谱的数据存储；继而，阐述基于 Neo4j 的资源知识图谱存储实现过程与可视化方法。

一　Neo4j 数据库选择依据

在知识图谱的研究与实践中，已经出现了多款可用的数据库系统产品，既包括基于关系的数据库，也包括原生图数据库，但仍未形成具有主导性的数据存储方案。其中，基于关系数据库的代表性存储实现思路包括三元组表、水平表、属性表、垂直划分、六重索引和 DB2RDF 等，基于原生图数据库的包括面向属性图（如 Neo4j）和面向 RDF 图的方案（如 gStore）两种，下面先分别对各类代表性的知识图谱数据存储方案进行概述，进而通过比较分析进行存储方案选择。

（1）三元组表

鉴于知识图谱中的属性、关系知识多数可以表示成三元组的形式，因此可以将知识图谱中的知识用三列进行表示，左列表示实体，中间列表示关系或属性类型，右列表示属性的取值，或者关系涉及的另一实体。该方案的优势在于简单明了，能清晰地表示各类三元组知识；最大的缺陷在于查询时会涉及大量的自连接，进而导致效率低下。

（2）水平表

水平表的存储思路是，每行存储以一个实体为第一个要素的所有三元组信息，即将与其关联的属性、实体全部存储到一行中。显然，水平表实质上是知识图谱的邻接表。因此，与三元组表相比，在查询环节大大简化，仅需单表查询即可完成任务，不用进行连接操作。其不足之处在于，列的规模与知识图谱中去重后的属性及关系类型规模一致，可能导致列数过多超出数据库的限制；每一行中可能都存在大量的空值，影响数据库的性能；难以应对一个属性取多个值或与多个实体具有同类型关系的情况；知识图谱更新中可能会增加新的属性、关系类型，继而需要改变表的结构，成本较高。

（3）属性表

此方案是对水平表存储方案的优化，其将三元组中首个要素类别相同的放到一张表中，首个要素类别不同的分别存放，从而可以大幅减少查询中的自连接问题。缺陷在于，对于规模较大的知识图谱，要素类型可能成千上万，使得表的数量超出数据库限制；复杂查询中，也需要进行较多的表连接操作，效率不高；同一个表中，不同要素的属性或关系类型差异可能较大，也可能存在较严重的空值问题；同样难以应对一个属性取多个值或与多个实体具有同类型关系的情况。

（4）垂直划分

此方案以 RDF 三元组的谓语为依据，将其拆分为多张只包含（主语，宾语）的表，即将包含同一个谓语的三元组存储到一张表中。这种模式下，表的数量等于知识图谱中属性与关系类型的总和。其优点在于，一是只存储三元组知识，解决了空值问题；二是一个属性取多个值或与多个实体问题可以通过存储为多行进行解决；三是表连接查询效率较高。其缺点主要表现在以下几个方面，一是知识图谱规模较大时，三元组谓语的数量也会较多，导致表的数量也很庞大；二是如果查询操作中未指定谓语，可能需要连接全部谓语进行查询，导致效率极其低下；三是新增一个新的实体时，可能会涉及多张表的更新，维护成本较高。

（5）六重索引

此方案是对三元组表的优化，采用"空间换时间"策略，将每个 RDF 三元组的 3 个要素按所有可能的顺序进行排列（即 A_3^3，共 6 种排列方式），从而生成 6 张表。通过这种方式可以很好地缓解自连接问题，提升查询效率。其不足之处主要在于，一是花费了 6 倍的存储空间进行数据存储，索引维护、数据更新成本大幅增加，尤其是随着知识图谱规模扩大，问题会更加突出；二是进行复杂查询时，会产生大量的索引表连接操作。

（6）DB2RDF

此方案是面向 RDF 知识图谱的专门方案，兼具了三元组表、属性表和垂直划分三种方案的部分优点，还克服了部分不足。DB2RDF 将三元组表行上的灵活性扩展到列上，即将谓语和宾语存储在列上，而非绑定列和谓语。有新的数据插入时，此方案通过动态映射将谓语存储到列中，而且能够将相同的谓语映射到同一组列上。

（7）Neo4j 的数据存储机制

属性图数据库 Neo4j 将节点、边、标签和属性分别进行独立存储，每类要素都是定长存储，节点长度为 15B、关系长度 34B、属性长度 41B。存储时，每个节点和边都维护一个指向其邻接节点的直接引用，相当于每个节点都是邻接节点的局部索引。这种索引模式下，进行查询时，不需要基于索引进行全库扫描，而只需根据节点中存储的邻接节点、边、属性的地址进行直接访问，使得算法复杂度从 $O(logn)$ 提升到 $O(1)$，大大提升了图遍历效率。

（8）gStore 数据存储机制

gStore 采用基于图结构的 VS-tree 索引机制，并将 RDF 和 SPARQL 分别表示成图，进而将数据查询转换为子图匹配问题进行解决，也具有较好的性能。数据存储时，gStore 将实体的所有属性和取值映射到二进制位串上；之后利用哈希函数将属性或取值映射为一个整数值，进而将所有位串按照 RDF 图组织成签章树；若实体具有关联关系，则其对应的签章树也通过边相连；通过以上方式对所有节点进行处理后，就成了多层的 VS-tree。

表 6-1　　　　　　　　　　知识图谱存储方案的比较

存储方法		优点	缺点
基于关系数据库的存储策略	三元组表	存储结构简单，语义明确	大量自连接，操作开销巨大
	水平表	知识图谱的邻接表，存储方案简单	①可能超出所允许的表中列数目的上限；②表中可能存在大量空值；③无法表示一对多联系或多值属性；④谓语的增加、修改或删除成本高

续表

存储方法		优点	缺点
基于关系数据库的存储策略	属性表	①克服了三元组表的自连接问题；②解决了水平表中列数目过多的问题	①需建立的关系表数量可能超过上限；②表中可能存在大量空值；③无法表示一对多联系或多值属性
	垂直划分	①解决了空值问题；②解决了多值问题；③能够快速执行不同谓语表的连接查询	①真实知识图谱需维护大量谓语表；②复杂知识图谱查询需执行的表连接操作；③数据更新维护代价大
	六重索引	①每种三元组模式查询均可直接使用对应索引快速查找；②通过不同索引表之间的连接操作直接加速知识图谱上的连接查询	①需要花费6倍的存储空间开销和数据更新维护代价；②复杂知识图谱查询会产生大量索引表连接查询操作
	DB2RDF	①既具备了三元组表、属性表和垂直划分方案的部分优点，又克服了部分缺点；②列维度较灵活，为谓语动态分配所在列	真实知识图谱可能存在较多溢出情况
原生图数据库存储策略	Neo4j	①查询性能高；②图形操作界面体验较好；③图谱设计灵活性高	成熟度不如基于关系的方案
	gStore	①基于位串的存储方案；②"VS树"索引加快查询	①成熟度不如基于关系的方案；②只支持Linux环境

资料来源：王鑫等：《知识图谱数据管理研究综述》，《软件学报》2019年第7期。

通过表6－1对各类存储方案优缺点的比较，总体来讲，基于关系的存储方案继承了关系数据库的优势，成熟度较高，在硬件性能和存储容量满足的前提下，通常能够适应百万、千万级及以下的节点和关系三元组规模的管理。基于原生图数据库的存储方案能更好地表达知识间的关联，可以适应亿级以上规模节点和关系的管理，以及应对复杂的处理操作。大型社会网络中，资源及关系的规模庞大、增长也很迅速，在存储方案设计中必然要考虑能够应对亿级规模节点与关系的处理要求；而且实体间的关系类型多样，部分关系不能通过传统的三元组进行表达，如工作关系是由科研人员、机构、关系类型、发生时间构成的四元组，这种复杂关系的表达难以通过基于关系数据库的存储方案所覆盖。基于此，在存储方案选择中，需要采用基于原生图数据库的存储方案。在众多的原生图数据库管理系统中，Neo4j 是目前流行程度最高的产品。其在 Windows 和 Linux 环境下均能够良好运行，具有查询性能高、图形操作界面易用、图谱设计灵活性高、轻量级、稳定性较强等优点，因此拟选择 Neo4j 作为资源知识图谱的数据库管理系统。

二 基于 Neo4j 的资源知识图谱存储实现

与关系型数据库类似，基于 Neo4j 数据库实现资源知识图谱的存储主要包括数据模型设计、数据操作两个方面。

（1）基于属性图的数据模型设计

不同于关系数据库的关系模型，Neo4j 采用属性图作为数据模型，其构成要素包括节点（Nodes）、边（Edges）、属性（Properties）、标签（Label）、路径（Path）5 类，如图 6 – 4 所示。其中，节点用圆表示，对应展示图谱中的实体；边是节点间的有向链接，用于表征实体间的关系，由方向、类型、源节点、目标节点构成；标签指一组拥有相同属性类型的节点，作用相当于 RDF 中的资源类型；路径是一个集合，由节点和边构成，节点通过边以链状形式连接。在要素之间的关系上，节点和边都可以拥有属性，而且常常拥有一个唯一 id 作为标识；每一个属性只能有 1 个取值，其值要么是原始值，要么是原始值类型的一个数组；节点和边都可以添加标签，其中节点可以有多个标签，边最多只能有 1 个。

资源知识图谱数据库模型设计中，需要结合所构建的知识图谱模式层数据模型，画出属性图。属性图绘制中，需要体现出各类节点及标签、关系类型、不同类型节点及关系的示例，并注明节点与关系的属性列表及各属性的取值示例。

（2）基于 Cypher 的数据操作

Neo4j 数据库以 Cypher 作为数据库标准语言，用于实现对数据库的增删改查操作。其属于声明式（declarative）语言，遵循 SQL 语法规范。Cypher 支持的命令包括 create（用于节点、属性和关系的创建）、match（用于实现数据的检索）、return（用于返回查询结果）、where（用于设置处理

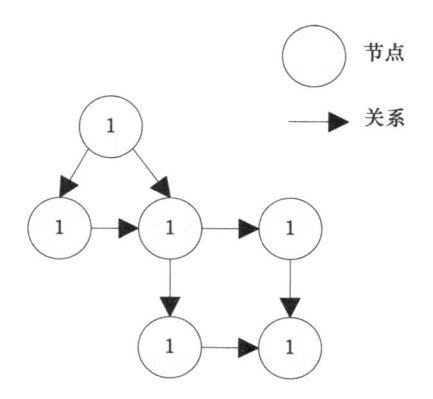

图 6-4　属性图数据模型

条件）、delete（用于实现节点和关系的删除）、remove（用于实现属性的删除）、order by（用于实现查询结果的排序）、set（用于实现标签的添加、更新）、union（将两个结果合并到一起）、limit 和 skip（用于实现返回行数的控制）。Cypher 还支持 string、aggregation 和 relationship 三类函数，其中 string 函数可以实现字母的大小写转换、获取子串、替换子串操作；aggregation 用于实现对查询结果的处理，包括计数、返回最大值、最小值、均值及结果求和；relationship 用于返回关系的源节点、目标节点、ID、关系类型等信息。操作过程中，要明确需要匹配的图模式，节点相关条件写在小括号"（）"中、边相关的条件写在中括号"［］"中、属性信息写在大括号"｛｝"中，用冒号":"分开节点（或边）、变量和标签。

在数据导入方面，Neo4j 图数据库主要有如下三种方式：①CREATE 语句，可以通过该语句每次创建一个节点或关系，实现数据的实时插入；②LOAD CSV 语句，该方法可以实现 CSV 文件的本地加载或远程导入，从而批量创建节点和关系；③Import 工具，利用该工具可以在关闭 Neo4j 的状态下，实现 CSV 文件的并行导入，自 Noe4j 2.2 版本之后 Import 成为系统自带工具。在通过 CSV 格式文件导入时，首先需要将需要导入的数据以三元组的形式进行存储，包括（实体，属性，属性值）、（实体，关系，实体）两类。

（3）Neo4j 数据库的嵌入式操作

资源知识图谱的构建是一个连续过程，需要放到整个实现中去考虑，因此就面临在应用程序中操作数据库的问题。Neo4j 同时支持通过 JAVA 和 Python 语言进行操作。在实现上，Neo4j 提供了两类 Java API 来支持 JAVA 程序中操作数据库，包括 Neo4j 的原生的 Java API 和 Neo4j 的 Cypher 支架的 Java API。而通过 Python 操作 Neo4j 数据库有两种方法，一种是基于 Neo4j 或 Py2neo 模块执行 Cypher 语句，另一种是基于 Py2neo 模块操作 Python 变量实现操作数据库的目的。

三 基于 Neo4j 的资源知识图谱可视化

可视化能用一种能够被快速解读的方式向人们提供纯粹的、丰富的信息，赋予用户快速理解海量知识的能力，促进用户对大规模数据的整体理解和小规模数据的深度探究，能够帮助人们感知局部特征之间的内在关联[①]，因此作为一种科学的认知工具，可视化受到越来越多的重视。为更好发挥知识图谱的价值，也必然要求采用丰富多样的可视化手段对资源知识图谱中的知识进行全方位可视化展示。Neo4j 在支持数据的可视化方面也提供了多种支持手段，一方面其自身拥有两款可视化工具，另一方面目前也已经出现了多种面向 Neo4j 的可视化组件，可以较便捷地实现与 Neo4j 数据库的互操作，如 Neovis.js、Popoto.js、D3.js、Vis.js、GraphXR、Linkurious Enterprise、yFiles 等。[②]

Neo4j 自身有两款分别面向开发者与用户的可视化工具，即 Neo4j Browser 和 Neo4j Bloom。前者是面向开发者的，允许其执行 Cypher 查询及得到可视化结果，支持 Neo4j 的所有产品，该工具支持用户对展示样式进行调节，并支持通过导入 GRASS（图形样式表）文件实现可视化样式的自定义；在查询结果中还支持用户将数据导出为 PNG、SVG 或 CSV 文件。Neo4j Bloom 是一款独立的可视化产品，在获得商业许可的前提下可以进行访问，该工具是面向非开发者设计的，无须编写代码即可实现数据的查询与可视化。

---

① Herman I., et al., "Graph Visualization and Navigation in Information Visualization: A Survey", *IEEE Transactions on Visualization & Computer Graphics*, Vol.5, No.1, January 2000.

② 数据大鱼：《史上最全—Neo4j 前端可视化组件及相关资源》，知乎网，2020 年 5 月 29 日，https://zhuanlan.zhihu.com/p/126219777，2024 年 1 月 15 日）。

以 Neo4j Browser 为例,该工具支持对节点的大小和颜色、边的宽度和颜色进行自定义设置,主要有两种方法:一是在创建节点和边的同时通过 Cypher 语言直接设置颜色、宽度和大小;二是在创建节点和边后,通过该工具内嵌的自定义样式进行颜色、大小、宽度的设置。值得注意的是,中文版的 Neo4j Browser 两种方法都支持,而英文版 Neo4j Browser 仅支持第二种方式。下文将以中文版的 Neo4j Browser 具体阐述该工具的样式设置方法。

①基于 Cypher 语言设置样式。Neo4j Browser 支持通过节点和边的属性设置样式,具体如表 6-2 所示。基于 Cypher 语言创建节点和边时,同时为表中的属性赋值,从而生成自定义图谱。

表 6-2　　　　　　　　　　节点/边的属性

属性名	属性值	功能
diameter	节点的直径,如 100、150	指定节点的显示尺寸
color	节点/边的颜色,如 red、yellow	指定节点/边的显示颜色
shaftWidth	边的粗细,如 1.00、14.13	指定关系连线的显示粗细

上文基于 Python 操作 Neo4j 生成的图谱为系统默认的样式,未进行任何样式设置。同样以此图谱为例,在 Neo4j Browser 的输入端输入表 6-3 所示代码,在创建节点时通过 diameter 设置节点大小、通过 color 设置节点颜色,创建关系(边)时,通过 shaftWidth 设置边的宽度、通过 color 设置边的颜色。

表 6-3　　　　　　　基于 Cypher 语言设置节点/边样式

#创建名为 Jane Austen 的节点,节点以图片形式呈现
CREATE (p: Person {name: "Jane Austen", image: "https://gimg2.baidu.com/image_search/src=http%3A%2F%2Fpaper.gmw.cn%2Fgmrb%2Fimages%2F2013-08%2F27%2F12%2Fres02_attpic_brief.jpg&refer=http%3A%2F%2Fpaper.gmw.cn&app=2002&size=f9999,10000&q=a80&n=0&g=0n&fmt=jpeg? sec=1643373185&t=cb4b66a72c2f3e1c7153447c71ca17e3"})

续表

#设置节点 Jane Austen 的直径为 100，颜色为蓝色
SETp. diameter = 100，p. color = 'blue';
#创建名为 Pride and Prejudice 的节点，节点以图片形式呈现
CREATE（b：Book {name："Pride and Prejudice"，image："https：//ss0. baidu. com/7Po3dSag_xI4khGko9WTAnF6hhy/baike/c0% 3Dbaike60% 2C5% 2C5% 2C60% 2C20/sign = 1deae06cebc4b7452099bf44ae957572/cb8065380cd791238062f231ad345982b3b780f0. jpg"}）
#设置节点 Pride and Prejudice 的直径为 150，颜色为红色
SETb. diameter = 150，b. color = 'red';
#查找节点 Pride and Prejudice 和节点 Jane Austen，为两节点创建作者关系
MATCH（b：Book），（p：Person）
CREATE（b）-［r：作者］->（p）
#设置作者关系（边）的宽度为 3，颜色为绿色
SETr. shaftWidth = 3，r. color = 'green'

运行上述代码，可创建直径为 100、颜色为蓝色、以图片形式呈现的节点 Jane Austen 和直径为 150、颜色为红色、以图片形式呈现的节点 Pride and Prejudice，二者通过宽度为 3、颜色为绿色、关系为作者的有向箭头连接，如图 6 – 5 所示。

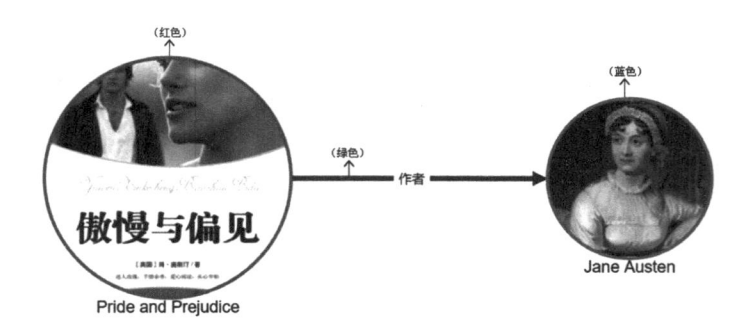

图 6 – 5　基于 Cypher 语言的节点/边样式设置示例

②基于内嵌工具设置样式。Neo4j Browser 支持用户通过内嵌工具设置节点、边的样式，该方法无须具备编程基础，通过点击即可实现节点大小、边的宽度及其颜色的设置，对用户非常友好：点击节点，浏览器

底部将展开节点的颜色、大小设置窗口，用户可自主选择颜色和节点大小；点击关系（边），浏览器底部将展开边的颜色、线宽设置窗口，其中颜色设置与节点颜色一致，线宽从左至右依次为：1px，2px，3px，5px，8px，13px，25px和38px，用户通过点击为边设置颜色和宽度。

第七章

实证：豆瓣中基于用户认知结构的图书知识标注

豆瓣是国内知名的社会网络平台，向用户提供广播、相册、日记、豆列、交友、小组、活动，以及提供围绕图书、影视、音乐的资源添加与信息编辑、评论与讨论交流等服务。自 2005 年创立以来，注册用户超过 2 亿人次，移动端日活跃用户超过 300 万，积累了海量的 UGC 数据，能够为实证开展提供有力的数据支撑，因此拟选择豆瓣作为实证对象。同时，鉴于豆瓣中用户开展社会化交流所围绕的对象类型多样，包括影视、音乐、图书、活动、课程等，为降低实证难度，研究中仅关注图书这一类资源。

第一节 豆瓣图书数据采集

用户可以在豆瓣中通过多种途径发布图书相关的 UGC 内容，主要包括：添加或编辑图书的基本信息（包括书名、作者、出版社、简介、目录等）、对图书添加标签、评论（长评和短评）、评分、写笔记、将图书标记为想读/在读/读过、分享到外部时添加的描述、在针对当前图书的论坛中讨论；在广播、相册、日记中发布相关内容，在小组中与其他用户讨论交流。上述信息中，图书基本信息、标签、评论、评分、评分人数、想读/在读/读过 6 类信息都属于与图书相关度高且分布较为集中的信息，其中图书基本信息、评论、评分、评分人数、想读/在读/读过总人数 5 类信息都可以以图书主页为入口进行采集，标签、评论、评分、评分人数、想读/在读/读过 5 类信息也可以以用户主页为入口进行采集；而笔记内容多是图书正文的摘抄，分享到外部时添加的资源描述信息难以获取；用户在广播、相册、日记中发布相关内容，与在小组、图书论坛中与其他用户讨论交流相类似，都需要从大量相关的内容中筛选出与图书特征提取相关的少量信息。

基于上述分析，为降低数据采集的难度，研究中仅采集图书基本信息、标签、评论、评分、读过人数 5 类信息，而且由于长评数量较少（约为短评数量的 5%）且里面常常包含大量与图书特征揭示无关的内容，容易对分析造成干扰，因此只采集了评论中的短评数据。其中，图书基本信息所采集的字段包括题名、作者、出版社、出版时间、页数、价格、装帧、所属丛书、ISBN、副标题、原作名、译者、评分、评分人数、简介、图书 URL。

采集实施中，由于豆瓣并未直接提供数据采集的支持工具，所以采用了间接采集的方法。首先，通过豆瓣上的"买书如山倒 读书如抽丝"、"每天提前上床 N 小时我们一起读书"等热门群组获得 3961207 位豆瓣用户的 ID，进而随机抽取 25 万用户 ID 作为数据采集的样本。之后，对每一位用户从其个人主页进行了相关数据抓取，包括用户标记为读过的每一本图书及其添加的标签、短评、评分、标记为读过的日期，还包括图书的 URL。在完成用户数据采集的基础上，提取出用户读过的所有图书 URL，并以此为基础进行了图书基本信息的采集，包括图书的作者、出版社、出版时间等。

统计发现（如表 7 - 1），样本用户中至少阅读过 1 本书的用户 198211 个，平均阅读图书 77 部，读过图书的数量范围是 [1, 3012]；共得到 3770658 条短评及 10970132 个标签（去重前），添加过至少 1 条短评的用户 140283 个，占比 70.77%；添加过至少 1 个标签的用户 133333 个，占比 67.27%。涉及的图书 819909 部，阅读过的人数分布区间为 [1, 41980]，短评数量区间为 [0, 10308]，拥有的标签的数量范围是 [0, 28304]。

表7-1　　　　　　　　　样本数据描述统计

统计项	取值
图书数量（本）	819909
样本用户数（至少阅读1本书）	198211
平均阅读图书（本）	77
阅读图书范围（本）	[1, 3012]
短评数量（条）	3770658
未去重标签数量（个）	10970132
图书流行度	[1, 41980]

此外，为支撑用户认知结构提取中的知识概念抽取，从外部进行了知识组织工具采集：一是从华中师范大学图书馆 OPAC 系统、湖北工业大学图书馆 OPAC 系统、同济大学 OPAC 系统及中国农业大学 OPAC 系统进行了主题词、出版社名称、作者人名的数据采集，去重后共得到主题词74336 个、作者人名 26052 个，出版社名称 676 个；二是从互联网上进行了情感词典采集，包括大连理工大学中文情感词汇本体库（DUTIR）和知网 Hownet 情感词典，去重处理后得到候选情感词 27328 个（已包含情感极性信息，存在歧义的情感词已删除）。

第二节　基于短评与社会化标签的豆瓣用户图书认知结构提取

采集到的豆瓣 UGC 数据中，尽管图书基本信息也属于用户协作生成的 UGC 数据，但这些信息主要是依据豆瓣提供的框架生成的，不能作为代表和反映用户认知的依据；因此仅以社会化标签和短评作为豆瓣用户图书认知结构提取的基础数据。按照前文所提出的用户认知结构提取流程，将分别从知识概念提取、知识概念结构化两个方面对过程进行描述，并在最后对所构建的豆瓣图书用户认知结构进行总体描述。

一　面向豆瓣用户图书认知的知识概念提取

按照前文所构建的知识概念提取模型，面向豆瓣用户图书认知的知识概念提取主要分为候选知识概念提取、知识概念过滤、情感词及极性识别3个环节。下面将分别对每个环节的实现过程进行说明，并在最后对知识概念的提取结果进行总体说明。

（1）候选知识概念提取

本次实证中，候选知识概念的来源主要有词表类知识组织工具、社会化标签和短评数据，下面将分别对其进行具体说明。

①基于 BiLSTM-CRF 的候选知识概念提取

基于短评数据的提取是影响候选知识概念提取整个环节自动化水平最关键的部分，对整体效果影响也非常显著。为解决这一问题，前文也提出了基于 BiLSTM-CRF 的提取模型。下面将首先阐述该方法在小样本数据上的实验结果，以验证模型的可行性和效果；之后再对知识概念提取的总体情况进行说明。

第一，实验设置。在训练集与测试集设置上，首先从所有短评样本数据中，随机抽取了3000条短评，其中80%作为训练数据，20%作为测试数据。数据集标注中，采用了 jieba 工具包对样本数据进行词法分析，并招募了3位华中师范大学情报学专业的硕士研究生分别按 BIO 表示方法对图书评论中的槽、属性值、情感词进行人工标注，志愿者两两之间的 Kappa 值，分别为 0.78，0.79，0.81，均超过了一致性判优边界值 0.75，符合可信度要求。标注结果处理上，当发生分歧时，按照少数服从多数的原则进行处理，对于3人处理均不一致时，由3人讨论解决。

模型训练中，利用 gensim 中的 word2vec 类对语料进行训练，获得各个词语的词向量；之后将输入的词向量维度设置为128，学习率设置为0.001，dropout 设置为0.5，LSTM 隐藏层维度设置为128，采用 Adam 对模型进行优化，模型迭代次数最大为200。

第二，对照实验选取。研究中选择了 BiLSTM 和 CRF 模型作为对照模型，这两个模型都是在序列标注任务中应用较为广泛的基准模型，适用性和效果总体均较好，而且选择 BiLSTM 和 CRF 作为对照模型，还可以分析组合 BiLSTM 和 CRF 模型作为新抽取模型的尝试是否有价值。在数据处理与参数设置上，均采用了与 BiLSTM-CRF 相一致的处理方法。

第三，实验结果分析。在进行实验效果对比分析时，选取 Precision、Recall 和 F1 值作为评价指标，对本书模型和两个对照模型的抽取结果进行评价,相关统计数据如表 7-2 所示。

表 7-2　　　　　　　　实验组和对照组的效果展示

数据集	模型	Precision (%)	Recall (%)	F1 (%)
豆瓣读书评论数据	BiLSTM	59.94	44.92	51.35
	CRF	48.44	53.77	50.97
	BiLSTM + CRF	63.69	50.56	56.37

在表 7-2 中,总体来说,本书所提出的 BiLSTM-CRF 模型效果最优,在准确率和 F1 指标上均领先另外两个模型;其次综合效果较好的是 BiLSTM 模型,最差的是 CRF 模型。对比各模型在相同数据集上的表现,可以发现 BiLSTM + CRF 模型的结果相对稳定,准确率的效果则有较大幅度的提升。

在完成实验基础上,利用该方法对全部短评数据进行候选概念抽取,去重后共得到 192793 个知识概念,其中候选槽类概念 12693 个,候选属性值类知识概念 81936 个,候选情感词 98164 个。

②基于词表与社会化标签的候选知识概念提取

候选概念生成中,用到的外部词表主要包括 4 个:主题词表(含主题词 74336 个)、作者人名表(含人名 26052 个)、出版社名称表(含出版社 676 个)、情感词典(含情感词 27328 个)。

此外,以用户添加的社会化标签为基础,剔除包含标点符号、特殊字符的标签,并进行去重处理后,剩余标签 263938 个,也作为豆瓣用户图书认知的候选知识概念。

(2) 知识概念过滤

知识概念过滤的目标是从候选知识概念中剔除掉不符合用户认知的或者对知识标注无价值的候选概念,主要包括数据预处理、词频统计和阈值过滤 3 个环节。

本环节的数据预处理主要按如下三个步骤进行:一是将同一个用户关于同一本图书的社会化标签和短评聚合到一起,并将其全部转换为简体字,为后面的频次统计提供支持;二是识别出每一条 UGC 数据中出现过的候选概念(多次出现时按 1 次计算),并将其表示为 4 元组(候选知识概念，豆瓣用户ID，图书URL，概念来源），如果候选知识概念在4个外部词表中出现过，则将其来源标记为"词表"，否则标记为"UGC"；三是剔除包含了标点符号、特殊字符的候选知识概念。

依照前文提出的模型，对每一个候选知识概念从以下几个方面进行频次统计：总频次，即包含了拟统计候选知识概念的四元组个数；相关用户数，即以候选知识概念和豆瓣用户ID两个字段对四元组去重，计算去重后包含了拟统计候选知识概念的四元组个数；相关资源数量，即以候选知识概念和图书URL两个字段对四元组去重，计算去重后包含了拟统计候选知识概念的四元组个数。完成统计后，还需要将每个候选知识概念及相关数据表示成五元组（候选知识概念，总频次，相关用户数，相关资源数，概念来源）。

在完成数据统计基础上，结合数据的实际情况，分别针对词表来源和UGC来源的候选知识概念进行了过滤条件设置：对于词表来源的候选知识概念，当总频次大于10且相关用户数超过5时，就将其视为应该保留的知识概念；对于UGC来源的候选知识概念，当同时满足总频次大于20、相关用户数超过5、相关资源数超过10时，将其视为应该保留的知识概念。经处理后，剩余知识概念19842个，全部来自词表和评论抽取（社会化标签来源的概念全部被以上两个来源覆盖了），其中槽类概念1846个，属性值类知识概念8637个，情感词9359个。

为评价候选知识概念过滤策略的效果，随机抽取了5000个候选知识概念的过滤结果进行分析。候选概念中，应当保留的知识概念346个，策略实际保留的知识概念325个，其中274个属于应当保留的知识概念，准确率为84.3%；72个知识概念未必保留下来，召回率为79.2%。总体来说，过滤策略的效果比较不错，基本能够满足实践应用要求。其中未必保留的知识概念主要是冷门概念，而误保留的则多数是由于序列标注的边界截取错误带来的知识概念，以及误识别带来的知识概念。

（3）情感词极性判断

鉴于社会化标签来源的知识概念全部被外部词表和评论抽取的知识概念所涵盖，因此，知识概念已经被分为了槽类概念、属性值概念和情感词。但仍有部分情感词是来自评论抽取（含社会化标签），其情感极性仍不明确，因此需要对其进行识别。按照前文所构建的模型，情感词极性判断的实现采用基于语料的方法进行实现，分为候选情感词获取、基于自然标注的图书情感词语料库构建、权值计算、阈值过滤4个步骤。

候选情感词获取。对于前文已经识别出来的情感词，剔除出现在大连理工大学中文情感词汇本体库（DUTIR）、知网Hownet情感词典中的情感词，剩余部分则是情感极性待确定的对象。

基于自然标注的图书情感词语料库构建。豆瓣用户在发表评论或者添加标签时，常常会伴随着评分行为，而且评论、标签的情感倾向与评分基本一致。基于此，可以将伴随着评分的短评、标签作为情感词识别及极性判断的语料。豆瓣的评分采用5分制，按照惯例，3分表示持中性态度，1分和2分代表持负向态度，4分和5分代表持正向态度。因此，可以过滤掉评分为3分的UGC数据，将剩余的UGC作为语料。

权值计算。在此基础上，根据3.2.4节的公式对候选情感词进行了权值计算，得到了每个候选情感词对应的情感权值。

阈值判断。在获得情感权值基础上，结合数据情况，按如下规则判断：如果情感词在正向与负向语料中的频次差值不小于2，则根据情感权值是否大于1来判断其情感极性；否则，将其从知识概念集合中剔除，以免造成情感极性误判。为评价过滤策略效果，随机抽取了500条候选情感词的处理结果进行了分析。其中，包含情感词413个，极性为正向和负向的分别为281和132，策略实际识别出来正向情感词326个，负向情感词174个，准确率为74.2%。总体上看，所设计的情感词及极性一体化判断策略效果较为理想。

规模方面，相比大连理工大学中文情感词汇本体库（DUTIR）、知网Hownet情感词典，分别增加其未覆盖的情感词2642个和3789个，涵盖了众多图书领域才会用到的情感词，如妙笔生花、字字珠玑、辞藻华丽、艰涩、鸿篇巨制等。

词典本身的性能评价中，从词典中随机抽取了1000条情感词进行了人工标注。结果显示，抽样数据中确实是情感词且极性正确的比例为80.4%，是情感词但极性错误的占比3.0%，不是情感词的占比16.6%；面向实际应用的效果评价中，测试集750条短评中共包含情感词907个（不去重），其中被词典覆盖823条，占比90.7%；被覆盖的情感词中情感极性的准确率为97.4%，具体数据如表7-3所示。

表 7-3　　　　　　　　　　中文图书情感词典效果

评价方面	评价指标	效果
词典性能评价	情感词且极性正确	80.4%
	情感词但极性错误	3.0%
	非情感词	16.6%
应用效果评价	情感词召回率	90.7%
	情感极性准确率	97.4%

(4) 知识概念提取总体结果分析

经过前面三个环节的处理，实现了基于 UGC 的豆瓣用户针对图书认知的知识概念提取，形成了包括 19842 个概念的集合。从类型分布看，槽类概念 1846 个，属性值类知识概念 8637 个，情感词 9359 个；从来源分布看，词表来源的知识概念 16289 个（仅来自该来源的 5874 个），社会化标签来源的概念 8397 个，短评来源的概念 13968 个（仅来自该来源的 3553 个），如图 7-1 所示。从上述分布可知，仅依靠成熟的词表等知识组织工具，会导致相当一部分用户认知范围内的概念或表达无法涵盖，而且部分概念的流行度非常高，如武侠、修仙、穿越、玄幻、辞藻华丽等；同时，现有技术条件下，仅依靠对评论这类规模最大的 UGC 数据挖掘分析，也难以在保证提取质量的同时实现对用户认知的高覆盖。基于此，充分利用既有知识组织工具的同时，将社会化标签、评论等 UGC 数据纳入到用户认知概念提取中，是当前技术条件和信息环境较为理想的实现思路。

二　面向豆瓣用户图书认知的知识概念结构化

按照前文所构建的知识概念结构化模型，将从同义关系识别、层级关系识别和概念关联关系识别三个方面入手实现知识概念的结构化，形成结构清晰的豆瓣用户图书认知体系。

(1) 同义关系识别

同义关系的识别分为候选同义对识别和人工审核两个环节，前一个环节通过基于词向量的候选同义对识别、基于模板的候选同义对识别和基于规则的全简称候选同义对识别进行实现。

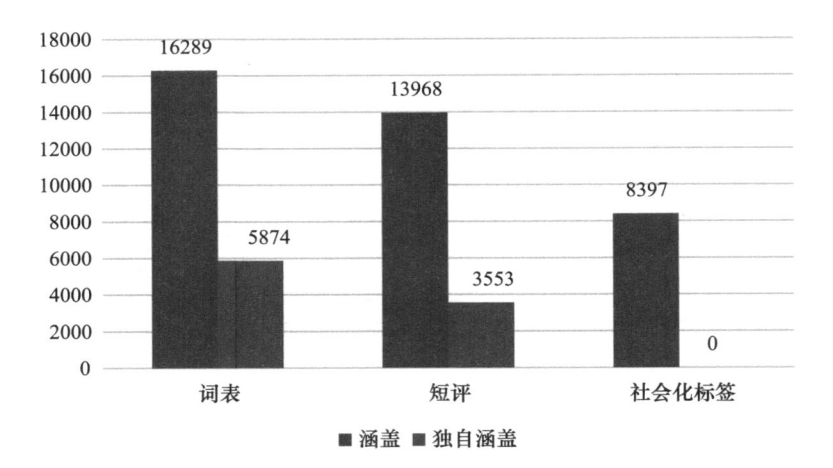

图 7-1　知识概念来源分布

①基于词向量的候选同义对识别。鉴于同义仅会发生在同类概念之间，因此在已经实现的知识概念类型划分基础上，将其分为槽、属性值和情感词三个集合。之后，基于前文已经训练得到的词向量，以余弦相似度为度量方法，对同一集合中的概念两两计算相似度；并根据数据情况设定阈值 0.7，当两知识概念间余弦距离大于阈值时，将其视为候选同义对。通过对所有概念的处理，共发现候选同义对 643 个。

②基于模板的候选同义对识别。鉴于外部采集的词表中并不包含同义词表，因此难以通过同义词对在语料中的表现进行模板学习。研究中，首先参考陈果、张书娟、陆勇等人的研究成果[1][2][3]，设计了候选同义对抽取模板，包括 A 又称 B、A 也称为 B、A 简称为 B、A 简称 B、A，即 B、A（B）等 6 个，并将其用于候选同义对的识别。通过对全部语料数据的处理，共发现候选同义对 137 个。

③基于规则的全简称候选同义对识别。依据前文策略，将全部知识概念分为槽、属性值和情感词三个集合，并分别针对每一个集合，对全

---

[1] 陈果：《基于领域概念关联的网络社区知识聚合研究》，博士学位论文，武汉大学，2015 年。

[2] 张书娟等：《基于电子商务用户行为的同义词识别》，《中文信息学报》2012 年第 3 期。

[3] 陆勇、侯汉清：《用于信息检索的同义词自动识别及其进展》，《南京农业大学学报》（社会科学版）2004 年第 3 期。

简称候选同义对进行了识别，样例如表 7-4 所示。经过对所有知识概念的分析，得到候选同义对 364 个。

表 7-4　　基于规则的全简称候选同义对识别结果示例

类型	候选同义词对
连续性缩写词	（清华大学，清华）
连续性缩写词	（武汉理工大学，理工大）
非连续性缩写词	（北京大学，北大）
非连续性缩写词	（中国图书馆分类法，中图法）
非连续性缩写词	（"文化大革命"，"文革"）

④候选同义概念对融合。针对三种方法获得的候选同义对，首先进行了去重处理，之后依据同义传导性质，对包含相同知识概念的候选同义对（集合）进行了合并扩展，将可能存在同义关系的概念加入同一个集合。经过处理，共形成 773 个候选同义集合，涉及知识概念 1746 个。

⑤人工审核。为保证同义关系发现的准确性，针对候选同义概念集合进行了人工审核，最终全部保留同义概念 462 组；部分保留的同义概念 97 组；完全剔除的同义概念 214 组，占比 27.7%。总体来看，前文所构建的知识概念同义关系发现模型是有效的，能较好地识别出同义概念，并保持较高的准确率。

（2）层级关系识别

实验中采用基于形式概念分析（FCA）的方法构建图书知识概念间层级关系，首先根据抽取的全部图书方面特征抽取结果，构建"知识概念—图书"共现矩阵。进行图书知识概念间层级关系挖掘的前提为每个图书的特征标注是全面的，在实验中，由于获取图书的标签、评论数据分布不均匀，部分热门图书的标签、评论数据非常丰富，以此为基础进行的知识概念提取结果也较为全面，可以全部反映该图书方面的特征；而冷门图书的标签、评论数据较少，导致出现方面特征揭示不全面的情况，进而造成以此为依据的知识概念间层级关系挖掘出现偏差。为防止冷门图书的特征提取不全面对知识概念间层级关系识别造成的影响，实验中以图书特征描述抽取的完整度对图书进一步过滤，仅取对应标签、评论数量最多的前1000本图书构建"知识概念—图书"共现矩阵，在此基础上利用概念的偏序关系得到抽取的图书知识概念间的层级关系，通过新增具有限定的属性从上位词中派生出新的下位词，部分知识概念间层级关系对如表7-5所示。

表7-5　　　　　知识概念间的候选层级关系对（部分）

上位词	下位词
欧洲	奥地利、拜占庭、德国、法国、古罗马、捷克、罗马、文艺复兴、意大利、英国、中世纪
古代	穿越、宫斗、宫廷、古代宫廷、汉朝、后宫、霍去病、架空、架空历史、江湖、兰陵王、清宫、山海经、武侠、仙侠、明朝、清朝、宋朝、唐朝
武侠	镖人、楚留香、大陆新武侠、功夫、花满楼、陆小凤、女性武侠、韦小宝、武术、仙侠、新武侠、英雄志、智侠
心理学	爱情心理学、悲剧心理学、变态心理学、超个人心理学、从众心理、大众心理学、道德心理学、儿童心理学、发展心理学、犯罪心理学、分析心理学、个体心理学、害羞心理学、好玩心理学、环境心理学、积极心理学……

（3）知识概念关联关系识别

按照前文提出的模型，在实现槽、属性值和情感词三类概念区分的基础上，进行槽与属性值、槽与情感词关联关系的识别。

槽与属性值关联关系识别。首先根据语料数据进行槽与属性值的共现识别，并在去重、表述规范化处理基础上进行频次统计，获得每个槽、属性值在语料中的频次，每组（属性值，槽）的频次、相关用户数、相关资源数。其次，对于频次大于20，或者相关用户数大于10，或者相关资源数大于5的（属性值，槽）二元组，根据前文公式进行关联强度计算。结合数据实际情况，关联强度高于0.7的判断为默认关联，关联强度处于[0.1，0.7]区间的判断为一般关联关系。最后，基于前文提出的补全策略进行关联关系补全。

槽与情感词关联关系识别。在完成槽与属性值关联识别基础上，进行槽与情感词关联关系识别。在共现识别环节，若仅出现了属性值与情感词的共现，则依据属性值与槽的关联关系，将其转换为槽与情感词的共现。之后，采用类似的方法对语料数据进行处理，实现槽与情感词关联关系的识别。

为评价关联效果，随机抽取了 1000 个关联对进行了评估，正确率达到 71.5%，总体上可以满足应用要求。错误数据中，多数是属性值、情感词或槽类概念抽取错误；如若剔除此类错误，关联正确率可以达到 84.8%。

三 豆瓣用户图书认知结构体系框架及分析

在知识概念提取的基础上，为保证所提取的认知结构体系中知识概念的正确性，对非词表来源的知识概念进行了人工审核，剔除了错误的词汇；对于关联知识概念较少的槽或分面，人工也对所关联概念进行了审核。同时，鉴于认知结构框架对知识标注效果影响很大，因此，在自动实现槽的识别、同义和上下位关系识别基础上，人工对其进行了审核、校正。如表 7-6 所示，校正后的认知结构体系中包含题名、出版时间、出版社、语种、作者/译者、编辑、价格、篇幅、主题、背景、例子、案例、习题、插画、描写、叙事、视角、流行度、新颖性、用途、适用对象、评分、内容评价 23 个槽，绝大多数槽都有自己的分面。分面最多的槽是内容评价槽，包含 32 个分面，其中 19 个是具体的评价方面，如学术性、价值性、可读性等，13 个图书的组成部分，如标题、封面、简介等，这些组成部分都可以作为认知对象，其分面为学术性、可读性、文笔等分面中的 1 个或多个，限于篇幅，就不再专门一一罗列。

表 7-6　　　　　　　　豆瓣用户图书认知结构体系框架

槽名	分面名称	说明
题名		取值为图书的题名
出版时间		取值为年份或更精确的日期
出版社		取值为出版社名称
语种		取值为语种名称

续表

槽名	分面名称	说明
作者/译者	姓名	取值为作者姓名
	国籍	取值为作者的国籍
	评价	评价角度为下方内容评价的子集,不再专门罗列
编辑	字体	含属性值与用户评价两个分面,限于篇幅,不再分开罗列
	排版	含属性值与用户评价两个分面,限于篇幅,不再分开罗列
	纸张	含属性值与用户评价两个分面,限于篇幅,不再分开罗列
	印刷	含属性值与用户评价两个分面,限于篇幅,不再分开罗列
	装帧	含属性值与用户评价两个分面,限于篇幅,不再分开罗列
	编辑总体评价	取值为对图书编辑方面的总体评价
价格		连续数值型特征,含分面的原始值与离散化后的取值,限于篇幅,不再分开罗列
篇幅		连续数值型特征,含分面的原始值与离散化后的取值,限于篇幅,不再分开罗列
主题	主题词	含属性值与用户评价两个分面,限于篇幅,不再分开罗列
	题材	含属性值与用户评价两个分面,限于篇幅,不再分开罗列
	体裁	含属性值与用户评价两个分面,限于篇幅,不再分开罗列
	主义流派	取值为图书的主义派别信息
背景	社会背景	含属性值与用户评价两个分面,限于篇幅,不再分开罗列
	自然背景	含属性值与用户评价两个分面,限于篇幅,不再分开罗列
例子		含属性值与用户评价两个分面,限于篇幅,不再分开罗列;取值为有和无
案例		含属性值与用户评价两个分面,限于篇幅,不再分开罗列;取值为有和无
习题		含属性值与用户评价两个分面,限于篇幅,不再分开罗列;取值为有和无
插画	画风	含属性值与用户评价两个分面,限于篇幅,不再分开罗列
	色彩	含属性值与用户评价两个分面,限于篇幅,不再分开罗列
	插画评价	取值为用户对插画的总体评价
描写	描写手法	取值为具体的描写手法
	描写评价	取值为描写的评价

续表

槽名	分面名称	说明
叙事		含属性值与用户评价两个分面，限于篇幅，不再分开罗列
视角		含属性值与用户评价两个分面，限于篇幅，不再分开罗列
流行度		连续数值型特征，含分面的原始值与离散化后的取值，限于篇幅，不再分开罗列
新颖性		连续数值型特征，含分面的原始值与离散化后的取值，限于篇幅，不再分开罗列
用途		取值为文艺作品、教材教辅、学术著作、通俗读物、工具书5类
适用对象		取值为从业人员、科研人员、学生等
评分		连续数值型特征，含分面的原始值与离散化后的取值，限于篇幅，不再分开罗列
内容评价		说明：该槽只展示取值仅为情感词的分面，限于篇幅下面将同类分面合并展示，包括评价的具体方面和细粒度的评价对象（图书的组成部分）
	第一类分面（19个）	性价比、学术性、操作性、专业性、可读性、价值性、信息量、逻辑性、文笔、风格、观点、论证（包含论点、论据、论证过程3个分面）、思路、视野、思想、翻译、资料、故事、细节
	第二类分面（13个）	标题/译名、封面、简介、开头、结尾、附录、索引、结论、引文、注释/译注、图表、人物、情节

需要说明的是，出版社、语种、作者/译者、编辑、背景、描写、叙事、视角、用途、适用对象、评分、主题、内容评价13个槽的取值已经被认知结构中的概念基本全部涵盖；例子、案例、习题、插画4个槽的取值为有和无，相应的评价分面的取值也已经被认知结构中的概念基本全部涵盖；出版时间、价格、篇幅、流行度、新颖性5个槽的取值为连续数值型，取值未被认知结构体系全部涵盖。

为体现所提取的用户认知结构的特点，将其与国家图书馆的书目元数据框架进行了比较分析。二者相比，所构建的用户认知结构体系覆盖国家图书馆图书元数据项中的9项，未覆盖的7项，分别为出版发行地、ISBN、中图分类号、版本、国别、丛编项、一般附注，总体来说这些元数据项都是豆瓣用户不太关注的信息。此外还有13个槽未出现在国家图书馆的图书元数据项中，包括背景、例子、案例、习题、描写、叙事、视角、流行度、新颖性、用途、适用对象、评分、内容评价,此外元数据项"主题"下细分出的题材、体裁、主义流派也未被涵盖。其中,用途(包括文艺作品、教材教辅、学术著作、通俗读物、工具书 5 类)、适用对象(包括从业人员、科研人员、学生等)是较具有普适性的内容特征,对用户也具有重要价值;背景、例子、案例、习题、描写、叙事、视角,以及"主题"下的题材、体裁、主义流派分面,都是围绕文学作品、教材衍生出的内容特征项,这些方面的信息对用户搜寻文学作品和教材具有重要参考价值;评分、内容评价(含其他槽的评价分面)和编辑、装帧的评价分面等都属于具有主观性特点的属性特征,但对用户选择图书具有重要参考价值。

总体上来讲,相较于传统的图书元数据体系,根据用户 UGC 所构建的认知结构体系能较好地反映用户关注的主要图书内外部特征,对其进行图书的搜寻更具有参考价值。同时可以发现,对于豆瓣用户(大学生和青年白领为主)普遍关注的文学作品和教材教辅类图书,相应的认知结构更为细致、全面,而对于关注较少的学术著作等类型的图书,则认知结构仍不够全面,如学术著作相关的研究方法、创新性、研究过程的规范性等,都未得到体现。

第三节 基于豆瓣用户认知结构的图书知识标注

在完成豆瓣用户图书认知结构提取的基础上,参考前文所提出的知识标注方法进行了图书标注实现。下面将首先对标注的总体思路进行说明,之后对标注的具体实现过程进行阐述。

一 豆瓣图书知识标注框架及实现思路

依据所构建的用户认知结构体系,豆瓣图书的知识标注框架应包含 94 个元数据项,其中文本型元数据项 83 个(以二级元数据项为准,一级元数据项仅为了便于展示,如表 7-7 所示),其中客观属性类元数据项 27 项,评价类元数据项 56 项;连续数值型元数据项 16 个,其中出版时间的取值为年份或更精确的日期信息,价格、篇幅、评分、流行度、新颖性等取值则为连续的数值,并需要对其进行离散化处理。除题名外,其他所有元数据项的取值均可以为空。

表7-7　　　　　　　　豆瓣图书标注中的元数据项

一级元数据项	二级元数据项
题名	无
出版时间	无
出版社	无
语种	无
作者/译者	姓名、国籍、作者评价
编辑	字体类型、字体评价、排版方式、排版评价、纸张类型、纸张评价、印刷方式、印刷评价、装帧方式、装帧评价、编辑总体评价
价格	原始价格、价格—离散化
篇幅	原始篇幅、篇幅—离散化
主题	主题词、主题评价、题材类型、题材评价、体裁类型、体裁评价、主义流派
背景	社会背景信息、社会背景评价、自然背景信息、自然背景评价
例子	例子有无、例子评价
案例	案例有无、案例评价
习题	习题有无、习题评价
插画	插画有无、画风类型、画风评价、色彩类型、色彩评价、插画总体评价
描写	描写手法、描写评价
叙事	叙事方式、叙事评价
视角	视角类型、视角评价
流行度	流行度原始值、流行度—离散化
新颖性	新颖性原始值、新颖性—离散化
用途	无
适用对象	无
评分	评分值、评分—离散化
内容评价	内容总体评价、性价比、学术性、操作性、专业性、可读性、价值性、信息量、逻辑性、文笔、风格、观点、论点、论据、论证过程、思路、视野、思想、翻译、资料、故事、细节、标题/译名、封面、简介、开头、结尾、附录、索引、结论、引文、注释/译注、图表、人物、情节

在标注实现上，结合豆瓣数据的特点，拟采用如下思路进行：27 个客观属性类文本型属性中，题名、作者/译者姓名、作者/译者国籍、出版社、装帧方式 5 项通过豆瓣的元数据进行采集；剩余 22 项属性均通过 UGC（包括短评和社会化标签）或图书简介进行抽取；文本型属性中的 56 项评价类属性，只能通过 UGC 进行提取，如果 UGC 数据不够丰富，则这些元数据项取值均为空；6 个连续数值型特征中，出版时间、价格、篇幅等 3 项元数据的原始值通过豆瓣的元数据进行提取，新颖性通过出版日期距离当前的时间推测其原始值；流行度和评分通过用户行为数据提取原始值。

鉴于前文已经实现了豆瓣图书元数据的抓取，因此在基于元数据的特征提取中，只需要从采集数据中直接提取即可，下面不再进行专门说明。在基于 UGC（含短评和社会化标签）和基于原文（含题名和简介）的提取方法结合上，采用如下思路：若通过 UGC 能够提取到资源特征，则该元数据项就采用 UGC 数据提取结果；否则再采用基于原文的提取思路进行处理，以提升资源特征揭示的全面性。

二　基于短评和社会化标签的图书知识标注

按照前文所构建的提取模型，对拥有短评和社会化的图书首先按下面的方法进行处理，以实现文本型特征的提取。

（1）基于依存句法分析的单用户特征认知提取

基于依存句法分析的单用户特征认知提取按照数据预处理、依存句法分析、依存关系提取和规范化与关系校正等几个环节进行实现。

数据预处理。在完成 UGC 数据按用户聚合基础上，针对每个用户的短评，剔除短评中的特殊字符、标签符号，并将汉字之间的空格替换为逗号。之后，剔除未出现在用户认知结构体系中的社会化标签、不包含认知结构体系中任一概念的短评。

依存句法分析。调用哈尔滨工业大学语言技术平台 LTP[①] 中依存句法分析的 API，对预处理后的短评进行依存语法分析，得到各短评的依存句

---

① 哈工大社会计算与信息检索研究中心：《LTP4 服务使用说明》，语言技术平台网，2019 年 6 月 1 日，https://ltp.ai/，2024 年 1 月 8 日。

法分析结果。完成处理后，只保留槽、属性值与情感词对应的片段及其彼此间的依存句法分析结果。

槽和槽值类概念的依存关系提取。若分析结果中，槽与属性值、情感词之间存在主谓、动宾、定中、状中四类依存关系，则将其抽取为 <槽，属性值/情感词> 对；若两个或多个槽之间存在并列关系，某个槽与属性值/情感词存在上述四类依存关系中的一种，则其他槽与该属性值/情感词也构成 <槽，属性值/情感词> 对；若两个或多个属性值/情感词之间存在并列关系，某个属性值/情感词与槽存在上述四类依存关系中的一种，则其他属性值/情感词与该槽也构成 <槽，属性值/情感词> 对。如果属性值与情感词之间存在依存关系，则先将其转换成对应的槽，之后再进行 <槽，属性值/情感词> 对抽取。

规范化与关系校正。完成逐条 UGC 数据的处理后，首先利用用户认知结构中的同义关系进行词形的规范化处理；其次，对于保留下来的社会化标签，以及未提取出对应槽的属性值、情感词，依次根据其他用户短评的抽取结果、用户认知结构体系中属性值/情感词的默认槽信息，进行槽的补全。

为验证基于依存句法分析的单用户特征认知提取策略的效果，随机抽取了 1000 条短评数据，与第五章的依存句法分析规则匹配的短评数据有 301 条，其中存在于认知结构体系中的评价对象—情感词对有 28 条，未存在于认知结构体系中的评价对象—情感词对有 273 条，对其解除评价对象—情感词对关系，只保留槽值，其中有 209 条结果存在于 feature 中，共计 237 条最终结果存在于用户认知结构体系中。采用 <槽，属性值/情感词> 对抽取的准确率、召回率为指标，进行效果评价，准确率为 89.87%，召回率为 91.03%。

（2）考虑概念流行度的多用户认知结果融合

在完成单用户特征认知提取的基础上，需要综合各资源所有用户的认知结果，以及所有资源下知识概念使用情况的统计信息，实现基于用户认知的资源特征揭示。

知识概念的频次统计。从两个方面进行频次统计，一是单个资源视角下的数据统计，包括每个知识概念的频次、发布 UGC 的用户数量；二是全局视角下的数据统计，包括每个知识概念在所有资源中被所有用户使用过的频次、关联用户数。在统计基础上，以标注人数超过 5 人的资源为对象，通过知识概念的频次与发布 UGC 的用户数量比值，确定每个知识概念的最高相对频次。

根据知识概念的总频次和相关用户数进行热门与冷门概念划分。热门与冷门概念区分中，较为有效的办法是观察知识概念在热门图书中的使用情况，据此，选择 UGC 用户数不低于 500 的图书作为样本，将知识概念最高相对频次不超过 2% 的视为冷门概念。

针对热门概念的投票策略设计。对于热门概念，当其在一本图书下的频次小于 5 时，将其剔除；否则，根据相对频次阈值进行过滤。结合数据实际情况，当相对频次不低于 0.1 时，即可将其视为是相关概念；否则，将其视为无关概念。

针对冷门概念的投票策略设计。对于冷门概念，假设单个用户提取的特征准确率为 0.6，当特征的准确率期望高于 90% 时视为特征与图书相关，则可以推算得出，冷门特征频次不小于 3 时视为相关特征。

投票结果处理。对于属性值类特征，如果投票策略判断其与图书相关，则将其与对应的槽或分面视为图书特征提取结果。对于情感词，则需要将与同一个槽或分面相关的情感词聚合到一起，如果这些情感词极性一致，则均予以保留，将其与对应的槽或分面视为图书特征提取结果；否则，分别统计情感倾向为正和为负的用户数，如果两者比例悬殊，则仅保留情感极性占比较高的情感词，反之，删除所有与该方面相关的情感词。

完成多用户认知特征融合后，就得到了基于短评和社会化标签的图书知识标注结果，以余华的热门小说《活着》为例，抽取结果如表 7 - 8 所示。

表 7 - 8　基于短评和社会化标签的图书特征提取结果（部分）

槽名	<槽, 属性值>对	<槽, 情感词>对
主题	<主义流派, 现实主义>；<题材, 悲剧>；<主题词, 文学>……	<主题, 深刻>；<主题, 沉重>
作者/译者	<作者, 余华>	<作者, 朴实>；
篇幅		<篇幅, 不长>

续表

槽名	<槽，属性值>对	<槽，情感词>对
内容总体评价		<内容，深刻>；<内容，生动>；<总体，喜欢>……
风格		<风格，喜欢>；<风格，平实>；<风格，触动>；
价值		<价值，有价值>
文笔		<文笔，不错>；<文笔，自然>；<文笔，流畅>……
故事		<故事，惨>；<故事，感人>；<故事，流畅>……
结尾		<结尾，惨>；<结尾，心酸>
人物		<人物，惨>；<人物，细腻>
情节		<情节，吸引人>；<情节，感人>；<情节，真实>……
描写	<描写手法，现实>；	<描写，真实>；<描写，深刻>；<描写，细致>……
叙事	<叙事，双重叙事>	<叙事，赞>；<叙事，喜欢>
视角	<视角，第一人称>；<视角，小人物>；<视角，个人>	<视角，有新意>；

从样例数据可以看出，当图书较为热门时，可以基于短评和社会化标签提取出较为丰富的图书特征，而且每个特征的揭示相对全面，如关于情节的用户评价包括吸引人、感人、真实、美、悲伤、丰富等；关于视角提取出了第一人称、小人物、个人等视角描述，以及有新意这一评价。但同时也可以看出，对不同图书用户关注的重点不同，以《活着》为例，用户关注的重点是主题（主题词、题材、主义流派）、作者/译者、篇幅、内容总体评价、风格、价值、文笔、故事、结尾、人物、情节、描写、叙事、视角等 21 个特征，而其他众多特征则在 UGC 中鲜有出现。由此可以看出，通过 UGC 进行资源特征抽取时，可以将用户关注的特征提取出来，但对于不太关注的特征，则可能会提取不完整，导致特征揭示的全面性存在不足。

三 基于内容简介的图书知识标注

对于 UGC 数据不足，或元数据未覆盖、质量不佳的图书特征，为提升知识标注的质量，需要以图书的标题和内容简介为基础进行特征提取。实现过程中，对于主题特征采用基于 TextRank 的抽取方法；对于背景、语种、适用对象、描写手法、叙事方式 5 项特征采用基于规则的抽取方法；对于例子、案例、习题、插画、用途 5 项特征采用基于 BiLSTM-Attention 的自动分类方法进行提取。限于篇幅，仅就基于 TextRank 的图书关键词抽取、基于 BiLSTM-Attention 的图书用途特征提取和基于规则的图书适用对象特征提取分别进行详细说明。

（1）基于 TextRank 的图书关键词抽取

在数据预处理环节，从全部样本图书中随机抽取 1000 本图书的标题和简介作为实验数据，其中 800 部作为训练集，200 部作为测试集，并由 3 位华中师范大学情报学硕士进行基于图书简介的关键词标注。首先利用中文分词工具 jieba 对豆瓣图书的内容简介进行分词处理，由于适合作为关键词的领域术语有可能被分词工具切分为多个片段，使得应抽取的关键词无法出现在候选列表中，因此，利用前文构建的用户认知结构体系词表为指导对分词结果进行拼接，当拼接结果出现在词表中，则将其拼接到一起作为新的分词结果，作为候选关键词集合；完成分词后，结合前文构建的同义词表对其进行处理，将以同义形式出现的词汇替换为标准形式。之后，按照前文模型，进行词频统计和词汇位置识别，鉴于关键词提取仅使用了标题和内容简介数据，因此词汇位置也只区分为标题和摘要两类，若仅出现在内容简介中，则将其位置设置为摘要，否则设置为标题。

在模型训练环节，基于 TextRank 进行关键词提取时，需要确定的参数主要有三个，一是词频这一特征的权重，二是候选关键词位置的权重，三是按 top N 输出结果时，N 值的确定。权重迭代时，以 0.1 为步长，对不同组合进行尝试；N 值确定时，以 1 为步长进行迭代，根据不同取值组合下的准确率、召回率和 F1 进行判断。经过多轮迭代训练，将词频特征的权重设置为 0.6，候选关键词位置的权重设置为 0.4，输出时 N 取 8。

为了验证改进后的 TextRank 算法的有效性，将其与 TF-IDF 算法、传统的 TextRank 算法设置对比实验，采用准确率、召回率和 F1 值对关键词提取结果进行效果验证，结果如表 7-9 所示。

表 7-9　　　　　　　　　　关键词抽取结果

算法	Precision	Recall	F1
TF-IDF	0.46	0.38	0.42
TextRank	0.47	0.40	0.43
改进 TextRank	0.58	0.45	0.51

从表 7-9 可知，基于 TF-IDF 的算法与基于传统 TextRank 的算法得到的效果相差不大，且提取的关键词也大致相同。改进后的 TextRank 算法在三种评价指标上的测评值略优于其他两种算法，原因在于融合了外部知识库，对干扰项进行了剔除，且通过加权特征对指标进行了改进。

（2）基于 BiLSTM-Attention 的图书用途特征提取

为验证基于 BiLSTM-Attention 的资源特征提取方法，以图书的用途特征提取为例进行了实验。所谓用途分类是指从图书的功能用途角度对其进行分类，包括学术著作、教材教辅、通俗读物、文艺作品、工具书 5 类。

遵循有监督机器学习的一般流程，从全部样本图书中随机抽取 5000 本中文图书作为实验数据，其中 1000 部作为测试集，数据的标注也由 3 位华中师范大学情报学硕士完成。其中，训练集中 4000 本图书的类目分布如表 7-10 所示。

表 7-10　　　　　　　　　不同用途图书的数量分布

用途类型	图书数量
学术著作	177
教材教辅	227
工具书	77
通俗读物	2138
文艺作品	1381

从表 7-10 可看出，不同类目间的分布非常不均衡，数量多的类目对

应的内容简介数量高达数千个,最少的是工具书,仅包含 77 本。为减少类目不均衡对模型训练效果的影响,对内容简介数量小于 300 的类目采用上采样技术进行处理,即采用有放回抽样技术对该类目数据进行抽样,使其规模达到 300 条。同时,鉴于图书的书名和简介能较明确地揭示其对应内容的类型,因此将书名和简介作为输入数据。

数据预处理环节,采用 jieba 分词进行内容简介文本的分词处理,在此基础上,使用 Word2Vec 将文本词向量化,向量维度设置为 300。同时,按表 7 – 11 所示的具体参数进行 BiLSTM-Attention 模型训练。

表 7 – 11　　　　BiLSTM-Attention 部分训练参数设置

参数类型	参数值
epoch	10
batch_size	32
Hidden_size	128
Embedding_size	300
dropout	0.1

为便于衡量模型效果,选用 LSTM 经典模型作为对照实验,将书名加入内容简介中参与分类,其模型训练的参数与 BiLSTM-Attention 模型一致;同时为观察训练集对效果的影响,分别用 2000 和 4000 本图书作为训练集进行了实验。效果评价中,选用的评价指标包括准确率、召回率和 F1 值。实验结果显示,BiLSTM-Attention 模型的性能普遍优于 LSTM 模型,利用 BiLSTM-Attention 模型对图书用途进行分类能得到更佳的分类效果,具体效果如表 7 – 12 所示。

表 7 – 12　　　　对照实验的分类结果

模型		准确率
2000 本训练集	LSTM	62.2%
	BiLSTM-Attention	67.4%
4000 本训练集	LSTM	71.8%
	BiLSTM-Attention	74.7%

为更进一步地体现 BiLSTM-Attention 模型的处理效果，对 4000 训练集下各个类目的准确率、召回率和 F1 值进行了输出，如表 7-13 所示。

表 7-13　　　　BiLSTM-Attention 模型各类目分类效果

类目	准确率	召回率	F1 值
学术著作	0.50	0.48	0.49
教材教辅	0.68	0.60	0.64
工具书	0.62	0.68	0.65
通俗读物	0.81	0.72	0.76
文艺作品	0.72	0.85	0.78

通过上述两组实验效果数据可知，BiLSTM-Attention 模型的效果较好，而且随着训练数据集的增加，其效果会进一步提升，其原因是图书的名称、简介内容千差万别，训练集规模不足时，难以全面涵盖各种常见的情况。另外，不同的类目在效果上仍有较显著差异，效果最差的 F1 不足 0.5，效果最理想的则接近 0.8。其背后主要原因也是训练集规模问题，样本数过千的类目，总体上效果都较理想，而 F1 值不足 0.5 的类目，其对应的样本数也均不足 300。据此可以推测，进一步增加训练集规模，模型的分类效果将会进一步提升。

（3）基于规则的图书适用对象特征提取

基于规则抽取资源特征时，每一个具体任务都会有其自身特点，为展示基于规则的图书标注方法的有效性和应用价值，以豆瓣图书中图书适用对象信息抽取为例进行了实验。

通过对图书的预调研发现，图书的适用对象信息多体现在内容简介和主题中，故而拟以其作为适用对象提取的基础数据，图书简介中的适用对象大多可以通过规则加以抽取；而依据图书主题判断适用对象时，需要通过规则映射的方式来提取，例如根据"高等职业教育—教材"这一关键词组合可以判断其适用对象是"高职高专师生"。基于此，拟以图书简介和关键词（包括基于 TextRank 抽取的关键词及通过 UGC 提取的关键词）为基础数据，采用抽取与映射规则相结合的方式提取图书适用对象，如图 7-2 所示。同时，由于第四章构建的用户认知结构体系中对适用对象信息的涵盖较少，而图书中关于适用对象的表述常常更为细致且认知难度不高，因此只需要根据相关信息进行提取即可，而无须基于用户认知结构对提取结果进行过滤。

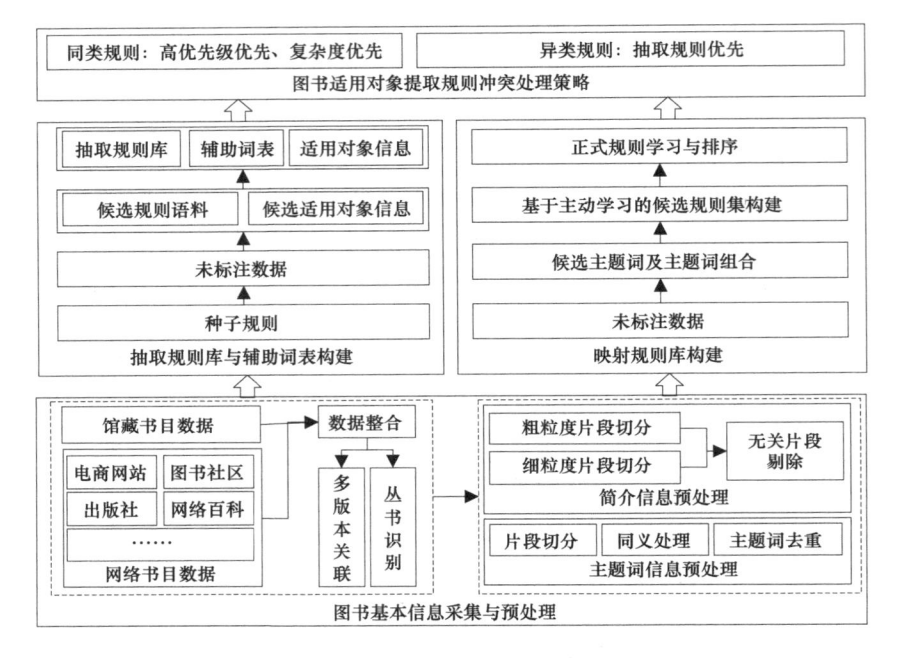

图 7-2　基于规则的图书适用对象提取模型

数据预处理。该环节的主要工作是实现简介信息的片段切分、无关句子的剔除和主题词的规范化。图书简介中，鉴于疑问句一般不会包含图书适用对象信息，故而需要将包含问号的整句话剔除；鉴于部分图书的适用对象类型较多，中间可能以顿号、逗号等标点符号分割，故而需要对剩余信息进行多粒度划分，以提高规则应用的准确率。粗粒度划分中，可以以句号、叹号、省略号和分号作为片段划分依据；细粒度划分中，可以以逗号作为划分依据。在主题词数据预处理中，需要将主题词进行同义词归并处理。

适用对象抽取规则库及辅助词表构建。为实现面向图书简介信息的适用对象抽取，除了需要构建规则库之外，还需要建立与之相匹配的辅助词表，以提高抽取规则应用的准确率。构建过程中，抽取规则库与辅助词表是一体化进行，其原因是辅助词表可以有效降低抽取规则库建设的成本，而辅助词表的建设依赖规则抽取出来的适用对象初始信息。其实施思路是首先人工建立种子抽取规则集，继而用这些规则进行适用对象抽取，并通过对抽取结果的人工分析初步建立辅助词表（包括适用对象后缀词表和禁用词表）；在此基础上依据辅助词表发现新的潜在规则供人工审核，并依据新的规则再对样本数据进行适用对象抽取和人工分析，通过多次循环逐步建立较为完善的规则集合和辅助词表，如图7-3所示。

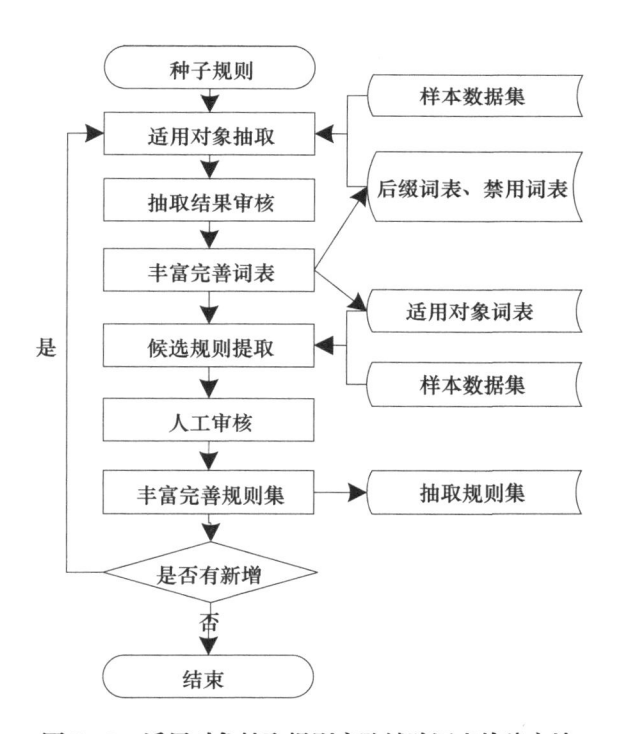

图7-3 适用对象抽取规则库及辅助词表构建方法

实现过程中，随机抽取了10000本图书作为抽取规则库及辅助词表的基础数据，首先依据人工确定的"供*参考*1"、"作为*的*教材*1"、"适合*阅读*1"、"对*具*价值*1"等12条种子规则，对语料数据进行了适用对象抽取处理，之后人工对抽取结果进行了审核，初步建立了适用对象后缀特征词表、适用对象禁用词表（区分为前缀禁用、后缀禁用、禁止出现和禁止作为抽取对象整体出现）。进而，以通过审核的适用对象信息为基础，对语料数据进行处理，并将频次大于1的潜在抽取规则及样例数据返回，人工分析后，得到新规则303条。此后，则以新的规则库为基础进行适用对象抽取，人工分析抽取结果完善辅助词表和适用对象词表，并进一步挖掘潜在规则。如此循环5次后，不再有新规则产生。最终，获得527条适用对象抽取规则，51个适用对象特征词，276个禁用词。

需要说明的是，为保障规则的灵活性与准确率，在进行规则标注时，采取了如下处理策略：一是尽量建立包含前后缀的封闭式规则，减少只包含前缀或后缀的开放式规则；二是前后缀的长度尽量短一些，以提高规则的覆盖率；三是建立了少量包含两个可变片段的规则，并指定了哪个可变部分属于应当抽取的信息，比如规则"为*的*教材*1"，其含义是对该规则抽取第一个可变部分作为适用对象。

适用对象映射规则库构建。基于主题词的映射规则库构建中，以前文所构建的用户认知结构中相关概念作为适用对象的取值进行规则建设，包括学生、中小学生、社会大众、科研人员、少年儿童等43类。实施过程中，可按照候选映射规则集构建、映射规则集裁剪、规则优先级设置三个阶段推进，如图7-4所示。

第一，候选映射规则集构建。若将任一候选主题词（组）记为c_i，将c_i包含主题词的个数视为c_i的长度，记为len（c_i）；则若根据c_i可以确定图书的适用对象in_u_{ci}，则将其记为规则c_i::in_u_{ci}；若候选主题词（组）c_j中包含的主题词均出现在c_i中，则称c_j为c_i的子集类候选对象。候选映射规则生成步骤如图7-4所示，其基本思路是根据样本数据集获得频次大于2的主题词及主题词组合，以其作为映射规则的候选集，进而筛选出少量需要人工审核的数据并加以处理，从而逐步完成样本数据的分析和候选规则集构建，获得映射规则782条。

第二，映射规则集裁剪。第一阶段建立的规则集合中，存在大量的冗余规则，例如规则集合中同时存在"教学参考资料，小学::小学教师"、"教学参考资料，小学，语文课::小学教师"等，显然，后者被前者覆盖，不必保留。为解决这一问题，需要对已生成的候选规则集进行裁剪，剔除冗余规则，提升规则集的简洁度。经裁剪后，将映射规则由

782 条精简为 361 条。

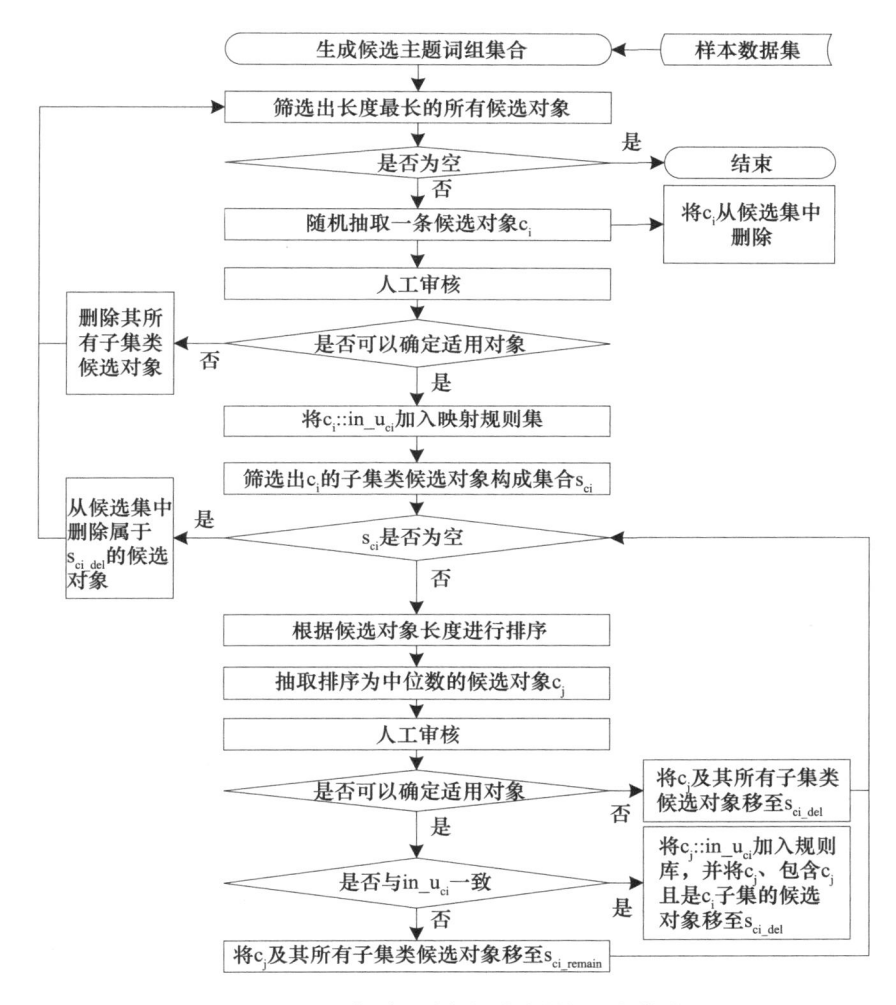

图 7-4　图书适用对象候选映射规则集构建

第三，规则优先级设置。鉴于剪枝后的正式规则集合丢失了一些背景信息，会导致部分规则间的优先级难以判断，但若结合第一环节生成的候选规则，则能够较准确地判断规则间的优先级，如正式规则集中包含 "少儿读物::青少年儿童"、"绘画技法::社会大众" 两条规则，看起来没有直接关联，自然也无法判断优先级，但若结合候选规则集中的规则"少儿读物，绘画技法∷青少年儿童"，则较容易判断规则"少儿读物∷青少年儿童"的优先级更高。基于此，在规则优先级设置中，需要将候选规则集作为辅助数据。实施中，首先进行优先级为 1 的规则筛选（优先级数值越小代表优先级越高），在此基础上递归地进行其他优先级规则的筛选，处理后将规则按优先级分成了 7 个等级。

图书适用对象提取规则冲突处理策略。若同一本图书适用多条适用对象提取规则时，按如下策略进行处理：第一，如果抽取规则与提取规则同时适用，则优先使用抽取规则进行处理；第二，如果仅同时适用多条抽取规则，当抽取规则使用的图书简介片段一致时，优先采用复杂度最高的抽取规则进行处理；当抽取规则使用的图书简介片段不同时，同时保留所有抽取结果；第三，当某本图书仅同时适用多条映射规则，当规则优先级相同时，保留全部结果，否则优先应用优先级最高的规则进行处理。

完成处理后，随机抽取了 500 条数据进行效果评估。在完成抽取规则与映射规则库及辅助词表构建的基础上，对 500 条测试数据进行了处理。在对测试数据人工分析的基础上，对整体实验效果进行了统计，结果显示，模型提取出适用对象的图书 364 本，其中 93.13% 的图书所提取的信息完全准确，4.67% 的图书所提取的信息正确但全面性不足，2.2% 的图书所提取的适用对象信息有误；与之相对应的，样本图书中适合通过规则提取适用对象的图书 369 本，所以模型的总体覆盖率为 96.48%。细分来看，472 本简介非空的图书中，适合通过规则抽取适用对象信息的图书 124 本，抽取规则的覆盖率为 89.52%，准确率为 100%；387 本关键词非空的图书中，可以判定适用对象的图书 324 本，映射规则覆盖率为 99.07%，而且不存在映射结果错误的情况。

第四节　连续数值型特征提取及离散化

豆瓣图书数据集中，涉及的数值型特征有出版时间、价格、篇幅、新颖性、流行度和图书质量 6 类特征。其中，出版时间没有离散化处理的必要，但可以作为新颖性判断的基础数据；价格和篇幅进行离散化处理的价值也不高。新颖性方面，与该特征有关的图书原始特征是出版时间,用户行为特征是评分时间,但对于豆瓣图书的用户来说,其阅读图书的行为与评分行为是分离的,两者可能会间隔很久,尤其是对于新用户而言,其可能将之前阅读过的部分数据集添加进来;同时,由于数据集规模较小,最近一个月内有评分行为的用户仅有583名,因此,不适合用来做新颖性特征的离散化。流行度方面,与该特征有关的用户行为特征是评分行为和社会化标注行为,但社会化标注行为较为稀少,故而选择评分行为作为流行度衡量的基础数据。质量方面,与该特征有关的用户行为包括评分和评论,鉴于数据集中评分与评论来自两个不同的站点,整合难度较大,而且评分数据相对较为丰富,故而选择评分数据作为质量评价的基础数据。

一 图书流行度特征提取及离散化

按照前文所提出的基于用户行为的数值特征提取方法,图书流行度特征通过统计图书的阅读量(包括想读、在读、读过,实验中用的是读过)频次即可。对图书来说,其历史积累的流行度数据对用户判断图书的可读性也具有较强的参考价值,因此,可以将历史累积的读过频次作为流行度数据,这种做法也是业界较常采用的方法。除此之外,还可以参考新颖性的离散划分,统计新颖性程度最强的时间范围内(如近60天)的流行度,但由于实验中未对流行度进行离散化处理故而不再统计近期流行度。提取后的流行度特征如表7-14所示(部分)。

表7-14　　　　图书历史流行度特征提取结果(部分)

图书	流行度	图书	流行度
挪威的森林	35628	不能承受的生命之轻	26039
围城	34081	达·芬奇密码	24905
白夜行	31951	1988:我想和这个世界谈谈	24442
解忧杂货店	27226	嫌疑人X的献身	23936
三体	26802	活着	22838
梦里花落知多少	26162	看见	21183

基于K-means聚类的离散化标准设计中,以数据集中的全部819909

本图书为样本。鉴于样本中图书的流行度差异较大,最高频次为41980,最低频次为1,而且低频图书数量较多,可能对聚类结果影响较大,而且此类图书一定会被划入流行度最低的图书中,因此在数据预处理环节,剔除了流行度极值的一部分图书。剔除方法是,首先统计不同流行度对应的图书数量和总流行度数据,在此基础上,从流行度为1的样本图书开始剔除,剔除了流行度不超过50和超过28000的全部样本图书,剩余样本数为33936部图书。同时,鉴于图书的流行度绝对值之间差异较大,例如流行度排名第1的比第2名高出424,第2名比第3名高出640,因此直接采用流行度绝对值进行聚类,会使得热门图书间的差距被过度放大。为解决这一问题,对流行度数据进行了取对数处理,并且只保留小数点后2位。

在完成数据预处理基础上,采用 K-means 方法对数据进行聚类处理,k 的初始值为 2,变动步长为 1,k 处于 [2,15] 区间的类团平均直径变动情况如图 7-5 所示。

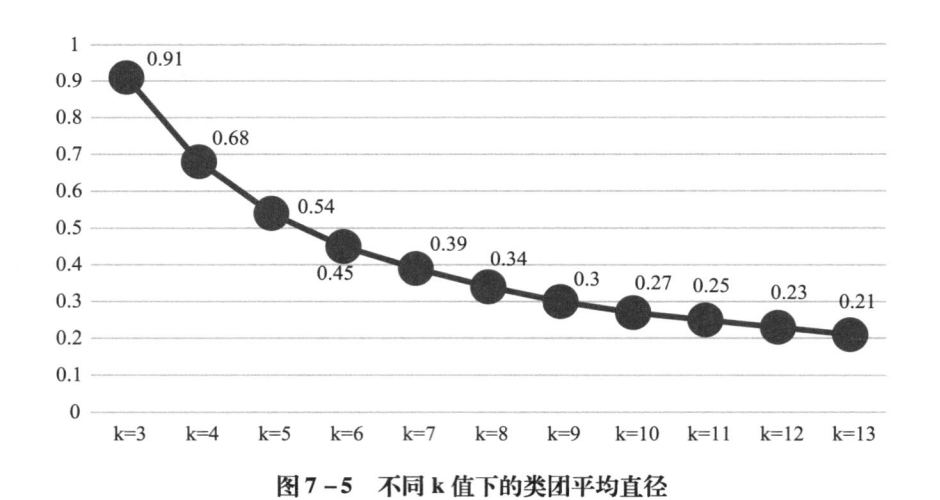

图 7-5 不同 k 值下的类团平均直径

从图 7-5 可以看出,类团的平均直径在 k=10 时趋于平稳,因此选择 k=10 时的聚类结果作为流行度离散化的依据,如表 7-15 所示。总体来看,给定最热图书流行度为 27226 的前提下,离散化后的流行度与用户主观认知基本保持一致,即超级热门的图书流行度应该超过 6000,流行度 70 以下的就属于特别冷门的图书了，即看过的用户占比不超过 0.015%。

表7-15　　　　　　　　图书流行度离散化标准

流行度等级	流行度范围	流行度等级	流行度范围
流行度1级	[6284，+∞]	流行度6级	[178，224]
流行度2级	[2483，6283]	流行度7级	[128，177]
流行度3级	[1197，2482]	流行度8级	[106，127]
流行度4级	[646，1196]	流行度9级	[73，105]
流行度5级	[225，645]	流行度10级	[0，72]

二　图书质量特征提取及离散化

鉴于一本图书一旦出版，其质量就是稳定不变的，因此根据前文所提出的方法，直接将全部用户的评分结果取均值作为图书的质量特征。由于豆瓣图书采用的是 5 分制，取均值处理中，可以采用业界通行的处理策略，将其转成 10 分值，并小数点后保留一位。另外，由于图书评分是一个主观性特别强的行为，因此，当评分用户过少时，其均分可能无法反映用户的群体认知。故而，当评分人数过少时，可以选择不展示图书质量得分，或者在展示得分的同时，提示用户评分人数，以辅助用户进行判断。本实验中，采用经验法，当评分人数少于 50 时，不计算其质量得分。根据以上方法处理后，共有 27763 本图书提取出了质量特征，示例数据如表 7-16 所示。

表7-16　　　　　　　　图书质量特征提取结果（部分）

图书	质量得分	图书	质量得分
挪威的森林	8.0	不能承受的生命之轻	8.5
围城	9.3	达·芬奇密码	8.6
白夜行	9.1	1988：我想和这个世界谈谈	7.9
解忧杂货店	8.5	嫌疑人X的献身	9.0
三体Ⅱ：黑暗森林	9.3	活着	9.4
梦里花落知多少	7.1	看见	8.8

在基于聚类的离散化标准设计阶段，首先统计了不同质量得分对应的图书数量、流行度数据；为避免单本图书的流行度对聚类结果影响过大，剔除了图书数少于 10 的评分。处理之后，参与聚类的质量得分区间为 [5.3，9.9]，共计 46 个不同的评分。此后，计算了每个评分对应图书的平均流行度（四舍五入取整），以作为聚类的基础数据。

在完成数据预处理基础上，采用 K-means 方法对数据进行聚类处理，k 的初始值为 2，变动步长为 1，k 处于 [2，10] 区间的类团平均直径变动情况如图 7-6 所示。

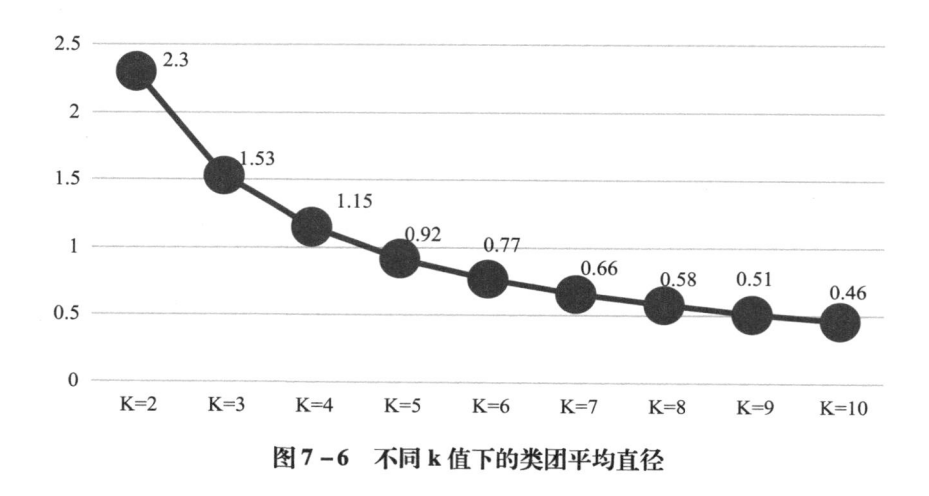

图 7-6　不同 k 值下的类团平均直径

从图 7-6 可以看出，类团的平均直径在 k=6 时趋于平稳，因此选择 k=6 时的聚类结果作为图书特征离散化的依据，如表 7-17 所示。总体来说，用户对图书的评分普遍较高，绝大多数都在 7 分以上（这一点与电影的区别很大），因此质量区分的重点在于优中选优，即将 7 分以上的图书按质量进行细化。从聚类之后的数据分布看，9.5 分及以上的图书占全部图书的 2%，9.2—9.4 分的图书占全部图书的 5.3%，这两组构成了质量最佳的图书；而 7.6 分及以下的，总体上则属于质量不太好的图书。

表7-18 图书评分离散化标准

评分等级	流行度范围
质量极佳	[9.5, 9.9]
质量优秀	[9.2, 9.4]
质量上乘	[8.5, 9.1]
质量较好	[8.1, 8.4]
及格水平	[7.7, 8.0]
质量不佳	[2, 7.6]

第五节 基于知识标注的图书资源知识图谱构建

一 基于用户认知结构的图书资源知识图谱模式层设计

按照第六章提出的知识图谱模式层设计方法，结合前文所构建的豆瓣用户图书认知结构，进行了图书资源知识图谱设计。

在实体与属性设计方面，如果一个槽有分面，则将其视为实体，否则将其视为属性；若分面还有自己的分面，则将其也视为实体，否则将其视为实体的属性。根据以上原则，确定下来的实体包括28类实体，如表7-18所示。

表7-18 图书资源知识图谱实体与属性模式设计

实体	属性
图书	ID、题名、出版时间、语种、用途、适用对象
出版社	ID、出版社名称
作者/译者	ID、姓名、国籍、专长领域、评价
编辑—字体	ID、字体类型、字体评价
编辑—排版	ID、排版方式、排版评价
编辑—纸张	ID、纸张类型、纸张评价
编辑—印刷	ID、印刷方式、印刷评价
编辑—装帧	ID、装帧方式、装帧评价、编辑总体评价
编辑—总体评价	ID、编辑总体评价

续表

实体	属性
价格	ID、原始价格、价格—离散化
篇幅	ID、原始篇幅、篇幅—离散化
主题—主题词	ID、主题词、主题评价
主题—题材	ID、题材类型、题材评价
主题—体裁	ID、体裁类型、体裁评价
主题—主义流派	ID、主义流派
背景—社会背景	ID、社会背景信息、社会背景评价
背景—自然背景	ID、自然背景信息、自然背景评价
例子	ID、例子有无、例子评价
案例	ID、案例有无、案例评价
习题	ID、习题有无、习题评价
插画	ID、插画有无、画风类型、画风评价、色彩类型、色彩评价、插画总体评价
描写	ID、描写手法、描写评价
叙事	ID、叙事方式、叙事评价
视角	ID、视角类型、视角评价
流行度	ID、流行度原始值、流行度—离散化
新颖性	ID、新颖性原始值、新颖性—离散化
评分	ID、评分值、评分—离散化
内容评价	ID、内容总体评价、性价比、学术性、操作性、专业性、可读性、价值性、信息量、逻辑性、文笔、风格、观点、论点、论据、论证过程、思路、视野、思想、翻译、资料、故事、细节、标题/译名、封面、简介、开头、结尾、附录、索引、结论、引文、注释/译注、图表、人物、情节

在实体关系设计上，除了图书类实体之间、作者类实体之间，图书、作者、出版社三类实体之间的关系之外，其他 25 种实体都是直接与图书具有直接关联，关系类型为拥有，关系的起点为图书实体。在图书类实体之间，本次知识图谱构建中主要关注同作者、同出版社的热门图书、相似的热门图书、不同版本这四种关系类型；作者类实体之间主要关注合作这一关系；图书与作者之间主要关注写作关系、最热门图书、最新图书、最高评分图书 4 类关系，图书与出版商之间主要关注出版关系，

作者与出版商之间主要关注合作关系。

二 图书资源知识图谱构建中的实体对齐与知识补全

在实体对齐方面，需要考虑的主要包括作者、出版社和图书3类实体的对齐，其他实体均是随着图书的新增而新增。作者对齐上，鉴于缺乏进行姓名消歧的相关数据，采用了较为简单的名字完全相同即视为同一作者的消歧策略；出版社消歧上，除了将同名实体进行对齐外，还根据同义词表进行出版社名称的对齐；图书的对齐主要依靠图书 URL 实现，即便题名、作者等信息均完全一样，只要 URL 不同，也将其视为不同的图书。

知识补全方面，属性知识的补全主要涉及作者的专长领域属性，以及各种类型的关系知识，实现方法如下。作者专长领域属性知识提取方面，如果一个主题在作者所撰写的至少两本图书中出现，则将其视为专长领域（不同版本的图书除外）。图书间关系提取方面，如果两本书的作者至少有一个相同，则将其视为同作者图书；如果图书 B 与图书 A 的出版社相同，且图书 B 的流行度属于第一或第二等级，则其属于图书 A 的同出版社热门图书；将图书 B 与图书 A 的内容相关特征标注结果分别表示为向量，若其相似度超过 0.5，且图书 B 的流行度属于第一或第二等级，则其属于图书 A 的相似的热门图书；如果图书 A 与图书 B 的题名相同或去掉表征版本的信息后相同，且作者至少有一个相同，则将其视为不同版本的图书。作者实体间的合作关系提取方面，如果两个作者至少合著了一本图书，则将其视为合作关系。图书与作者的关系提取方面，该作者所有图书中，若图书 A（或一组图书）的流行度最高，则两者存在最热门图书关系；若图书 B（或一组图书）的出版时间距离当前最近，则两者存在最新图书关系；如果图书 C（或一组图书）的评分最高，则两者存在最高评分图书关系。作者与出版社间的关系提取方面，如果一个作者所撰写的图书在出版社 A 出版，则该作者与 A 之间存在合作关系。

三 基于 Neo4j 的图书知识图谱存储与可视化

按照第六章所阐述的基于 Neo4j 的资源知识图谱操作方法，首先根据知识图谱模式层设计结果进行图数据库结构设计，除了确定实体、属性、关系类型外，尽量用不同颜色表征不同类型的节点。其次根据资源知识标注结果及实体对齐、知识补全策略进行三元组生成，包括（实体，属性，属性值）、（实体，关系，实体）两类，并以 CSV 格式文件存储。为便于操作，实体节点文件与关系文件分别存储，并通过唯一的 ID 对每一个 CSV 文件的实体、属性或关系进行标识。在此基础上，使用 LOAD CSV 语句实现实体、属性和关系的批量导入。在完成数据导入的基础上，可以可视化地展示图书、作者、出版社等各类节点以及节点间的关系，从而便于用户以更加便捷、易理解的形式获取相关信息。

（1）单本图书信息可视化展示

以"活着"为查询条件，使用 Match 语句进行查询，可以查询到与该图书相关的 ID、题名、出版时间、语种、用途、适用对象、主题、评分等节点信息及关系，查询结果如图 7-7 所示。其中，位于中央的节点表示该图书，周围相关节点表示的是该部图书的相关属性或实体信息，鉴于 Neo4j 仅支持 12 种不同的颜色，故而不同颜色的节点固然是不同的属性或实体，但相同颜色的可能也是不同的属性或实体。

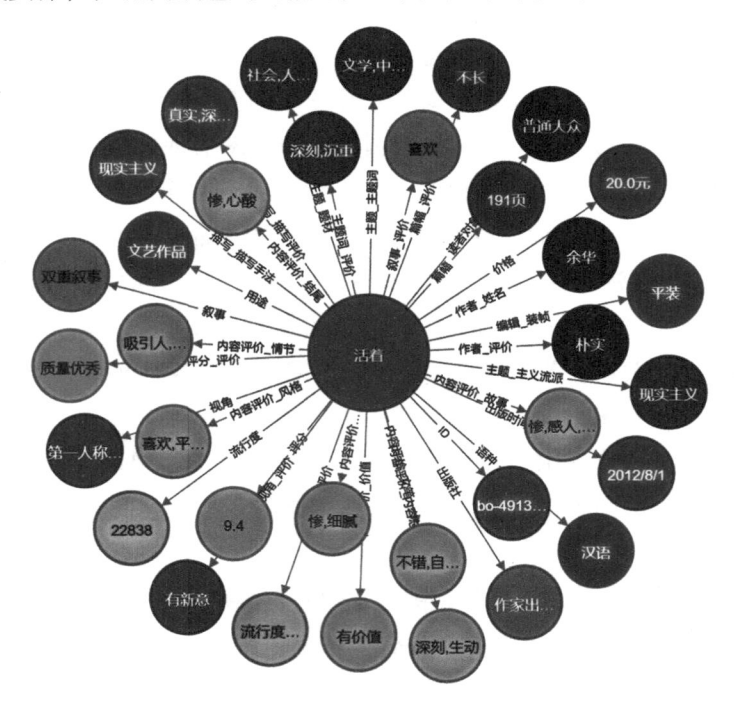

图 7-7 单本图书信息可视化展示

(2) 图书实体间关系展示

为更清晰地展示图书实体间的关联关系,以"活着"为查询条件,进行了相关图书实体的查询,如图 7-8 所示。其中,位于中央的节点表示该图书,周围的节点分别表示同出版社的热门图书、同作者图书和相似的热门图书。

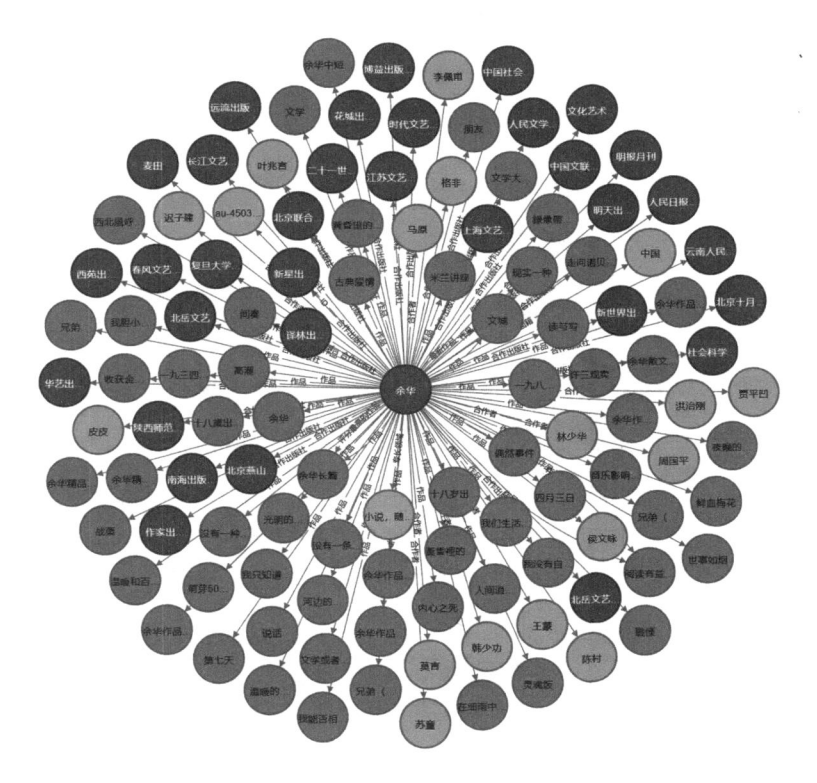

图 7-8 图书实体间关系展示

(3) 作者实体属性及关系可视化展示

以知名作家"余华"为查询条件,通过改变 Match 括号里的变量,可以查询到其基本属性信息和相关的关系信息,如图 7-9 所示。其中,位于中央的节点表示作者余华,周围的节点分别表示其撰写的图书、合作者、合作的出版社和其属性信息(包括 ID、国籍、专长领域)。

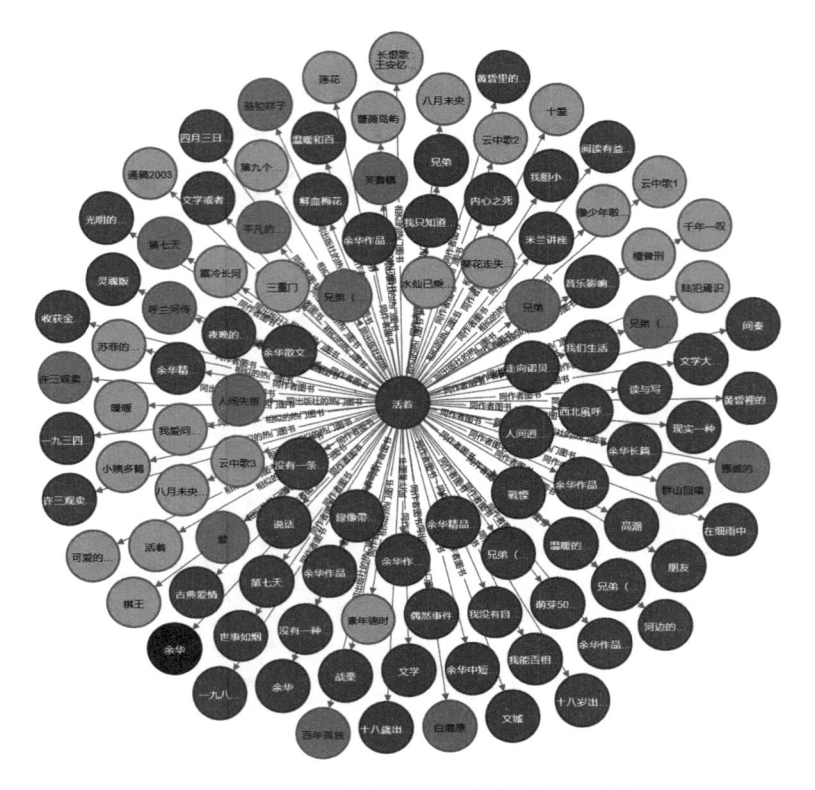

图 7-9　作者实体属性及关系可视化展示

第六节　实证总结

以知名中文社交网络平台豆瓣为对象，在采集 198211 名用户 UGC 数据和 819909 部图书基本信息的基础上，进行了豆瓣用户图书认知结构提取、基于用户认知结构的知识标注、基于知识标注的图书知识图谱原型实现。总体来说，所提出的技术方法具有可行性和良好的效果：在外部词表的指导下，基于短评和社会化标签这两类 UGC 数据成功实现了用户认知结构提取，所形成的用户认知结构体系与国家图书馆这一代表性文献情报机构的元数据框架体系具有显著区别，所减少的元数据项基本都是用户在进行图书搜寻时不太关注的信息，而所增加的元数据项则多是用户在搜寻图书时较为关注的信息；同时，由于用户所关注的图书多为文艺作品和教材，所提取的认知结构中也具有明显体现，即与这两类图书相关的细粒度内容特征在认知结构中体现较为充分，如文艺作品相关的题材、体裁、主义流派、背景信息、描写手法、叙事方式、语言风格等。在用户图书认知结构提取基础上，利用研究所提出的知识标注方法进行了标注实现，对于部分文本型内容特征（如题名、作者、出版社等）采用豆瓣元数据抽取的方式获得；对于部分文本型特征优先采用 UGC 数据提取的方式，当 UGC 数据不够丰富时，以图书题名和简介为基础数据，综合采用规则抽取、TextRank 和 BiLSTM-Attention 模型进行特征提取；对于数值型特征，则获得原始值基础上，还对流行度和评分数据进行了离散化处理，收到较好效果。总体来说，当 UGC 数据较为丰富、简介信息完整时，可以较为全面地提取出图书的各方面特征，以热门小说《活着》为例，知识标注结果如表 7-19 所示。在完成资源标注基础上，利用前文提出的资源知识图谱构建方法进行了图书资源知识图谱构建，包括基于用户认知结构进行模式层设计，结合数据特点进行实体对齐、属性与关系知识补全，并用 Neo4j 图数据库进行了存储与可视化实现。

表 7-19　　　　　　　热门小说《活着》知识标注结果

元数据项		标注结果
题名		活着
ID		bo-4913064
出版时间		2012/8/1
出版社		作家出版社
语种		汉语
作者/译者	姓名	余华
	国籍	中国
	作者评价	朴实
编辑	装帧方式	平装
价格	原始价格	20.0 元
篇幅	原始篇幅	191 页
	篇幅—离散化	不长

续表

元数据项		标注结果
主题	主题词	文学，中国文学，当代文学，小说，中国
	主题评价	深刻，沉重
	题材类型	社会，人性，苦难，人生，生活，悲剧
	主义流派	现实主义
描写	描写手法	现实主义
	描写评价	真实，深刻，细致，复杂
叙事	叙事方式	双重叙事
	叙事评价	喜欢
视角	视角类型	第一人称，小人物，个人
	视角评价	有新意
流行度	流行度原始值	22838
	流行度—离散化	流行度一级
用途		文艺作品
适用对象		普通大众
评分	评分值	9.4
	评分—离散化	质量优秀
内容评价	内容总体评价	深刻，生动
	风格	喜欢，平实，触动
	价值	有价值
	文笔	不错，自然，流畅，朴实，实在
	故事	惨，感人，流畅，残忍，简单，娓娓道来，好看，不错，真实，写实，悲伤，完整，吸引人，有趣，震撼，深刻
	结尾	惨，心酸
	人物	惨，细腻
	情节	吸引人，感人，真实，美，悲伤，丰富

需要说明的是，通过实证研究也发现了一些需要进一步深化与完善的方面，主要包括以下几个方面：基于 BiLSTM-CRF 的知识概念提取中，抽取结果质量受训练集规模影响较大，而且训练集规模达到 3000 条时，抽取效果依然不太理想。因此，一方面需要进一步研究如何基于小样本训练集数据进行知识概念提取的研究，另一方面也需要改进模型设计，

以取得更好的知识概念提取效果。图书的 UGC 数据中，充斥着大量与图书内容无关的信息，如短评中用户讲述了一个自身的故事，或者描述了一遍小说中的故事，这就导致尽管出现了槽、属性值、情感词等相关概念，但与图书并不相关；同时，评论中存在着较为普遍的仅有属性值、情感词但对应的槽并未出现的情况。受此影响，基于 UGC 的单用户特征认知提取效果并不理想。因此，今后需要改进提取模型，首先对 UGC 内容进行分析，识别其是否与当前图书有关；其次再利用模型进行资源特征提取。基于 TextRank 的关键词提取方法尽管实现较为简单，也能实现部分关键词的提取，但总体效果仍不理想，今后需要进一步开展关键词提取方法研究，以改进关键词提取效果。图书资源知识图谱构建中，受实现难度和精力的影响，侧重于将知识标注结果以知识图谱的形式进行存储与关联，并未从用户需求出发进行知识图谱的精心设计与实现，这就导致知识图谱中的实体、属性、关系涵盖可能不够全面，也未考虑专门进行实体的对齐、属性与关系知识的抽取。今后研究中，将立足用户需求进行图书资源知识图谱的模式层设计，并结合多种数据源进行实体识别、属性与关系知识提取、实体对齐与知识补全，进而构建更加完备的图书资源知识图谱。

第八章

结论与展望

尽管各类社会网络平台结合自身实际进行了多方面的资源组织探索，但仍然存在资源特征揭示与用户认知能力、习惯不够契合的问题，其原因主要是资源标注框架与用户的认知框架存在偏差，标注用词与用户知识结构不匹配。为此，在社会网络资源知识标注中，一方面需要结合用户的认知习惯进行知识标注框架的设计，另一方面需要结合用户的认知能力与习惯进行标注中的词汇控制，由此就提出了社会网络中基于用户认知结构的知识标注问题。

第一节 研究总结

本书以认知心理学中的认知图式理论，以及机器学习、知识图谱为技术支撑，对社会网络中基于用户认知结构的知识标注问题进行了研究，以实现资源标注框架、标注词汇选用与用户认知相契合，主要内容总结如下。

首先，研究了面向信息资源的用户认知结构的基本理论问题。以认知图式理论为基础，分析了面向信息资源的用户认知结构的内涵、特点与功能，并从资源、用户、系统三个方面系统分析了用户认知结构的影响因素及发生机理，在此基础上，从资源标注框架设计与词汇控制两个方面分析了其在知识标注中的应用价值。

其次，构建了社会网络中基于 UGC 的用户认知结构提取模型。立足社会网络中 UGC 的类型、特点，对其作为基础数据进行用户认知结构提取的优势进行了分析，并进而构建了由基于 UGC 的知识概念分类提取和基于用户认知的知识概念结构化构成的两阶段用户认知结构提取模型。围绕前者，立足 UGC 数据规模大但可靠性不足的特点，提出了基于 BiLSTM-CRF 的候选知识概念提取、基于投票机制的候选知识概念过滤、基于语料的一体化情感词识别及极性判断等技术模型。围绕后者，提出了规则与相似度相结合的同义关系发现、基于 FCA 的层级关系发现、基于共现分析的关联识别等技术模型，从而将扁平化的知识概念集合转变为架构清晰的用户认知结构。

再次，提出了社会网络中基于用户认知结构的知识标注模型。在完成用户认知结构提取的基础上，可以采用赋词标引的思路进行资源的知识标注。社会网络中，以 UGC 作为特征提取的基础数据能更全面地实现资源特征标注，但由于大量冷门资源的存在，可能导致相当一部分资源的特征揭示不全面。为此，在技术模型研究中，立足于资源描述框架与社会网络中信息环境的特点，进行了知识标注总体模型的设计，除了针对部分适合的特征采用元数据抽取方法，以充分利用既有的资源特征揭示成果外，对于文本型资源特征，优先以 UGC 为基础数据进行知识标注，首先在用户认知结构指导下提取单个用户的特征认知，进而针对热门和冷门概念设计差异化的多用户认知融合机制，以发现用户共识，实现资源特征的提取；当 UGC 数据不够丰富或匮乏的资源特征，以资源原文为基础数据，综合采用规则抽取、TextRank 和 BiLSTM-Attention 模型进行特征提取；对于新颖性、流行度、质量等连续数值型特征，为实现热门与冷门资源特征揭示标准的统一，提出了通过融合认知的聚类分析发现用户对特征数值语义内涵的共识，进而建立特征离散化标准的方法，以实现数值型特征的语义化提取。

复次，研究了基于知识标注的资源知识图谱构建方法。为提升资源组织的语义化水平，在资源特征揭示基础上，需要借助知识图谱技术，实现单纯的资源知识标注向资源知识图谱的转换，建立资源及各类相关要素的语义关联，为实现资源内容的机器可理解和以知识节点为对象的资源深度开发与利用提供支持，由此提出了基于知识标注结果的知识图谱构建问题。针对这一问题，首先提出了基于用户认知结构的知识图谱模式层设计方法，以确定实体类型及其属性、实体间关系类型；其次研究了基于知识标注结果的实体对齐与知识补全方法，以丰富知识图谱中的属性和关系知识，提升知识图谱的质量；最后选择 Neo4j 原生图数据库对知识图谱的存储与可视化，为资源知识图谱的工程化实现提供参考。

最后，以社会网络平台豆瓣读书为对象进行实证。以前文所提出的理论模型与技术方案为基础，以豆瓣图书为数据源，基于 UGC 数据构建了豆瓣用户的图书认知结构；以此为基础，进行了图书知识标注框架设计以及知识标注实现；进而，以用户认知结构为指导设计了图书资源知识图谱的模式层设计，实现了图书及相关实体对齐、面向图书资源知识图谱的属性与关系补全，并进行了知识图谱的可视化展示。

第二节　研究展望

社会网络中基于用户认知结构的知识标注研究涉及用户认知结构理论分析、社会网络中用户认知结构提取方法、基于用户认知结构的知识标注方法、资源知识图谱构建、图书知识标注实证等多个方面，涉及内容非常丰富，难度也较大。虽然在研究工作中，尽量去克服这些困难，但从结果看研究深度仍有欠缺之处，主要表现在以下几个方面。

（1）尽管借鉴了机器学习、自然语言处理领域的最新技术并结合数据特点进行了技术方案设计，并且通过图书数据验证了技术方案的可行性和效果，但同时通过图书数据的实验，也发现部分技术模型仍有待优化，包括 UGC 数据的情感分析效果优化、关键词自动抽取效果提升、不均衡样本下的自动分类效果提升、多标签分类模型设计与优化等。

（2）在基于知识标注的资源知识图谱构建研究中，侧重于利用知识图谱技术实现基于知识标注结果的知识节点语义描述与关联，这一探索尽管有助于在知识标注基础上推进资源组织的语义化，但因缺乏专门的属性、关系知识的提取方案设计，难以实现高质量的资源知识图谱的构建。基于豆瓣图书数据的实证也暴露了这一问题，实证以知识标注结果为主、知识补全为辅进行属性和关系知识的提取，导致实体对齐的效果、属性和关系知识的覆盖率都不太理想。

（3）研究中的实证仅采用了中文图书数据集，未采用其他领域或语种的数据集,导致模型的普适性难以得到有力验证。鉴于缺乏大规模成熟的数据集,如果要进行多领域、多语种数据的实验,就需要分别进行大规模 UGC 数据的采集、训练集和数据集数据的标注、用户认知结构的提取与审核、标注框架设计、资源特征的提取、资源知识图谱模式层设计与实现等,这就导致实证的工作量特别大。因此,受限于精力与实验条件,研究中仅选择了豆瓣作为实证对象,采集了图书数据进行实证。尽管实验过程中,并未针对图书数据进行模型的专门优化,但理论上仍存在模型普适性不足,对其他领域数据不适用的问题。

展望未来研究,以上这些方面的局限性和研究不足,均是未来研究中需要深化的方面。

(1) 针对 UGC 数据情感分析、关键词自动抽取、非平衡分类和多标签分类问题,进行技术模型的优化。今后的研究中,围绕 UGC 数据情感分析,拟将其视为一个两阶段问题,首先对 UGC 数据中的句子进行分类,判断其是否与资源对象直接相关,如果相关再采用情感分析相关方法对其进行处理,提取用户的主观认知。对于关键词自动抽取问题,拟尝试融合现有的多维异质信息、学习隐式特征提升抽取效果。对于多标签分类和非平衡分类问题,需要借鉴机器学习领域的相关研究成果,结合具体应用场景进行自动分类模型的设计优化,以改进资源特征识别效果。

(2) 深化社会网络中面向用户的资源知识图谱构建与应用研究。今后的研究中,拟立足于社会网络中的用户认知结构提取,进行知识图谱模式层设计,确定相关实体类型及属性、实体间关系类型;在此基础上,借鉴知识图谱构建研究中的实体识别、实体链接、实体消歧、属性抽取、关系识别、知识推理等技术成果,进行资源知识的抽取与融合,构建更高质量的资源知识图谱。同时,围绕资源深度开发与利用中的相关需求,开展资源知识图谱的应用探索,如基于资源知识图谱的分面检索、基于知识图谱的资源发现、基于知识图谱的资源推荐等。

(3) 选择多领域、多语种数据集进行加工处理,验证认知结构提取与知识标注的效果。今后的研究中,也将针对学术论文、音乐、电影等领域的数据集,选择适当的社交网络平台作为对象进行实证研究,分别提取与资源、社交网络平台相适应的用户认知结构,开展面向对应社网络平台与资源的标注框架设计与标注实施，并进行相应的资源知识图谱构建，验证所提出的技术方案在其他领域或语种数据集上的表现，从而为模型普适性确认或局限性发现提供支持。

参考文献

一　中文专著

常春：《网络环境下叙词表编制与发展》，科学技术文献出版社 2015 年版。

杜慧平、仲云云：《自然语言叙词表半自动构建研究》，东南大学出版社 2009 年版。

高觉敷：《心理学史论丛》，商务印书馆 2019 年版。

李航：《统计学习方法》（第二版），清华大学出版社 2019 年版。

夏立新等：《信息检索原理与技术》，科学出版社 2009 年版。

曾建勋等：《〈汉语主题词表〉构建研究》，科学技术文献出版社 2020 年版。

张玉峰：《智能信息系统》，武汉大学出版社 2008 年版。

二　中文译著

［美］韩家炜、［美］米谢琳·坎伯：《数据挖掘：概念与技术》（第二版），范明、孟小峰译，机械工业出版社 2006 年版。

三　中文期刊

艾雪松等：《文物信息资源元数据模型构建与应用研究》，《情报科学》2019 年第 6 期。

安璐等：《恐怖事件情境下微博信息组织与关联可视化》，《情报杂志》2019 年第 12 期。

毕崇武等：《基于群体认知图式的健康 UGC 知识标注研究》，《情报理论与实践》2023 年第 10 期。

曹树金等：《论大数据时代下的图书情报学教育——基于 iSchool 院校"大数据"相关课程调查及思考》，《情报理论与实践》2017 年第 12 期。

常耀成等：《特征驱动的关键词提取算法综述》，《软件学报》2018 年第 7 期。

陈锋等：《基于条件随机场的学术期刊中理论的自动识别方法》，《图书情报工作》2016 年第 2 期。

陈果、何适圆：《面向网络社区的领域多元概念关联体系融合：机理与实现》，《情报理论与实践》2019 年第 1 期。

陈果、许天祥：《基于主动学习的科技论文句子功能识别研究》，《数据分析与知识发现》2019 年第 8 期。

陈果、叶潮：《融合半监督学习与主动学习的细分领域新闻分类研究》，《数据分析与知识发现》2022 年第 4 期。

陈沫、李广建：《大数据环境下知识融合技术体系研究》，《图书情报工作》2022 年第 20 期。

陈淑平、梁东魁：《基于特征分析的数字化期刊元数据自动抽取算法》，《情报杂志》2010 年第 3 期。

陈宇等：《基于 Deep Belief Nets 的中文名实体关系抽取》，《软件学报》2012 年第 10 期。

成彬等：《基于融合词性的 BiLSTM-CRF 的期刊关键词抽取方法》，《数据分析与知识发现》2021 年第 3 期。

程秀峰等：《基于 CART 决策树的网络问答社区新兴话题识别研究》，《数据分析与知识发现》2018 年第 12 期。

戴旸：《基于 CIDOC CRM 的博物馆文物数字化影像元数据规范研究——以中国国家博物馆文物影像元数据体系设计为例》，《中国博物馆》2020 年第 3 期。

翟东升等：《基于多源异构数据的中医药知识图谱构建与应用研究》，《数据分析与知识发现》2023 年第 9 期。

丁晟春等：《基于 CRFs 和领域本体的中文微博评价对象抽取研究》，《中文信息学报》2016 年第 4 期。

丁晟春等：《基于属性词补全的武器装备属性抽取研究》，《数据分析与知识发现》2022 年第 Z1 期。

董美、常志军：《一种面向中医领域科技文献的实体关系抽取方法》，《图书情报工作》2022年第18期。

杜慧平、薛春香：《民国抗战史主题词表自动构建研究》，《图书馆杂志》2020年第8期。

杜悦等：《数字人文下的典籍深度学习实体自动识别模型构建及应用研究》，《图书情报工作》2021年第3期。

范昊、何灏：《融合上下文特征和BERT词嵌入的新闻标题分类研究》，《情报科学》2022年第6期。

范青等：《非物质文化遗产的知识图谱构建》，《图书馆论坛》2021年第10期。

范炜昊、徐健：《基于网络用户评论情感计算的用户痛点分析——以手机评论为例》，《情报理论与实践》2018年第1期。

方俊伟等：《基于先验知识TextRank的学术文本关键词抽取》，《情报科学》2019年第3期。

葛梦蕊等：《学位论文资源发现系统多源元数据映射研究》，《图书情报知识》2018年第3期。

公冶小燕等：《基于改进的TF-IDF算法及共现词的主题词抽取算法》，《南京大学学报（自然科学）》2017年第6期。

郭丽娟等：《适应多领域多来源文本的汉语依存句法数据标注规范》，《中文信息学报》2018年第10期。

郭顺利、张向先：《面向中文图书评论的情感词典构建方法研究》，《现代图书情报技术》2016年第2期。

国显达等：《基于Gaussian LDA的在线评论主题挖掘研究》，《情报学报》2020年第6期。

韩红旗等：《大规模主题词自动标引方法》，《情报学报》2022年第5期。

韩红旗等：《基于词形规则模板的术语层次关系抽取方法》，《情报学报》2013年第7期。

何春雨、滕春娥：《非物质文化遗产知识本体构建——以赫哲族非遗资源为例》，《情报科学》2021年第4期。

何琳等：《面向先秦典籍的知识本体构建技术研究》，《图书情报工作》2020年第7期。

贺波等：《基于融合特征的商品文本分类方法研究》，《情报理论与实践》2020年第11期。

洪亮、石晓月：《医学本体构建方法研究——以脑区与自闭症为例》，《信息资源管理学报》2020年第2期。

胡吉明等：《基于LDA2Vec的政策文本主题挖掘与结构化解析框架研究》，《情报科学》2021年第10期。

胡吉明等：《基于BiLSTM-CRF的政府微博舆论观点抽取与焦点呈现》，《情报理论与实践》2021年第1期。

胡潜、石宇：《图书主题对用户标签使用行为影响研究》，《图书情报工作》2016年第8期。

胡少虎等：《关键词提取研究综述》，《数据分析与知识发现》2021年第3期。

胡泽文等：《基于随机森林的Science和Nature期刊潜在精品论文识别研究》，《情报科学》2022年第4期。

化柏林：《学术论文中方法知识元的类型与描述规则研究》，《中国图书馆学报》2016年第1期。

贾君枝：《分众分类法与受控词表的结合研究进展》，《中国图书馆学报》2010年第5期。

蒋翠清等：《基于中文社交媒体文本的领域情感词典构建方法研究》，《数据分析与知识发现》2019年第2期。

李成梁等：《基于依存关系嵌入与条件随机场的商品属性抽取方法》，《数据分析与知识发现》2020年第5期。

李芳芳等：《机关电子档案元数据体系构建及元数据库建设研究》，《档案管理》2019年第5期。

李娇等：《基于多因子算法的自动分类研究》，《数据分析与知识发现》2020年第11期。

李娇等：《融合专题知识和科技文献的科研知识图谱构建》，《数字图书馆论坛》2021年第1期。

李军莲等：《基于英文超级科技词表的文献主题标引系统设计与实现》，《数字图书馆论坛》2014年第12期。

李璐等：《面向中医诊疗知识库的医案元数据模型构建研究》，《图书情报工作》2021 年第 2 期。

李璐旸：《虚假评论检测研究综述》，《计算机学报》2018 年第 4 期。

李永卉：《基于图数据库 Neo4j 的宋代镇江诗词知识图谱构建研究》，《大学图书馆学报》2021 年第 2 期。

李勇男：《贝叶斯理论在反恐情报分类分析中的应用研究》，《数据分析与知识发现》2018 年第 10 期。

李悦等：《面向多源数据深度融合的农作物病虫害本体构建研究》，《数字图书馆论坛》2021 年第 2 期。

林鑫、周知：《基于活跃度指数的标签相关性判断研究》，《图书情报工作》2015 年第 9 期。

林鑫、梁宇：《用户社会化标注中非理性行为的表现及原因分析》，《数字图书馆论坛》2016 年第 12 期。

林鑫等：《基于规则的图书适用对象提取》，《情报理论与实践》2021 年第 6 期。

林鑫等：《基于相对频次的标签相关性判断优化研究》，《图书情报工作》2016 年第 17 期。

林鑫、石宇：《社会化标注环境下基于活跃度指数的图书特色挖掘研究》，《情报理论与实践》2016 年第 9 期。

林鑫、周知：《用户认知对标签使用行为的影响分析——基于电影社会化标注数据的实证分析》，《情报理论与实践》2015 年第 10 期。

凌洪飞、欧石燕：《面向主题模型的主题自动语义标注研究综述》，《数据分析与知识发现》2019 年第 9 期。

刘春江、朱江：《会议文献开放资源采集与服务系统的元数据抽取》，《情报理论与实践》2012 年第 9 期。

刘华梅、侯汉清：《基于受控词表互操作的集成词库构建研究》，《中国图书馆学报》2010 年第 3 期。

刘峤等：《知识图谱构建技术综述》，《计算机研究与发展》2016 年第 3 期。

刘兰、徐树维：《微内容及微内容环境下未来图书馆发展》，《图书情报工作》2009 年第 3 期。

刘晓豫等：《多专长专家识别方法研究——以大数据领域为例》，《图书情报工作》2018年第3期。

刘志强等:《基于改进的隐马尔科夫模型的网页新闻关键信息抽取》,《数据分析与知识发现》2019年第3期。

刘竹辰等:《词位置分布加权TextRank的关键词提取》,《数据分析与知识发现》2018年第9期。

龙从军等:《吐蕃藏文金石铭刻知识图谱构建研究》,《图书情报工作》2023年第8期。

陆伟等:《学术文本词汇功能识别——基于BERT向量化表示的关键词自动分类研究》,《情报学报》2020年第12期。

陆伟等:《基于专长词表的图情领域专家检索与评价》,《中国图书馆学报》2010年第2期。

陆勇、侯汉清:《用于信息检索的同义词自动识别及其进展》,《南京农业大学学报》(社会科学版)2004年第3期。

罗鹏程等:《基于深度预训练语言模型的文献学科自动分类研究》,《情报学报》2020年第10期。

马费成、张斌:《图书标注环境下用户的认知特征》,《中国图书馆学报》2014年第1期。

马雨萌等:《基于文献知识抽取的专题知识库构建研究——以中药活血化瘀专题知识库为例》,《情报学报》2019年第5期。

孟彩霞等:《基于TextRank的关键词提取改进方法研究》,《计算机与数字工程》2020年第12期。

牛永洁、姜宁:《关键词提取算法TextRank影响因素的研究》,《电子设计工程》2020年第12期。

彭郴等:《基于CNN的消费品缺陷领域词典构建方法研究》,《数据分析与知识发现》2020年第11期。

秦成磊、章成志:《中文在线评论中的产品新属性识别研究》,《信息资源管理学报》2020年第3期。

邱科达、马建玲:《基于文本语料的上下位关系识别研究综述》,《情报科学》2020年第7期。

萨蕾:《受控词表在政府信息组织中的应用研究》,《图书馆建设》2013年第2期。

宋英华等:《基于组合深度学习模型的突发事件新闻识别与分类研究》,《情报学报》2021年第2期。

孙建军等:《面向学科领域的学术文献语义标注框架研究》,《情报学报》2018年第11期。

孙茂松:《基于互联网自然标注资源的自然语言处理》,《中文信息学报》2011年第6期。

汤萌等:《徽州文书特色资源的主题设计与标引方法研究》,《图书馆杂志》2019年第4期。

唐琳等:《中文分词技术研究综述》,《数据分析与知识发现》2020年第Z1期。

唐晓波等:《基于三层知识融合的金融领域信用知识服务模型构建研究》,《情报科学》2021年第8期。

陶玥等:《科技文献中短语级主题抽取的主动学习方法研究》,《数据分析与知识发现》2020年第10期。

万齐智等:《基于句法语义依存分析的中文金融事件抽取》,《计算机学报》2021年第3期。

万子云等:《基于深度学习的MOOC作弊行为检测研究》,《信息安全学报》2021年第1期。

汪旭祥等:《基于改进TextRank的文本摘要自动提取》,《计算机应用与软件》2021年第6期。

王晨、廖启明:《基于改进的LDA模型的文献主题挖掘与演化趋势研究——以个人隐私信息保护领域为例》,《情报科学》2023年第10期。

王晗等:《面向特定病症的中医医案语料库构建——以睡眠障碍病症为例》,《情报科学》2024年第1期。

王昊等:《基于形式概念分析的学科术语层级关系构建研究》,《情报学报》2015年第6期。

王娟等:《基于短语句法结构和依存句法分析的情感评价单元抽取》,《情报理论与实践》2017年第3期。

王丽丽、朱小梅:《古籍钤印元数据著录规范设计与应用研究》,《图书馆》2020年第1期。

王娜、董焕晴:《用户参与的在线旅游网站信息本体构建研究——以马蜂窝在线旅游网站为例》,《现代情报》2021 年第 6 期。

王世文、刘劲:《基于本体的重大突发事件网络舆情案例数据库数据模型研究》,《情报理论与实践》2023 年第 10 期。

王晓光等:《敦煌壁画叙词表构建与关联数据发布》,《中国图书馆学报》2020 年第 4 期。

王晓光等:《科学论文功能单元本体设计与标引应用实验》,《中国图书馆学报》2018 年第 4 期。

王晓宇、王芳:《基于语义文本图的论文摘要关键词抽取算法》,《情报学报》2021 年第 8 期。

王鑫等:《知识图谱数据管理研究综述》,《软件学报》2019 年第 7 期。

王雪等:《基于引文全文本的医学领域突破性文献识别研究》,《情报杂志》2021 年第 3 期。

王玉叶、王玙:《基于图神经网络的专利关键词提取算法研究》,《情报理论与实践》2023 年第 5 期。

尉桢楷等:《基于类卷积交互式注意力机制的属性抽取研究》,《计算机研究与发展》2020 年第 11 期。

温萍梅等:《命名实体消歧研究进展综述》,《数据分析与知识发现》2020 年第 9 期。

文秀贤、徐健:《基于用户评论的商品特征提取及特征价格研究》,《数据分析与知识发现》2019 年第 7 期。

吴永亮等:《地质数据本体构建及其在数据检索中的应用》,《地质通报》2018 年第 5 期。

武惠等:《基于迁移学习和 BiLSTM-CRF 的中文命名实体识别》,《小型微型计算机系统》2019 年第 6 期。

肖倩等:《一种融合 LDA 与 CNN 的社交媒体中热点舆情识别方法》,《情报科学》2019 年第 11 期。

徐立:《基于加权 TextRank 的文本关键词提取方法》,《计算机科学》2019 年第 6A 期。

徐维:《临床路径核心元数据体系的语义结构》,《图书情报工作》2013 年第 23 期。

杨恬南:《知识经济与布鲁克斯基本方程式》,《情报学报》1999 年第

S2 期。

姚翔宇等:《高校开放科学数据平台建设探索——以浙江大学开放数据平台为例》,《大学图书馆学报》2023 年第 6 期。

易明等:《基于 Tag 的知识主题网络构建与 Web 知识推送研究》,《中国图书馆学报》2011 年第 4 期。

余本功等:《基于 nBD-SVM 模型的投诉短文本分类》,《数据分析与知识发现》2019 年第 5 期。

余本功等:《基于 nLD-SVM-RF 的短文本分类研究》,《数据分析与知识发现》2020 年第 1 期。

余本功等:《基于多元特征加权改进的 TextRank 关键词提取方法》,《数字图书馆论坛》2020 年第 3 期。

俞琰等:《融合论文关键词知识的专利术语抽取方法》,《图书情报工作》2020 年第 14 期。

曾建勋、郭红梅:《基于知识组织的机构规范文档构建方法研究》,《中国图书馆学报》2021 年第 1 期。

曾建勋:《重视"用户生成内容"的资源建设与服务》,《数字图书馆论坛》2018 年第 8 期。

曾萨、黄新荣:《我国社交媒体文件存档元数据方案构建》,《图书馆学研究》2020 年第 20 期。

曾子明、王婧:《基于 LDA 和随机森林的微博谣言识别研究——以 2016 年雾霾谣言为例》,《情报学报》2019 年第 1 期。

张书娟等:《基于电子商务用户行为的同义词识别》,《中文信息学报》2012 年第 3 期。

张思凤等:《基于引文的科技文献主题抽取研究》,《情报理论与实践》2017 年第 6 期。

张卫等:《电子政务领域中文术语层次关系识别研究》,《情报学报》2021 年第 1 期。

张孝飞等:《基于语义概念和词共现的微博主题词提取研究》,《情报科学》2021 年第 1 期。

张颖怡等:《基于 ChatGPT 的多视角学术论文实体识别:性能测评与可用性研究》,《数据分析与知识发现》2023 年第 9 期。

张云中、李佳书：《媒体型智库国际关系话题的情感分析：原理解析、工具构建与应用探索》，《情报科学》2023 年第 7 期。

张云中、李茜：《沪上名人故居知识图谱构建与应用研究》，《情报科学》2023 年第 10 期。

张云中等：《馆藏唐三彩数字文化资源展示的语义支撑体系研究》，《图书情报工作》2022 年第 15 期。

张震、曾金：《面向用户评论的关键词抽取研究——以美团为例》，《数据分析与知识发现》2019 年第 3 期。

章成志、张颖怡：《基于学术论文全文的研究方法实体自动识别研究》，《情报学报》2020 年第 6 期。

赵洪、王芳：《理论术语抽取的深度学习模型及自训练算法研究》，《情报学报》2018 年第 9 期。

赵建国、周健：《军队机关公文主题词标引：问题、分析与对策》，《数字图书馆论坛》2015 年第 10 期。

赵京胜等：《自动关键词抽取研究综述》，《软件学报》2017 年第 9 期。

赵军喜等：《数字边界中地理空间元数据体系框架设计》，《测绘通报》2013 年第 10 期。

赵旸等：《基于 BERT 模型的中文医学文献分类研究》，《数据分析与知识发现》2020 年第 8 期。

赵宇翔等：《用户生成内容（UGC）概念解析及研究进展》，《中国图书馆学报》2012 年第 201 期。

郑新曼、董瑜：《基于科技政策文本的程度词典构建研究》，《数据分析与知识发现》2021 年第 10 期。

周静虹、夏立新：《多维特征融合的 STM 图书资源标注框架构建研究》，《情报科学》2021 年第 8 期。

周阳等：《炸药配方设计知识图谱的构建与可视分析方法研究》，《数据分析与知识发现》2021 年第 9 期。

周知、方正东：《融合依存句法与产品特征库的用户观点识别研究》，《情报理论与实践》2021 年第 7 期。

周知等：《基于超短评论的图书领域情感词典构建研究》，《情报理论与实践》2021 年第 9 期。

朱青青：《关于文学作品的分类标引探讨》，《国家图书馆学刊》2018 年第 6 期。

庄文杰等：《非物质文化遗产视频知识元组织模型研究》，《情报科学》2018 年第 12 期。

四　学位论文

陈果：《基于领域概念关联的网络社区知识聚合研究》，博士学位论文，武汉大学，2015 年。

郭兆明：《数学高级认知图式获得方式的比较研究》，博士学位论文，西南大学，2006 年。

王鑫：《电子商务中虚假评分检测与信誉评估方法研究》，博士学位论文，山东科技大学，2020 年。

熊回香：《面向 Web3.0 的大众分类研究》，博士学位论文，华中师范大学，2011 年。

五　外文专著

Bartlett F., *Remembering: A Study in Experiment and Social Psychology*, Cambridge: Cambridge University Press, 1932.

Cook G., *Discourse and Literature*, Oxford: Oxford University Press, 1994.

Dijk V. and Kintsch W., *Strategies of Discourse Comprehension*, New York: Academic Press, 1983.

Fiske S. T. and Taylor S. E., *Social Cognition*, New York: Mcgraw-Hill Book Company, 1991.

Gupta M., et al., *An Overview of Social Tagging and Applications*, Boston: Springer, 2011.

Immanuel K., *The Critique of Pure Reason*, Cambridge: Cambridge University Press, 1998.

Kramsch C. and Widowson G., *Language and Culture*, Oxford: Oxford University Press, 1998.

Kramsch C., *Context and Culture in Language Teaching*, Oxford: Oxford University Press, 1993.

Minsky M., *A Framework for Representing Knowledge*, Berlin: De Gruyter, 1979.

Solso R., et al., *Cognitive Psychology*, New Zealand: Pearson Education New Zealand, 2005.

六 外文期刊

Amgoud L. and Besnard P., "A Formal Characterization of the Outcomes of Rule-Based Argumentation Systems", *Knowledge and Information Systems*, Vol. 61, No. 1, October 2019.

Chen C. M., "CiteSpace II: Detecting and Visualizing Emerging Trends and Transient Patterns in Scientific Literature", *Journal of the American Society for Information Science and Technology*, Vol. 57, No. 3, February 2006.

Choi Y. and Syn S. Y., "Characteristics of Tagging Behavior in Digitized Humanities Online Collections", *Journal of the Association for Information Science and Technology*, Vol. 67, No. 5, May 2016.

Deng S., et al., "Adapting Sentiment Lexicons to Domain-Specific Social Media Texts", *Decision Support Systems*, Vol. 94, No. 2, February 2017.

Golder S. and Huberman B., "Usage Patterns of Collaborative Tagging Systems", *Journal of Information Science*, Vol. 32, No. 2, April 2006.

Haddoud M. and Abdeddaïm S., "Accurate Keyphrase Extraction by Discriminating Overlapping Phrases", *Journal of Information Science*, Vol. 40, No. 4, April 2014.

Haveliwala T. H., "Topic-Sensitive Pagerank: A Context-Sensitive Ranking Algorithm for Web Search", *IEEE Transactions on Knowledge and Data Engineering*, Vol. 15, No. 4, July 2003.

He D., et al., "Fake Review Detection Based on PU Learning and Behavior Density", *IEEE Network*, Vol. 34, No. 4, August 2020.

Herman I., et al., "Graph Visualization and Navigation in Information Visualization: A Survey", *IEEE Transactions on Visualization & Computer Graphics*, Vol. 5, No. 1, January 2000.

Hou J. H., et al., "Emerging Trends and New Developments in Information

Science: A Document Co-Citation Analysis (2009 – 2016)", *Scientometrics*, Vol. 115, No. 2, May 2018.

Hu Q., et al., "An Investigation of Cross-Cultural Social Tagging Behaviours Between Chinese and Americans", *The Electronic Library*, Vol. 36, No. 1, February 2018.

Hung C. and Chen S. J., "Word Sense Disambiguation Based Sentiment Lexicons for Sentiment Classification", *Knowledge-Based Systems*, Vol. 110, No. 10, October 2016.

Jia Y., et al., "Attachment Avoidance is Significantly Related to Attentional Preference for Infant Faces: Evidence from Eye Movement Data", *Frontiers in Psychology*, Vol. 8, No. 85, January 2017.

Kim H. Y. and Won C. H., "Forecasting the Volatility of Stock Price Index: A Hybrid Model Integrating LSTM with Multiple GARCH-Type Models", *Expert Systems with Applications*, Vol. 103, No. 13, August 2018.

Krishnamurthy S. and Dou W., "Note from Special Issue Editors: Advertising with User-Generated Content: A Framework and Research Agenda", *Journal of Interactive Advertising*, Vol. 8, No. 2, March 2008.

Laib L. and Allili M. S., "Ait-Aoudia S. A Probabilistic Topic Model for Event-Based Image Classification and Multi-Label Annotation", *Signal Processing: Image Communication*, Vol. 76, No. 7, August 2019.

Liu G. and Guo J., "Bidirectional Lstm with Attention Mechanism and Convolutional Layer for Text Classification", *Neurocomputing*, Vol. 337, No. 15, April 2019.

Liu H., et al., "Visualization and Bibliometric Analysis of Research Trends on Human Fatigue Assessment", *Journal of Medical Systems*, Vol. 42, No. 10, October 2018.

Liu J. S., et al., "Research Fronts in Data Envelopment Analysis", *Omega-International Journal of Management Science*, Vol. 58, No. C, January 2016.

Norman A. and Rumelhart E., "Explorations in Cognition", *American Journal of Psychology*, Vol. 88, No. 4, December 1975.

Rana T. A. and Cheahy N., "Sequential Patterns Rule-Based Approach for Opinion Target Extraction from Customer Reviews", *Journal of Information Science*, Vol. 45, No. 5, October 2019.

Rossi R. G., et al., "Using Bipartite Heterogeneous Networks to Speed Up Inductive Semi-Supervised Learning and Improve Automatic Text Categorization", *Knowledge-Based Systems*, Vol. 132, No. 18, September 2017.

Sagheer A. and Kotb M., "Unsupervised Pre-Training of A Deep LSTM-Based Stacked Autoencoder for Multivariate Time Series Forecasting Problems", *Scientific Reports*, Vol. 9, No. 1, December 2019.

Sherstinsky A., "Fundamentals of Recurrent Neural Network (RNN) and Long Short-Term Memory (LSTM) Network", *Physica D: Nonlinear Phenomena*, Vol. 404, No. 8, August 2020.

Sun Y., et al., "Automatically Designing CNN Architectures Using the Genetic Algorithm for Image Classification", *IEEE Transactions on Cybernetics*, Vol. 50, No. 9, April 2020.

Turney P. D., "Learning Algorithms for Keyphrase Extraction", *Information Retrieval*, Vol. 2, No. 4, October 2000.

Yu Y., et al., "A Review of Recurrent Neural Networks: LSTM Cells and Network Architectures", *Neural Computation*, Vol. 31, No. 7, July 2019.

七 外文会议论文

Ahmed K. B., et al., "Effective Ontology Learning: Concepts' Hierarchy Building Using Plain Text Wikipedia", Proceedings of the 4th International Conference on Web and Information Technologies, sponsored by CEUR-WS. org, Sidi Bel Abbes, Algeria, April 29 – 30, 2012.

Alzaidy R., et al., "Bi-Lstm-Crf Sequence Labeling for Keyphrase Extraction from Scholarly Documents", Proceedings of the 2019 World Wide Web Conference, sponsored by Association for Computing Machinery, San Francisco, California, USA, May 13 – 17, 2019.

Ames M. and Naaman M., "Why We Tag: Motivations for Annotation in Mobile and Online Media", Proceedings of The Sigchi Conference on Human Factors in Computing Systems, sponsored by Association for Computing Machinery, San Jose, California, USA, April 28 – May 3, 2007.

Ammar W., et al., "The Ai2 System at Semeval – 2017 Task 10 (Scienceie): Semi-Supervised End-To-End Entity and Relation Extraction", Proceedings of the 11th International Workshop on Semantic Evaluation, sponsored by Association for Computational Linguistics, Vancouver, Canada, August 3 – 4, 2017.

Chen Y., et al., "The Expressive Power of Word Embeddings", Proceedings of the 30th International Conference on Machine Learning, sponsored by JMLR. org, Atlanta, Georgia, USA, June 16 – 21, 2013.

Cleuziou G., "An Extended Version of the K-Means Method for Overlapping Clustering", Proceedings of the ICPR 2008 19th International Conference on Pattern Recognition, sponsored by IEEE, Tampa, Florida, December 8 – 11, 2008.

Giannakopoulos A., et al., "Unsupervised Aspect Term Extraction with B-LSTM & CRF Using Automatically Labelled Datasets", Proceedings of the 8th ACL EMNLP Workshop on Computational Approaches to Subjectivity, sponsored by Association for Computational Linguistics, Copenhagen, Denmark, September 7 – 11, 2017.

Gollapalli S. D. and Caragea C., "Extracting Keyphrases from Research Papers Using Citation Networks", Proceedings of the Twenty-Eighth Aaai Conference on Artificial Intelligence, sponsored by AAAI Press, Quebec, Canada, July 27 – 31, 2014.

Hochreiter S. and Schmidhuber J., "LSTM Can Solve Hard Long Time Lag Problems", Proceedings of the 9th International Conference on Neural Information Processing Systems, sponsored by MIT Press, Denver, Colorado, December 3 – 5, 1996.

Hu M. and Liu B., "Mining Opinion Features in Customer Reviews", Proceedings of the 19th National Conference on Artifical Intelligence, sponsored by AAAI Press, San Jose, California, USA, July 25 – 29, 2004.

Jin W., et al., "A Novel Lexicalized Hmm-Based Learning Framework for Web Opinion Mining", Proceedings of the 26th Annual International Conference on Machine Learning, sponsored by Association for Computing Machinery, Montreal, Quebec, Canada, June 14 – 18, 2009.

Lafferty J. D. , et al. , "Conditional Random Fields: Probabilistic Models for Segmenting and Labeling Sequence Data", Proceedings of the Eighteenth International Conference on Machine Learning, sponsored by Morgan Kaufmann Publishers Inc. , San Francisco, California, USA, June 28 – July 1, 2001.

Li X. , et al. , "Mam-Rnn: Multi-Level Attention Model Based Rnn for Video Captioning", Proceedings of the 26th International Joint Conference on Artificial Intelligence, sponsored by AAAI Press, Melbourne, Australia, August 19 – 25, 2017.

Maedche E. and Staab S. , "Discovering Conceptual Relations from Text", Proceedings of the 14th European Conference on Artificial Intelligence, sponsored by IOS Press, Berlin, Germany, August 20 – 25, 2000.

Rijhwani S. , et al. , "Zero-Shot Neural Transfer for Cross-Lingual Entity Linking", Proceedings of the Aaai Conference on Artificial Intelligence, sponsored by Association for the Advancement of Artificial Intelligence (AAAI), Honolulu, Hawaii State, USA, January 27 – February 1, 2019.

Sen S. , et al. , "Tagging, Communities, Vocabulary, Evolution", Proceedings of the 2006 20th Anniversary Conference on Computer Supported Cooperative Work, sponsored by Association for Computing Machinery, Banff, Alberta, Canada, November 4 – 8, 2006.

Sevgili Ö. , et al. , "Improving Neural Entity Disambiguation with Graph Embeddings", Proceedings of the 57th Annual Meeting of the Association for Computational Linguistics: Student Research Workshop, sponsored by ACL, Florence, Italy, July 28 – August 2, 2019.

Sterckx L. , et al. , "Topical Word Importance for Fast Keyphrase Extraction", Proceedings of the 24th International Conference on World Wide Web, sponsored by Association for Computing Machinery, Florence, Italy, May 18 – 22, 2015.

Straková J. , et al. , "Neural Architectures for Nested NER Through Linearization", Proceedings of the 57th Annual Meeting of the Association for Computational Linguistics, sponsored by Association for Computational Linguistics, Florence, Italy, July 28 – August 2, 2019.

Toh Z. and Su J., "Nlangp at Semeval – 2016 Task 5: Improving Aspect Based Sentiment Analysis Using Neural Network Features", Proceedings of the 10th International Workshop on Semantic Evaluation, sponsored by Association for Computational Linguistics, San Diego, California, USA, June 16 – 17, 2016.

Yi L., et al., "Scientific Information Extraction with Semi-Supervised Neural Tagging", Proceedings of the Conference on Empirical Methodsin Natural Language Processing, sponsored by Association for Computational Linguistics, Copenhagen, Denmark, September 7 – 11, 2017.

后　　记

　　为更好地向用户提供服务，信息资源标注中理应将用户因素考虑在内；加之本人对心理学一直有较浓厚的兴趣，阅览过一些心理学的著作，由此萌生了引入心理学中的相关理论以改进信息资源知识标注，提升信息资源组织水平的想法，并于攻读博士学位期间依托导师的基金项目围绕社会化标签/标注与用户认知问题进行了一些研究，发表了几篇论文。博士研究生毕业后，在导师胡昌平教授的鼓励和支持下，申请了国家社科基金青年项目"社会网络中基于用户认知结构的知识标注研究"（项目编号：17CTQ024），以期深化相关研究，将研究对象从社会化标注系统拓展至社会网络、将标注方式从社会化标注拓展至不限定具体形式的知识标注，并有幸获批。

　　2017—2021年，与项目组成员一起围绕社会网络中的用户认知结构影响机理、提取模型，以及社会网络中信息资源标注框架、技术方法、图谱化存储等问题进行了系统研究，并形成项目研究报告，于2022年通过结项评审。之后，结合专家意见、国内外研究实践进展及我们最新的研究成果对研究报告进行了修改完善，形成了本书书稿。

　　从项目研究到书稿撰写、付梓出版，除三位作者外，还凝聚了很多人的心血和汗水。项目推进中，华中师范大学的翟姗姗教授、西北大学的周知副教授，以及华中师范大学的研究生吴茜、李想、龙存钰、宋吉、潘英增、胡畔、叶丁菱等同学也参与了相关内容的研究；本书成稿过程中，研究生吴茜、龙存钰、宋吉、周晢、余华娟、杜莹、罗宇等同学参与了部分资料收集、初稿撰写、研究实证、文字订正工作。对以上老师和同学，特别表示感谢，书稿中凝聚了大家的汗水和智慧。同时，项目研究与本书出版也得到了华中师范大学信息管理学院领导的关心和支持，包括时任院长夏立新教授、刘宝卿书记、副院长卢新元教授和李延晖教授，以及王雨露书记、李玉海院长、曹高辉副院长、王涛副书记等；得到了学院内外多位专家的指导和帮助，包括胡昌平教授、曾建勋教授、娄策群教授、段尧清教授、易明教授、陈果副教授等，在此一并致以诚挚的谢意。在本书的编审出版阶段，中国社会科学出版社专家及编辑付出了辛勤的劳动，本书的出版与他们的工作密不可分，深表感谢。

互联网、人工智能、信息组织都处于快速发展变化之中，理论与技术快速迭代更新、实践情况纷繁复杂，加之我们学识有限，书中必有不少纰漏之处，恳请专家与同行斧正。

林 鑫

2024 年 1 月